U0939621

追寻历史轨迹　触摸文明脉搏

世界文明史

朱亚娥　主编

中华工商联合出版社

图书在版编目（CIP）数据

世界文明史 / 朱亚娥主编 . -- 北京：中华工商联合出版社，2017.1（2021.6 重印）

ISBN 978-7-5158-1912-9

Ⅰ . ①世… Ⅱ . ①朱… Ⅲ . ①世界史—文化史 Ⅳ . ① K103

中国版本图书馆 CIP 数据核字（2017）第 010466 号

世界文明史

主　　编：朱亚娥
责任编辑：李　瑛　袁一鸣
装帧设计：北京东方视点数据技术有限公司
责任审读：郭敬梅
责任印制：迈致红
出版发行：中华工商联合出版社有限责任公司
印　　刷：唐山富达印务有限公司
版　　次：2017 年 7 月第 1 版
印　　次：2021 年 6 月第 2 次印刷
开　　本：710mm × 1020mm　1/16
字　　数：260 千字
印　　张：16
书　　号：ISBN 978-7-5158-1912-9
定　　价：78.00 元

服务热线：010-58301130
销售热线：010-58302813
地址邮编：北京市西城区西环广场 A 座
19-20 层，100044
http: //www.chgslcbs.cn
E-mail: cicap1202@sina.com（营销中心）
E-mail: gslzbs@sina.com（总编室）

工商联版图书
版权所有　侵权必究

凡本社图书出现印装质量问题，请与印务部联系。
联系电话：010-58302915

前 言

所谓文明，是指人类创造的全部物质和精神成果，而所谓文明史，它不同于通史，不是对具体历史事件的叙述，关注的是各个地区和民族在历史发展中最典型、最深刻、最独特的文化成就，通过对历史文化遗产的剖析，展现其文明的精髓。

从人类的第一个祖先在非洲大草原直立行走开始，人类在地球上已经繁衍生息了几百万年。在这个漫长而又短暂的发展过程中，世界各地的人们创造了灿烂的文明：从埃及的尼罗河到西亚的两河流域，从南亚的印度河、恒河到中国的黄河、长江流域，四大文明古国构成了人类神往的文明标志；爱琴海沿岸星罗棋布的岛屿，孕育了古希腊人的浪漫主义气质；而绵延千里的安第斯山脉则化成了玛雅、印加人的精神象征；佛教、基督教和伊斯兰教的传播，促成了丰富多彩的宗教艺术和体系庞大的神学思想；虽然欧洲经历了上千年的中世纪禁锢，但文艺复兴和启蒙运动的发展，又使欧洲在20世纪中叶之前的几百年里成为世界文明的中心；更为震撼人心的是，1776年诞生的美利坚合众国在二百多年间创造了一个现代版的古希腊神话……

作为一个新世纪的公民，不仅要了解本民族的文明发展，更应该了解世界文明的发展历史。从全世界文明的兴衰演变中体会生存智慧，既是个人修身齐家的需要，也是国家立于不败的前提。特别是在全球化迅猛发展的今天，对世界文明史的学习和研究更具有重大的现实意义。

本书紧紧围绕人类历史发展的主旋律，将人类文明按地域编年的形式进行编排，采用整合串缀、散点透视的方法，把世界文明史上耀眼的闪光点组织起来。逐一介绍了欧洲文明、亚洲文明、非洲文明和美洲文明，各章又按不同的时代分别讲述，如欧洲的史前文明、古希腊文明、古罗马文明等，系统完整地展示了其深厚的历史渊源和发展演变，全方位多视角地深入开掘人类文明的丰富内涵。

全书以精要优美的笔触，张弛有序的节奏，将人类文明的演进趋势、阶段特征精心编排比较，具体而细微地展现了人类文明的发展进程，图文并茂，鲜活有趣。在阅读的过程中，你可以穿越历史的时空，纵览古今，洞悉文明的精髓，感受艺术的魅力，领悟文明背后的底蕴，学会借鉴、博采各种文明之长，激发创造灵感，在异彩纷呈的人类文明中收获新的启迪。

《中华文明史》另有一书，本书中就不在赘述。

目　录

第一章　欧洲文明

第一章
欧洲文明

一、史前文明

早期欧洲人类

人类从猿进化发展到能人和智人，直立行走是一个重大的标志。这一时期是人类的原始时期，亦称“史前时期”。智人阶段距今有 300 多万年的历史。有人认为非洲赤道一带生活于 300 万年前的原始人，其后裔是黑人；北京猿人是黄种人的祖先，生活于 70 万年前；大洋洲各民族源自于 50 万年前的爪哇人；而欧洲白人的祖先则是德国境内的海德堡人或尼安德特人。他们距今有 10 万年，其文化遗址是 1856 年发现的。在形貌和智力上，尼安德特人是原始人类最接近现代人的一种。

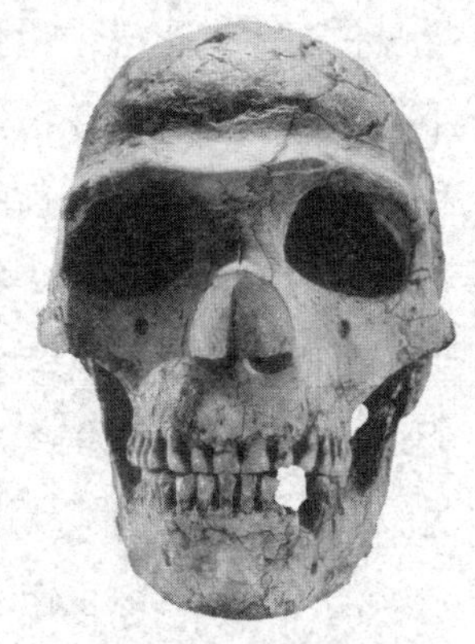

尼安德特人头盖骨复原图
从尼安德特人头骨的正面图可见早期欧洲人的特点：明显的眉骨，前额很窄，脸较宽。尼安德特人在欧洲大陆生活了 10 多万年。

尼安德特人的命名，是因为他们生活的地域位于尼安德特河流域。尼安德特人的特征是眉骨凸出，颅顶长而平，颅盖骨四周呈圈状凸起，下巴向前挺出，门牙阔大，胸膛较宽，腿较短。他们已经使用各种工具，如凿子、钻孔器等，这些工具除石制外，还有些是骨制的。狩猎是他们的主业，而且专门猎获熊和鹿等单一类型的野兽。有人认为，尼安德特人猎获物单一的原因，是那些猎获物的灵魂是值得尊崇的。在他们举行的葬礼中，有一套较完整独特的仪式，如在死者身上撒满各种花瓣，这与现代人以花祭奠的方式是相同的。

尼安德特人的文明延续到距今 4 万至 3 万年这段时间。在距今 3.5 万年左右这一时期，尼安德特人已经迁徙到西欧大陆。

现代人，即智人，在距今 4 万年前制作出更加高效的工具，佩里高尔第文化和奥瑞纳文化（分别以在法国发现的两处遗址命名）的人们制作出了 80 多种不同的石制工具。人们还制作出在木制或角制的手柄上安装有石刀片的工具。克鲁马努人（克鲁马努是法国南部的一个岩洞）生活在距今 3.5 万至 1 万年前，他们制作出雕刻精美的骨制工具，可能是用于祭祀。他们还制作了其他许多工具，如凿子、锥子和划开动物皮做皮革的刀具。2.1 万至 1.7 万年前的法国东南部，索鲁特文明时期的人们制作出柳叶和月桂树树叶形状的刀具。

石制工具可以长久地保留，这也是考古学家可以探索其发展历程的缘由；而人们也已使用其他材料做的工具，比如木制的和植物纤维制的工具，但这些工具在被遗弃后很快分解、消失。这样的工具有安装箭头和矛头的木杆、射出箭的木弓等。人类还开始穿着衣服——早期岩画中就有着衣的人物形象。第一件衣服可能是妇女们穿的，她们把绳条绑在带子上做成裙子。大约在 2 万年前，人们把纤维缠绕成绳索。那时的人们还把柔软的柳条编织成篮子和渔网，也用缠好的绳子做渔网。可以想见，人们只需要稍加改进，即可应用类似的技术制造衣物。

许多文明均以鱼作为重要食物来源，同时每个人都需要淡水来饮用、烹调、洗涤和加工纤维。当附近的河流或小溪很小且浅时，狩猎者可以蹚过水流，撒下渔网或者用鱼镖捕鱼。北欧一幅雕刻于大约 1 万年前的岩画描绘了狩猎者载着一艘船追赶一只在河里游的驯鹿的情景，画中的船与传统的因纽特皮船、爱尔兰的克勒克艇和英国的科拉科尔小艇有着类似的结构，在木制框架上覆盖着动物皮。

北欧地区在 1 万年前最近的一次冰川期中才出现，当时那里是苔原，针叶林后来才出现。狩猎者们可以获得充足的小木材，但能够用来挖空树干制作独木舟的大树却很少。欧洲最早的此类船只发现于荷兰的庇斯，它由松木制成，距今大约有 8000 年。英国东部亨伯河口南岸菲利比·斯鲁伊斯发现的三只船部分使用木板建造，距今已有 2900 年历史。

拉斯科岩洞与西班牙史前岩画

欧洲的原始岩画主要分布于法国拉斯科岩洞以及西班牙的阿尔塔米拉岩洞中。它们描绘的内容主要是许多腾跃的公牛、騣犎以及各种马匹，充满了强烈的撼人心魄的生命力。特别是诸多兽类与人类的搏击，栩栩如生。欧洲这些代表性的岩画完成于距今 3 万到 1.2 万年期间。

原始岩画创作时有效地利用了岩壁的隆起和凹陷以及纹路进行彩绘。他们使用的颜料是棒和矿砂，把各色矿砂掺和在一起获得不同的色彩效果，并以蕨草与羽毛为画笔。深究欧洲洞穴岩画的起源，一是劳动，体现原始人的狩猎生活；二是娱乐，在生产劳动的空暇时间通过作画来愉悦，适当放松；第三是一种对自然物的膜拜，如洞穴中的騣犎代表女性，马指男性，但这种巫术绘画模仿的是动物的生命神采，画面中的动物很强健，并且露出已经坐胎了的迹象。这种岩穴绘画的巫术认为石壁上的动物灵魂能保佑部落中的人健康，不受意外的损伤，并且在狩猎过程中会获得更多的猎物。

在欧洲其他地方的岩画中，有许多是描绘祭祀场面的，这些祭祀与狩猎行为密切相关，有些祭祀活动就是在狩猎的过程中进行的。不过，在原始欧洲的岩画中，人类的形象表现则是寥寥无几的。

拉斯科岩洞是 20 世纪初当地的几个儿童玩耍时发现的，它是现存最大的史前岩画洞穴。其中有一幅《野牛、人与鸟》，野牛身上带着长矛向猎人进行垂死的反扑，结果把猎人顶翻在地，气氛十分紧张，惊心动魄。

拉斯科岩洞画中马的形象尤为成功，非常接近真实。而阿尔塔米拉洞穴，则同样把野牛作为绘画的主要题材。

阿尔塔米拉岩洞长 270 米，深邃曲折。超过 150 幅壁画集中在长 18 米、宽 9 米的入口处，多数是简单的风景图和动物画。图画用写实、粗犷和重彩的手法，刻画出原始人所熟悉的动物形象，站、跑、卧、叫，各种动作、姿态，活灵活现。岩画的颜料，根据化学检测断定，取于矿物质、炭灰、动物血和土壤，掺有动物油脂。颜色以红、黑、紫为主，色彩浓重，艳丽夺目。

著名的欧洲原始岩画还有库姆巴列尔洞、芬尔泰洞等岩画，它们都位于法国和西班牙境内。西班牙是欧洲原始岩画分布最多的地域。新石器时期的岩画则采用抽象性的符号形式，它们也可以说是文字的起源。在北欧的斯堪的纳维亚半岛，则以表现渔业活动为主，而南方则表现农耕与放牧，无论什么题材的岩画都富有较浓烈的抒情色彩。

巨石圈与史前巨石建筑

巨石建筑，又称“巨石结构”、“巨石艺术”，自新石器时代晚期开始陆续出现在欧洲各地，主要分布在地中海诸岛上，有直立式、石台式和石栏式三种形式。分布在西欧的巨石建筑数量最多，约有四五万块。欧洲史前的巨石建筑以英格兰的斯通亨治巨石圈和埃伯里巨石圈为代表。

在英国英格兰的威尔特郡，有一片 775 平方千米的索尔兹伯里平原。在这片平原上，有一群拔地而起的环形巨石，好像是浩劫之后残存的宫殿巨柱，孤零零地耸立在荒凉的平原上。这就是英格兰岛最著名的史前遗址——斯通亨治巨石圈，“斯通亨治”是“石柱”、“石环”的音译。巨石圈又叫巨石阵。

这组环形石柱群直径 32 米，单石高 6 米，重 30 吨 ~ 50 吨。全环共有细心雕琢的巨石 130 块，呈向心圆状排列。外环石柱群每三块石的顶端上横放有 3 米多长又厚又重的石楣梁，形成柱廊形状；东边开口，有一座巨大的石拱门，使得整个石环呈马蹄形。内环又有 5 座门状石塔，两柱顶一梁，高约 7 米。石环外围着低矮的土堤，堤下挖有旱沟，呈工整的圆形。连同石环在内，土环的直径达 120 米。整座巨石阵威武、雄伟，可惜的是，今天所见的石柱，多已残缺不全，或者断了半截，或者躺在地上，或者半埋土中，顶端横着石梁依然屹立着的也不过十几组。

斯通亨治巨石阵存在于何时，作用于何处，至今仍有很多说法。而且，古人从几百千米外的山区采用巨大的青石，经过精心雕刻，准确而整齐地码放在一望无际的平原上，用的是什么计算方法和运输起重工具，今天的人实在是难以想象。

从 1980 年到 1984 年，英国考古学家对巨石遗址进行了大规模的发掘考察，比较清晰地揭示了斯通亨治巨石阵是新石器和硅铜时代维塞克斯文化的图景。通过对放射性同位素的鉴定，证实这一伟大建筑始建于公元前 3100 年，距今已经 5000 多年了。当时，这里广布原始森林，是不列颠岛上人类文明的发源地。维塞克斯的原始部落就在这里繁衍生息，他们制作了石器、兽骨工具和陶铜器皿，不列颠岛上的远古人们最初在这里建立了土坛。大约在公元前 2100 年，原始居民的农牧业社会已经能够从远方运来大青石，开始在石坑中筑起石坛，并且从坛中央向东方建起大通道，形成了轴线。后来的五六百年间，人们又从更远的地方运来巨石，经过精心雕琢和设计，建成了我们今天所看到的马蹄形石阵。

从最初的木结构、小石结构到后来的巨石阵，先后经历了 2000 年之久。这样雄奇的建筑工程运用了高明的数学、天文知识，令今天的人类赞叹不已。正是这一灿烂的维塞克斯文明，推动了英格兰岛的进步。

自公元前 1 世纪开始，先后统一英格兰这块土地的人们在策马驰过平原的时候，无不在斯通亨治巨石阵前发出赞叹声。那威严的气势迫使统治者拜倒在石头下，乞求神秘力量的庇护。

埃伯里巨石圈位于埃伯里几千米外，由 247 块立石构成，内外两圈，外圈外有一条 21 米宽的大沟，另外还有两小圈的立石。这些石圈可以说是当时原始人祭祀、祈年的场所，它形成于公元前 2600 年。巨石圈中巨石的安排放置是严格按照当时的规则进行的。埃伯里巨石圈以蓝砂岩作材料，它来自普雷斯塞利山，是用木筏远道运送而来的，每块有几吨乃至几十吨的重量。它们是如何被竖立的？如何在两条竖立的巨石上横架另一巨石成为门楣样式的？直至现在也得不到合适的科学解释。巨石圈反映了当时的人们有高超的数学计算才能。人们发现，巨石圈可以用来进行月食的预测。在夏至时，初升的太阳与马蹄形的门楣式巨石圈中轴线，以及通往巨石圈的道路落在同一条直线上。埃伯里巨石圈附近有许多新石器文明的遗迹，人们常把它当作新石器时期的文明代表加以研究。

二、古希腊文明

爱琴文明：克里特岛与迈锡尼城

在历史上，爱琴海地区的青铜文明被称为爱琴文明。爱琴海位于东部地中海的西北角，处于小亚细亚和希腊半岛之间，南边则有埃及和利比亚。爱琴文明代表古希腊文化区，西方古代文明由此发轫。

历史上常把希腊分成北、中、南三大块。早在公元前 7000 年前，此处居民从事渔业，用黑曜石制作工具，并种植谷物、驯养猪羊。公元前 7000 年起，爱琴地区与周边发生了一些联系。青铜时代即公元前 3000 年初，爱琴文明形成。古代希腊从此进入五个发展时期，第一是爱琴文明（即克里特—迈锡尼文明），第二是荷马时代，第三是古典时代，第四是古风时代，第五是马其顿统治的希腊化时代。

①克里特文明

公元前 2000 年，以克里特和希腊半岛为中心，形成了最早的国家与文明。克里特文明存在于公元前 2000 ～公元前 1100 年这一段希腊文明时期。它因克里特岛而得名，起源于公元前 6000 年的新石器文明，当时土著均为穴居，直至公元前2500年以后，才有青铜和冶金工艺技术产生。

克里特文明分为早王宫时代和后王宫时代。

早王宫时代（约公元前2000～公元前1700年）是克里特文明的初级阶段。当时奴隶制城邦刚刚兴起，在岛屿中部的米诺斯、法埃斯特、马里亚等地先后出现了王宫建筑，宫殿都用石料砌成，有宽敞的大厅、宫室、仓库、作坊等。青铜器制造技术已相当先进，手工业和农业也已分离。这一时期制造的青铜双面斧、短剑、矛头、长剑以及金质和银质的碗等工艺品，都十分精美。这一时期也出现了文字，并由图画文字发展为象形文字。早王宫时代末期，岛上许多王宫和城市都毁灭了，原因至今不明。

克里特米诺斯王朝的王宫遗址

后王宫时代（约公元前1700～公元前1400年）是克里特文明的繁荣阶段。原来被毁的王宫又重新修建起来，而且比以前更加壮观。农业、手工业和海外贸易都很发达。农业上使用犁耕，农作物有大麦、小麦和大豆等；园艺作物有橄榄、葡萄等；手工业方面已经能够制造出一种高头低舷的远航船只。克里特岛同爱琴海诸岛、希腊半岛、小亚细亚、腓尼基、埃及以及西部地中海地区，都有密切的贸易联系。海外贸易成了克里特岛的经济命脉。另外，此时还出现了书写古代克里特语的音节文字——“线形文字甲种”（或“线形文字A”）。

后王宫时代，克里特岛上的城邦比以前大大增加，此时的克里特岛有“百城”之称。“百城”之中米诺斯的势力最为强大，称霸于克里特岛，并控制了爱琴海中的一些岛屿。

米诺斯王宫的建筑规模宏大，结构复杂，主体建筑 22 万平方米，廊腰缦回，各抱地势，错落有致。王宫的中央是一个长方形庭院，长 51.8 米，宽 27.4 米。庭院的周围有 1500 多间宫室，坡度较高的西宫为两层楼房，地势较低的东宫则为四层楼房。庭院北面有露天剧场，西侧是长长的仓库，在王宫的东南面有阶梯直通山下。王宫的宫室和长廊、门厅等建筑相连，曲巷暗堂，忽分忽和；千门百廊，前堵后通；整个王宫扑朔迷离，一旦进去，很难出来，是一座真正的迷宫。

王宫中的宫室、门廊上雕有很多壁画，内容有向女神献礼、欢庆舞蹈、奔牛比赛等，画中用的颜料是当时从植物和矿物中提炼出来的，至今鲜艳如初，显示了米诺斯文化的辉煌。

这座建筑是克里特文明的集中标志。至公元前 1450 年，这座迷宫式的建筑被人攻占了。随后，克里特文明衰落了，从此，爱琴文明的重心转移到迈锡尼城。

②迈锡尼文明

阿卡亚人（希腊人的一支）创造的迈锡尼文明（约公元前 1500 ~公元前 1100 年），是指以迈锡尼为代表的南希腊的迈锡尼、太林斯、派罗斯等早期奴隶制城邦文明。阿卡亚人于公元前 1650 年前后，从巴尔干半岛北部侵入中希腊和南希腊。此时他们正处于氏族社会的解体时期，从当时的竖井式的坟墓中可以看出来，随葬品有很大区别。到了公元前 1500 年左右，规模宏大的圆顶墓代替了竖井墓，同时在迈锡尼、太林斯、派罗斯等地有宫殿和城堡出现。因此，圆顶墓的出现，标志着迈锡尼等地奴隶制城邦的产生和迈锡尼文明的开始。竖井墓里曾有许多工艺精致的金银制品，而圆顶墓则建在地面上，或凿岩或垒石，砌成圆顶，它完全有别于竖井墓，具有较高的建筑技术水平。

迈锡尼文明时期，生产力迅速发展，金属冶炼和手工业品的制造技术，超过了克里特文明时期的水平。迈锡尼文明的文化标志是“线形文字 B”，这种文字在 1952 年被人破译。迈锡尼城是荟萃其文明的重点区域，附属它的梯林斯城则是一个军事关隘。以巨石营造城墙，外建高大的“狮子门”，内设富丽堂皇的宫殿式的迈锡尼城堡，以及它下面的繁华市区，表明它已形成完整的城市体系。迈锡尼的文明是当时最先进的，据破译的“线形文字 B”写成的文字材料结果证明，当时已经发展到奴隶制社会阶段。城邦的统治阶级包括国王、将军、贵族、官吏、祭司，政治机构有贵族会议和民众大会，社会的基层组织是公社，首领是长老。土地基本上分为私有和公有两种形式。奴隶多属于国王所有，但也有私人奴隶，他们从事手工业、农业等生产性或非生产性劳动。

现在，在迈锡尼附近发现了约 1000 多个同期的文化遗址。公元前 12 世纪初，以掠夺为目的的迈锡尼国王率南希腊诸国攻打小亚细亚的特洛伊城。迈锡尼等希腊城邦虽然获胜，但为时 10 年的战争也大大地削弱了他们的力量，使他们的防御能力大减。约公元前 1125 年，多利亚人从希腊半岛北部趁机入侵，征服迈锡尼诸城邦，迈锡尼文明至此结束。

荷马史诗与荷马时代

我们现在所谈的荷马史诗，即《伊利亚特》与《奥德赛》，是古希腊盲诗人荷马根据当时民间和宫廷歌谣重新创作而成的文学作品。这两首史诗记述的是有关特洛伊战争的一些轶事。

《伊利亚特》讲述的是人们耳熟能详的特洛伊战争进行到第十年时的一个片段，当时的希腊人把特洛伊称为“伊利昂”，因此这部史传也名为《伊利昂纪》。全诗分为 24 卷，共 15963 行。

不和女神阿瑞斯因对自己没有被邀请参加阿喀琉斯父母的婚礼而怀恨在心，她将一个金苹果放在宴会桌上，上面写着“给最美的女神”，这引起了赫拉、雅典娜和阿佛洛狄忒三位女神的争抢。宙斯让她们去找特洛伊王子帕里斯评判，结果帕里斯把金苹果判给了阿佛洛狄忒，因为她答应让帕里斯娶到世间最美的女人。阿佛洛狄忒帮助帕里斯骗走了斯巴达王墨涅拉俄斯的妻子——美丽的王后海伦，从而引发了特洛伊与希腊之间长达10年之久的战争。在战争中，希腊联军统帅阿伽门农和阿凯亚部族中最勇猛的首领阿喀琉斯为争夺一个被掳获的女子而反目，阿喀琉斯愤而退出战斗。由于失去了最勇猛的将领，希腊无法战胜特洛伊人，一直退到海岸边，还是抵挡不住伊利昂城主将赫克托尔的凌厉攻势。阿喀琉斯的密友帕特罗克洛斯拿了阿喀琉斯的盔甲前去战斗，打退了特洛伊人的进攻，但自己却被赫克托尔所杀。阿喀琉斯十分悲痛，决心亲自出战，为亡友复仇。他终于杀死赫克托尔，并把赫克托尔的尸首带回营帐。伊利昂的老王、赫克托尔的父亲冒险来到阿喀琉斯的营帐赎回了儿子的尸首，双方暂时休战，并为赫克托尔举行了盛大的葬礼。《伊利亚特》这部围绕伊利昂城的战斗的史诗告一段落。

荷马雕像

《奥德赛》描写的是希腊英雄奥德修斯在特洛伊战争结束后还乡的故事。史诗分24卷，共12110行。

赫克托尔死后，围绕伊利昂城的战争继续进行。阿喀琉斯被帕里斯射死。希腊英雄奥德修斯献计制造了一只巨大的木马，内藏伏兵，特洛伊人把木马拖进城中，结果在夜晚希腊人里应外合，攻下了伊利昂城，结束了这场历经10年的战争，木马计的传说正是由此而来。奥德修斯在回国途中遇到种种艰难险阻，历经10年颠沛流离才回到家乡。他装扮成乞丐进入王宫，同儿子一起杀死了那些向他妻子求婚的人，处死了私通求婚者的奴隶，一家人终于团聚。奥德修斯也重新成为伊塔克岛上的国王。

荷马史诗中充满了瑰丽的神话和不朽的传说，淳朴典雅的语言、生动形象的比喻使它不仅成为西方文学史上最早的优秀作品，也是研究古希腊早期社会重要的历史性文献。正如柏拉图在《理想国》中所说，“荷马教育了希腊人”，而事实上，它也是整个西方文化的源头。由此我们也可以看出荷马史诗在希腊文化传承乃至整个西方世界中所起到的重要而深远的历史意义。

荷马史诗所记叙的情节、细节等方面，同迈锡尼时代的文明有密切的关联，但在某些方面则反映了公元前 1100 年至公元前 800 年被史书称为“黑暗时代”的社会历史的真实情景。荷马史诗不仅是了解当时社会发展的材料，而且是古希腊民间口头文学的完美结晶。人们把荷马史诗所表现的时代，称为“荷马时代”。

荷马时代指的也是古希腊迈锡尼文明被多利亚人毁灭后的那段文化没落、文明沉寂的低潮期，其间没有特别优秀的建筑和文字的应用成果。它可以说是古希腊历史的倒退期。但在这一时期，铁器已得到广泛的使用，农业耕作也有极大的发展。史诗中有许多情节，如奥德修斯与别人比赛犁田割草，还有《伊利亚特》中描写的奖励优胜掷铁饼者以圆形的一块生铁，这些方面都或多或少地反映了当时文明的发展程度。

可以说，荷马史诗是真正意义上的英雄史诗精品。它本身就是当时的口头文学，读起来通俗上口，文学性的细节描写形神兼备。由于经过荷马精心而刻意的艺术再创作，因此荷马史诗在世界艺术宝库中占有极其重要的地位。

古希腊神话

古代希腊人喜欢口述文学作品，除了荷马史诗之外，还有许多神话传说。在与自然斗争的过程中，许多英雄的业绩也开始在古希腊人中口耳相传，经过艺术的再加工，逐渐发展成丰富多彩的古希腊英雄传说。同时，这些英雄也受到了日后希腊城邦和部落的祭祀和崇拜。代表性的英雄人物有奥德修斯、俄狄浦斯、赫拉克勒斯、忒修斯和阿喀琉斯等。有关他们的故事往往形成许多系列，如特洛伊战争等。这些传说中的一些情形在日后的考古发掘中也得到了印证。可以说，大多数的英雄传说反映了古希腊人当时的真实生活。

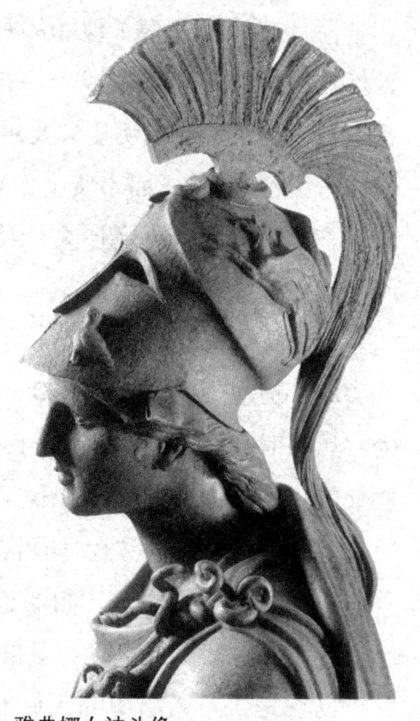
雅典娜女神头像
她头戴羽盔，身披缠着蛇的斗篷。

古希腊神话还有一个重要内容是神和神性的故事。公元前8世纪末至公元前7世纪初，古希腊诗人赫西奥德就记载了类似中国古神话中的“倏忽”一般的混沌神卡俄斯的故事。大地女神该亚、爱神厄洛斯、地狱深渊神塔耳塔洛斯、男黑夜神厄瑞玻斯和女黑夜神尼克斯都是他的后代。男黑夜神厄瑞玻斯和女黑夜神尼克斯结合，生了白昼女神赫墨拉、死神塔那托斯、睡神许普诺斯，还有太空神埃忒耳等。该亚养育了天神乌拉诺斯。后来又与他生了六男六女、三个独眼巨怪和三个百臂巨人，后来这六男六女被人称为提坦神。随后提坦神被乌拉诺斯囚禁了。在该亚的鼓动下，诸提坦神奋起反抗。乌拉诺斯被击伤，性功能丧失了，他的血流淌下来，变成复仇女神厄里尼厄斯和巨神杏伽斯。这是宇宙未形成之时的神系，被人称之为“老神”。

克洛诺斯是提坦神中年纪最小的一个神，他篡夺了父亲乌拉诺斯的神权，成了天上的主宰。

他的妹妹瑞亚与他生下了六男六女，最小的孩子是宙斯。宙斯夺了父亲的权位。古希腊神话中所谓的“新神”指的是宙斯、波塞冬、哈得斯、阿耳忒弥斯、赫拉、得墨忒耳，还有雅典娜、阿佛洛狄忒、阿波罗、赫耳墨斯等，都居住在奥林匹斯山上的圣城。其中，雷电由宙斯负责，因此宙斯也成了雷神；天后赫拉则执事风云，人称婚姻女神；得墨忒耳主管农业，人称丰收女神；哈得斯主管地狱阴间，人称冥王；波塞冬是海神；阿波罗是太阳神，并管音乐与医药；战神是阿瑞斯；女战神和智慧女神是雅典娜；阿耳忒弥斯是月神；赫耳墨斯是传令神；赫菲斯托斯是火神；美神和爱神是阿佛洛狄忒。这些神各司其职，成了古希腊人自然崇拜的另一种对象和表征。同时，古希腊神话体现了当时的婚姻与习俗方式。

希腊神话不仅是荷马史诗的主要内容，而且也是古希腊文学艺术乃至古罗马及文艺复兴时期艺术创作的重要素材之一。

古希腊神庙

从希腊古神话可以知道，希腊人信奉泛神论。建筑神庙、祭祀诸神是其重要生活内容，神庙是群众集体活动的场所，自然而然地成为人们景仰的圣地。

在迈锡尼时期，古希腊神庙是有门廊的长方形建筑，同贵族住宅相比没什么两样，基本上以石为基，以木为顶。这种神庙到荷马时代，则采用在侧墙前端设柱廊的“端柱门廊式”，后来发展为四柱承重的“前廊式”或“前后廊式”。神庙四周环绕柱廊的做法是在公元前 6 世纪形成的。由此可见，神庙最重要的建筑构件是柱子。

在古希腊神庙中，多利克柱式是最主要的柱式。这种柱式是公元前 7 世纪形成的。奥林匹斯山的赫拉神庙建于公元前 600 年，现存的遗址毫无疑问地表明它是多利克柱式的杰作。多利克柱式的基座必须是三层石阶，上面直接竖立柱子，柱高约等于底部圆径的 4 ~ 6 倍，柱身则是石鼓构成的，它底宽上窄，给人粗犷浑厚的感觉。科林斯的阿波罗神庙是公元前 5 世纪中叶建造的，是多利克柱式建筑中较完美的一个。

爱奥尼亚柱式与多利克柱式结构相同，但装饰华美的柱头则是多利克柱式所不具备的。这种柱头的装饰是对称的卷涡形的线纹，整个柱式看起来十分典雅。这种柱式在爱奥尼亚人聚居的地方较流行，所以称为爱奥尼亚柱式。它的代表性建筑是阿耳忒弥斯神庙。从爱奥尼亚柱式演变成科林斯柱式，所不同的柱头装饰图案是 4 个螺旋卷涡纹线。

无论爱奥尼亚柱式还是多利克柱式，都是依照希腊人的人体结构理念设计的。据考证，多利克柱式依照男性，而爱奥尼亚柱式依据女性。直至后来，希腊人就干脆直接用人像雕刻当柱子使用了。

在古希腊神庙中，以弗所的阿耳忒弥斯神庙为“世界七大古代奇迹”之一。以弗所是古希腊的一个殖民城市，这里的神庙从公元前 7 世纪就开始建造了。阿耳忒弥斯是古希腊神话中主掌狩猎与野兽的女神，后来被视为月神，在罗马神话中她又被称为戴安娜。现在发现的这座神庙始建于公元前 550 年，总建筑面积为 5814 平方米，柱子有 130 根，工程花了 120 年，曾经被毁于火，后来在公元前 4 世纪下半叶重建，用了 127 根柱子。不幸的是，它又在公元前 262 年被毁，主要原因是哥特人的入侵。

建于公元前 447 年的雅典卫城内的帕特农神庙，则用 46 根多利克柱围绕，庄肃凝重，雄伟浑厚，富有气派，它供奉的是雅典娜。

雅典娜是迈锡尼时代的女神，既是乌云和雷电的主宰，又是丰收女神和劳动的庇护者。她与波塞冬为争夺城邦发生了战争，并最终获胜。于是，众神推举她为雅典的保护神，她也将橄榄树赐给雅典人。雅典娜是一位严肃端庄的女神，她经常头戴战盔，身穿战袍，手持长枪、盾牌，全副武装。猫头鹰是她的圣鸟，停在她的脚旁。对雅典人民来说，祭祀雅典娜是一件大事，雅典娜的神庙因此也不同凡响。

帕特农神庙建于公元前 5 世纪中叶，被公认为是多利亚柱式建筑的巅峰之作。多利亚柱式是希腊古典建筑三种柱式中最简单的一种。神庙建筑工程由当时的雅典政治家伯里克利主持，雕刻家菲迪亚斯负责监督工作，建筑师伊克蒂诺斯与卡利克拉特承建。神庙于公元前 447 年动工，大约 10 年后神庙的主体完工。同年，即公元前 438 年，菲迪亚斯用黄金和象牙制成的巨大的雅典娜女神像在庙内开光。神庙的外部装饰到公元前 432 年才完成。

帕特农神庙完全用白色大理石砌成，这显示了希腊人对女神的尊敬。神庙呈长方形，庙内有前殿、正殿和后殿。神庙的底部有三层基座，如果以最上一层基座计算，神庙长 69.54 米，宽 30.89 米。基座上是由 46 根圆柱组成的长方形神殿，神殿东西面各有 8 根圆柱，南北面各有 15 根。圆柱直径 1.9 米，高 10.44 米；每根圆柱都由 10 ~ 12 块刻有 20 道竖直浅槽的大理石相叠而成；圆柱上有方形柱顶石、倒圆锥形柱头和额枋，檐口处有镀金青铜盾牌和各种纹有珍禽异卉等装饰性的雕塑。中楣饰带由 92 块大理石板组成，描述了希腊神话的内容。东西端的圆雕表现了雅典娜诞生的故事以及雅典娜与海神波塞冬争夺雅典统治权的战斗场景。神庙的主体部分是两个大厅，东、西两端各有一个有 6 根多利亚圆柱的门廊。东边的门廊通向内殿，这里原来供奉着巨大的雅典娜神像，据说神像高 11.89 米，外表镀上总重约 40 ~ 50 塔伦特的金片，脸、手、脚都用象牙雕刻，瞳仁用宝石镶嵌。遗憾的是，这件艺术珍品于 5 世纪被东罗马帝国皇帝搬走后失踪。

基座台基的棱线向上拱起成弧线形，东西两侧弧高 0.06 米，南北两侧高 0.11 米。檐口、檐壁的水平线也作了类似的处理。这样可以有效地均衡视觉中部下陷。角柱的轴线向里倾斜 0.06 米，各柱轴线按其延长线在台基上空 2.4 千米处相交的规律排列，避免了外倾感。柱身轮廓有卷杀和收分，末端开间稍小，角柱稍粗，避免了在天空中看显得细小的错觉，使建筑稳定、平直、丰满。

帕特农神庙是希腊全盛时期建筑与雕塑的代表，有“希腊国宝”之称，是人类艺术宝库中一颗璀璨的明珠。

古希腊壁画和瓶画

古希腊绘画的发展得益于中西方文化的交流。公元前 8 世纪之前，古希腊和亚细亚沿岸的东方民族就有了交往。东方的绘画艺术传到了希腊。对于一个热爱艺术的民族来说，一种艺术一经到了它的手里，就会产生自己的特色并发展起来。希腊的绘画就是这样发展到与其雕塑一样备受推崇。

迈锡尼时代，绘画，特别是壁画，还是王宫的特权。克里特文化所发掘出的绘画作品，主要集中于米诺斯王宫，这是克里特国王米诺斯的宫殿。米诺斯王宫占地约有 20000 平方米，内部结构极其复杂，布局多变，被称为“迷宫”。宫殿的墙壁上使用壁画来装饰，这些壁画都带有东方色彩。

随着绘画的发展，希腊有了自己风格和审美趣味的绘画。公元前 6 世纪初，希腊的绘画就已经摆脱了东方艺术的影响，形成了有自己特色的壁画，并且产生了不少杰出的画家。许多有关画家的传说流传下来。其中一个传说叙述了以下的故事：有两位希腊画家举行绘画比赛，看谁的画更逼真。他们画好之后，都把作品挂在屋子里，请求人们欣赏、评判。观众们进了屋子后，看见许多蜜蜂从窗外飞进来，落到一幅画着鲜花的画上。鲜花画得太逼真了，蜜蜂被骗了。大概这幅画画得太好了，另一个人似乎不敢揭开画布公开自己的画。有些人好奇地去揭画布。这时候他们才发现自己被骗了，原来画家画的就是一块盖在画板上的布。布画得太逼真了，连人也被骗了。

古希腊留下了大量的瓶画。所谓瓶画，就是绘在陶器上的图画。越来越多的陶器伴随着考古的进行被发现。瓶画在古风时期和古典初期（约公元前 650 ~公元前 480 年）臻于成熟。现在的学者认为，古希腊瓶画经历了“黑绘式”与“红绘式”两个主要的发展阶段。黑绘瓶画就是在陶器上描绘黑色的图画，红绘瓶画则描绘赤褐色的图画。正如日本的浮世绘，古希腊瓶画的工匠也是画家。他们在一些陶器上留下了自己的名字。黑绘名家埃克塞基亚斯和普斯亚克斯活跃于公元前 6 世纪下半叶，红绘名家欧弗罗尼奥斯生活在约公元前 520 ~公元前 500 年。古典时期，也就是约公元前 480 ~ 公元前 323 年，又出现了一种白底彩绘瓶画，绰号为“阿喀琉斯”的画家作品展现了这种瓶画的风貌。

从黑绘到红绘，再到白底彩绘，反映出古希腊人对色彩的偏好。色彩越来越丰富，说明了他们对美的要求越来越高。绘画本身则要求重复大自然的形态。模仿自然是古希腊美术的基本特征之一，这对后来西方绘画的发展产生了极其深远的影响。

古希腊哲学

公元前 5 世纪至公元前 4 世纪，是希腊古典时期。苏格拉底、柏拉图与亚里士多德是当时最著名的哲学家。

①苏格拉底

苏格拉底在公元前 469 年出生于雅典，虽出身贫贱，但他不失为一个伦理道德哲学家。

苏格拉底认为，探讨幸福与道德的关系是哲学的目的。美德来自于知识，任何人应当首先承认自己是无知的。要寻求新的思想和新的教育方式，摒弃旧理念，树立新思想。经过不懈的努力，苏格拉底后来终于成了一个大哲学家和大教育家，他使哲学真正在人们生活中发挥了作用，为欧洲哲学研究开创了一个新的领域。他终生从事教育，他的教育思想对后世影响很大。他培养出许多有成就的人，如柏拉图、赞诺芬等著名的哲学家。苏格拉底本人没写过文章，但他始终坚持自己的观点，最终被雅典法庭判处死刑，原因是他犯了渎神罪。性格倔强的他因言辞激烈而遭祸，但他视死如归，毅然饮下毒酒。

②柏拉图

柏拉图是苏格拉底的学生。他这样评价他的老师：相貌像山羊，思想却像神。

柏拉图的主要著作有《理想国》、《法律篇》、《斐多篇》。在书中，他大多采取对话形式阐发自己的思想，而主角则是他的老师苏格拉底。柏拉图哲学的中心思想是：在现实世界之上，还有超经验的理性世界，理念是第一性的，而现实是第二性的，现实世界变化无常，只有理念世界才是永恒真实的客观存在。这种精神第一、物质第二的思想，正是主观唯心论。而在政治上，柏拉图拥护贵族政治，反对民主。这点特别体现在他的代表作《理想国》之中。柏拉图认为，国家是放大的个人，个人是缩小了的国家。个人有三种品德：智慧、勇敢和节制。国家也具有不同品德的三种人：第一是贤明的治国君主；第二是勇敢的卫国武士；第三是生来具有“节制”品德的农夫、手工艺者等生产者，他们专事劳动生产，是前面两个等级的供养者。柏拉图认为，只要三个等级各尽其职，就能实现正义。这在他看来是国家的最主要的职能，从而造成有权力者无私产、有私产者无权力的理想局面。显然，柏拉图的思想是以古斯巴达的寡头专政等政治特征为蓝本的，这在具有民主政治传统的雅典是难以实现的。直到晚年，柏拉图仍不懈地宣传自己的主张。

公元前 347 年，柏拉图去世，享年 80 岁。作为西方哲学史上第一个使唯心论哲学系统化的人，柏拉图的思想成为中古时代欧洲基督教神学以及近代形形色色的唯心论、经验论及英雄史观的重要源泉。

③亚里士多德

亚里士多德是柏拉图的学生。他 17 岁就开始在柏拉图的学园里，做了 20 年的学生与教师。后来又在马其顿当了亚历山大大帝的老师。7 年后，回到雅典开设自己的学园，直到去世。

亚里士多德是古代世界中最博学的人。他总结了前人的研究成果，对当时已知的各个学科如伦理学、政治学、经济学、战略学、修辞学、文学、物理学、医学等都进行了有意义的探索，并开辟了逻辑学、动物学等新领域。可以毫不夸张地说，亚里士多德的研究成果代表了古希腊科学知识的最高水平。

作为形式逻辑的创始人，亚里士多德提出了归纳和演绎的思维方法，提出并阐释了同一律、矛盾律和排中律这些思维的基本规律。他所规定或发现的原则和范畴以及所使用的某些专门词语，迄今仍为逻辑教本所采用。在哲学上，亚里士多德肯定客观世界是真实的存在，认为人类认识的来源产生于对外界事物的感觉。他创立了自己的“四因说”（质料因、动力因、形式因和目的因），认为一切事物的产生、运动和发展，都不外是这四种原因作用的结果。在政治学方面，亚里士多德详细地比较研究了君主、贵族、共和、僭主、寡头和平民六种政体，他主张法治，并认为“法律是不受情欲影响的理智”。文学方面，他广泛考察了美学和文艺理论的一系列问题，如文艺的产生和分类、文艺与现实的关系等，认为文艺有深刻的社会意义。

他对奴隶制是极为拥护的，贵族奴役别人是正义的，他认为本来生活是平等的，主仆关系也是真正平等的体现。虽然在社会等级分析方面他比柏拉图还要极端，甚至蛮不讲理，但他的“吾爱吾师，但更爱真理”成为千古至理名言。亚里士多德写了 1000 多卷著作，内容包括哲学、生物学、物理学以及文艺学诸方面，都被西方人奉为经典。

古希腊雕塑

希腊古代的雕塑大都显得优雅而高贵，完美惊人，刻制工艺也极精美。

波吕克利特是希腊昔克翁人。他率先以数的比例表现人体美。《荷矛的战士》就是一个成功的范例。他的这座雕像表明：人体头与身高的比例是 1 ∶ 7，这是合乎完美的标准。这座雕像是在庞贝城发现的，它是一个复制品。

菲狄亚斯曾负责重建雅典卫城的工作。他的现存作品是《赫尔墨斯》，是奥林匹斯山赫拉神庙的一座雕像，它的左手抱着一个婴儿，可惜右手出土时被弄断了，却更添加人的想象。当神庙倒塌时，雕像被埋在土里，现在看到的是修补过的原作。

其中，古希腊三大雕塑家的作品特别引人关注。他们是米隆、波吕

掷铁饼者 公元前 5 世纪 米隆

克利特和菲狄亚斯。

①米隆的《掷铁饼者》

在古希腊所存留下来的雕塑作品中，最能代表奥林匹克精神的是米隆的《掷铁饼者》。它代表了古希腊人对美与力量的追求，是古希腊雕塑艺术的典范之作。

米隆生于公元前 492 年，他本来是伊留特拉依人，鲍萨尼亚斯在旅行记中把他当作雅典人，这大概是米隆长期在雅典工作的缘故。大概 20 岁时，米隆开始雕塑创作，投师到阿基列达斯门下。40 岁左右，他的艺术成熟起来。

从所留下来的文献和原作的复制品等资料来看，米隆最擅长青铜雕塑，他能巧妙准确地表现人和动物在运动中的姿态，形神俱备。有一个传说，米隆曾为雅典城堡塑造青铜牡牛雕像。雕像落成之后，因为太逼真，所以招惹了成群的野狼围攻，准备与它搏斗。还有一个传说，他雕刻的马竟引起了真马的嘶叫。遗憾的是，米隆所有的雕塑原作都没有保存下来，现在所能看到的是大理石复制品。就是这些复制品，向我们展示了米隆的才华和艺术追求。

《掷铁饼者》这尊雕塑，历来有“体育运动之神”的美誉。作品塑造了投掷铁饼的瞬间动作，人体弯腰屈臂成 S 形，富有动感。作者将身体的重心移到右足，让左足尖点地以辅助支撑，同时以头为中心的两臂伸展，造成前后对称的形式，这样，身体获得了稳定感。身体向前倾，双腿前后分开，符合掷铁饼的运动规律。

《掷铁饼者》代表了希腊古典时期雕塑的发展方向。米隆的这件作品解决了雕塑的重心问题，为捕捉运动中的瞬间形象提供了范式，为后世的雕塑家创造千姿百态的运动形象所效法。

米隆的创作与雅典卫城的建造紧密相联。他的另一个作品则是《雅典娜与玛息阿》，慌张无措的吹笛者与冷傲无礼的雅典娜相互反衬，体现出一种戏剧性的效果。美与丑的冲突由此可见一斑。

②《拉奥孔》群雕

在希腊化时期的美术中心罗德岛发现的《拉奥孔》群雕，是阿基桑德罗斯的雕刻作品。

群雕取材于特洛伊战争：拉奥孔是特洛伊城的祭司。为了争夺漂亮的海伦，希腊联军在雅典娜诸神的庇护下，与特洛伊人进行了长达10年的战争，但希腊联军仍然攻不下特洛伊城。最后希腊人使用了木马计。他们制造了一匹巨大的木马，奥德修斯率领战士藏入马肚。希腊联军假装撤退，乘船隐避到附近的海湾里，把木马放置在城外。特洛伊人以为希腊联军撤退了，于是打开城门，他们看到一匹巨大的木马，以为是太阳神的恩赐，想把它拖进城去。这时，祭司拉奥孔出来警告特洛伊人劝说不要把木马拉进城，以免中计。拉奥孔的言行触怒了雅典娜诸神，因为拉奥孔破坏了众神毁灭特洛伊城的计划。于是，一怒之下，雅典娜从海中调来两条巨蟒，让蟒蛇把拉奥孔和他的两个儿子活活缠死。这是人与神冲突的悲剧。作为祭司，拉奥孔要警示人们避免灾难，这本是他的责任；但他又违背了神的意志，遭到惩罚。

群雕表现的是拉奥孔和他两个儿子受蟒蛇折磨，痛苦挣扎的情形。在祭坛的石阶前，拉奥孔与蟒蛇作殊死搏斗。他双手擒住巨蟒，蟒蛇则穿绕他的肋腹，咬噬他的腰部，拉奥孔急剧地躲闪，身躯剧烈地扭曲。他全身的肌肉绷紧，胸部高挺，腹部紧缩，竭力抑制自己的痛苦。他身边的两个儿子有不同的表现。一个所处的环境还不太危险，因此抽出左腿极力摆脱，可他又牵挂父兄的安全，侧过头来关切地注视着父亲；而另一个的境况很糟糕，他已经站立不稳，举起左手，像在呼救，死亡的恐怖已经控制了他。

群雕采用金字塔形的处理方式。拉奥孔形体较高大，他的儿子则较矮小。两条扭动的巨蟒把三者连在一起，构成一个三角形，稳定而富有变化。躯体随蛇的缠绕而扭动，相互呼应组成一个多变的整体。它的结构犹如金字塔般的稳重，蛇的线条与情感的强烈对比，证明它是独具匠心的创作。它体现的不止是希腊神话故事，更表现了对现实生活的真切感受。

③米洛的《维纳斯》

在古希腊，有关维纳斯的神话流传最广。维纳斯本名阿佛洛狄忒，维纳斯是她在罗马时代的名字。她是宙斯和大洋神女之一狄俄涅所生的女儿，也有说她是从大海的浪花里生出来的。本来她是丰饶女神之一，但是在民间宗教的演化中，她成为爱神、美神。维纳斯式的爱情说的就是恋爱双方对爱情有崇高的理想。维纳斯雕像的发现证明了古希腊人对她的崇敬，这种崇敬不仅仅停留在祭祀上，还有对她美的想象。

公元前 3 世纪的维纳斯雕像体现了女性裸体的丰润美。整座雕像由一块半透明的云石雕塑而成，主体立在鸡血白纹的底座上。维纳斯的面孔有希腊妇女的典型特征：鼻直、脸椭圆、额窄。她的眼睛安详自信，嘴唇稍露微笑，给人一种矜持而富有智慧的感觉。她不娇艳，不羞怯，也不造作，无论是外在的身体比例，还是内在的神韵，都体现了古希腊人的审美理想：纯洁与典雅、形体美和精神美的统一。

法国大艺术家罗丹这样评价维纳斯的美：“这件作品表达了古代最了不起的灵感，她的肉感被节制，她的生命的欢乐被理智所缓和。”半裸的维纳斯，躯体和半落的衣衫所构成的仪态，既展示了肉体的美，又通过遮蔽表达了节制的内涵。它使人们的注意力集中于人物的内在神韵，而不是外在的肉体。她的表情恬静而自然，脸上露出一丝淡得几乎让人察觉不到的微笑，不张扬也不羞赧，让人们感受到一种超凡脱俗的美。而她的躯干和多重衣纹的对比，更产生了一种微妙流动的韵律，使她的姿态庄严而崇高，典雅而优美。她的腿部被富有表现力的衣褶遮住，露出精心雕刻的脚趾。雕塑的下半身显得厚重、稳定，使裸露的上半身更加秀丽多姿。

雅典的卫城与剧场

雅典卫城是公元前 5 世纪中下叶建成的。它是希腊古典时期的标志性建筑。

雅典卫城位于 150 米高的石灰岩山顶上，四周皆是峭壁，地势险要，原来是防御敌寇的堡垒。据说在这里，海神波塞冬和智慧女神雅典娜为争夺雅典展开一场智斗，结果雅典娜取胜。雅典娜神庙与卫城同时修建，后来被波斯人摧毁。伯里克利是雅典的执政官，他下令尽一切力量重建卫城，把它作为最重要的工程来建。工程在公元前 448 年开始动工，至厄瑞克忒翁神庙完工的公元前 406 年为止，共用了 42 年时间。卫城各配套设施皆依山而建，卫城山门、胜利神庙、厄瑞克忒翁神庙、帕特农神庙互相呼应，形成卫城总体的建筑结构。

雅典卫城沿着山岗地形分布，东西长约 280 米，南北最宽约 130 米。卫城山门建于公元前 437 ~公元前 432 年，设置于卫城的西端。

它的正面和后面的柱式是多利克式的。它与周围的建筑关系也处理

古希腊雅典卫城遗址 公元前 5 世纪

得非常巧妙，它打破了原先人们约定俗成的对称法则，体现了卫城总体设计的开放性和兼容性。

雅典卫城在古希腊古典建筑和西方建筑文明史中都占据着非常重要的地位。与卫城相媲美的是古希腊的剧场。公元前 3 世纪中期，在伯罗奔尼撒半岛东北部的城邦埃皮道罗斯，希腊人建造了一个露天的剧场。早在公元前 4 世纪，雅典卫城脚下，希腊人就建造了一个大型剧场，可容纳观众一万多人。在剧场里，随着山势，观众席依次逐排升高，整个观剧区域呈半圆形展开，通道呈放射形，剧场中心的圆形平坦地域则是表演区域。这种剧场也可以用作群众集会的场所。

埃皮道罗斯剧场不但可供一万余人观看演出，而且以石凳子作观众席，席间利用共鸣作用，放置许多铜瓮，增加音响效果。除此之外，对其他设施如舞台、乐池等进行了系统改造，扩展了剧场的功效。

三、古罗马文明

伊达拉里亚人与拉丁人

意大利是古代罗马文明的发源地，它位于地中海的中部，早在旧石器时代就有居民生活了。

这里的居民早在公元前 5000 年就已经开始耕作、畜牧和制陶了。到公元前 8 世纪，伊达拉里亚人进入意大利的第伯河和亚努河流域，并不停地扩张势力范围。历史学家认为，伊达拉里亚人是受当地小亚细亚移民维兰诺瓦人的统治，经过许多年的融合才形成的。

伊达拉里亚人出现阶级社会的时间是在公元前 8 世纪至公元前 7 世纪。公元前 7 世纪，国家也产生了。这些国家都是城市，没有统一起来，各自发展。

公元前 5 世纪，伊达拉里亚人被高卢人夺去了他们赖以生存的波河流域，继而，罗马崛起，兼并了伊达拉里亚的全部城市国家。

伊达拉里亚是古代罗马文明的开创者。他们融合了希腊文化与东方文化，并予以去伪存真，去其糟粕，取其精华。罗马的城邦制度以及城市建设，都得益于伊达拉里亚的经验，并使经济快速地发展。伊达拉里亚人的占卜、三位一体神、角斗、王宫仪式都为罗马沿袭。同时，罗马人采用的拉丁字母，也是在伊达拉里亚人对希腊字母的改造和利用的基础上逐一完善的。

埃特鲁斯坎母狼青铜雕像

该像铸造于公元前480年，这只机敏、警惕的母狼，成为罗马的象征。据说，罗马城的建立者双胞胎罗慕洛斯和勒莫斯就是靠吸吮狼奶获救。

伊达拉里亚人又名埃特鲁斯坎人，他们学习了腓尼基人的经商技巧，并吸收希腊人的艺术、宗教中的精粹，如阿波罗、阿耳忒弥斯等信仰，特别表现在艺术雕塑上，主要以陶塑为主。在维伊城出土的阿波罗神像，明显地带有古风时期希腊塑像的艺术风格。当时，他们的尊贵者以陶制棺材为殓，陶制棺材上的死者塑像栩栩如生。另外，青铜艺术也达到了较完善的地步。较典型的是一尊母狼的青铜塑像，这尊母狼代表了罗马精神。

公元前754～公元前509年，古罗马共有七王执政，史称王政时期。其中，有四王是伊达拉里亚人。

除了伊达拉里亚人外，古罗马的民族还有拉丁人。他们主要生活于拉丁姆平原，那里是台伯河的下游，他们创造了罗马最早的铁器文明和铜器文明，与伊达拉里亚人一样，他们都是意大利人的祖先。后来，他们统一了拉丁地区，融合了伊达拉里亚、高卢及希腊人文化，成为古罗马的民族主体。

古罗马的城市

古罗马共和时期（公元前 509 ~公元前 30 年）的城市建筑，是在罗马统一意大利以后兴盛和发展起来的。早在公元前 3 世纪，罗马人率先把天然混凝土用在建筑上，在罗马帝国期间，罗马城市建筑如万神庙、大斗兽场等建筑，天然混凝土大显身手。

①古罗马大斗兽场

公元前 2 世纪起，罗马的券拱技术在桥梁、城门、输水道以及陵墓中都得到运用。在公元前 2 世纪，罗马人对多利克柱式进行了适当调整，改革成塔司干柱式，同时，罗马形的科林斯柱式和爱奥尼亚柱式也形成了。罗马人的券柱式中，圆柱与方形的墙墩使建筑增添了许多艺术趣味。与此相提并论的则是叠柱式，各层叠柱各具风韵，罗马城的大斗兽场是其代表作。

在古罗马城市中，角斗场与剧场是必不可少的建筑。角斗场基本上是开掘山坡后建成的，它的样式来自于剧场，都是圆形的，在罗马帝国时期最多。

大角斗场位于罗马的东南方向，又称为古罗马大斗兽场。它是一个巍峨壮观的圆形建筑物，形状类似现在的体育场，有人曾评价它为“现代体育场的样板”。这个庞大的建筑占地 2 万平方米，最长直径达 188 米。从外围看，整个建筑分为四层，高约 50 米的外墙全都用大理石砌成。底部三层为连拱式建筑，每个拱门两侧有石柱支撑。第一层有 80 个直通场内的高大拱门，每一个门楣上都用罗马数字编了号；第二、第三层为回廊；第四层为闭合的围墙，上面只有 40 个透气孔。正对着四个半径处的四扇大拱门，是专供皇帝和显贵们出入的。环绕在四周的看台可容纳 5 万多观众同时观看，级级上升的座位分为平民、贵族、元首等不同等级。看台的墙壁采用多重拱廊，这样天然形成多个出口，5 万名观众可以在 3 分钟内同时退场。竞技和斗兽的“沙场”是一个大直径为 87 米、小直径为 54 米的椭圆。“沙场”下面是地下室，那里有更衣室、武器库、机械室，还有关野兽的樊笼和陈尸的太平间。在地下室的通道走廊上有 30 多个凹进墙中的壁龛，那里安装着升降机将角斗士和野兽运上“沙场”。

罗马的历史没有一页不与斗兽场有关，斗兽是罗马生活的标记。当时的斗兽表演分为三种，即兽与兽斗、兽与人斗、人与人斗。角斗士搏斗时，场地上铺满了沙子。兽与兽、兽与人斗时，为了使场景逼真以吸引观众，场上会布置一些灌木丛和假山。夏季在斗兽场演出时，为使观众免受酷热，剧场顶端用一个中间开孔的帆布遮盖。当时的角斗士相斗场面非常残忍。双方必须分出胜负直至一方死亡为止。角斗士的生命操纵在看台上寻欢作乐的贵族手上。角斗士双方决出胜负时，由观众表决败者的生死。如果他们将大拇指朝下，那么败者必然遭杀；若大拇指朝上，败者可免于一死。一直到 405 年，这种野蛮的娱乐活动才被西罗马帝国皇帝霍诺留宣布停止。

竞技场在古罗马的生活中的地位非常重要。8 世纪时，一位叫贝达的神父曾这样预言：“什么时候有了竞技场，什么时候便有了罗马；竞技场倒塌之日，便是罗马灭亡之时；罗马灭亡了，世界也要灭亡。”1084 年，日耳曼人攻进罗马，古罗马城被洗劫一空，竞技场也在战火中成了废墟，应验了贝达神父的部分预言。

②罗马大道

人们说“条条道路通罗马”，罗马大道是古罗马城市的标志建筑。从罗马城出发，可到达各个城邦。罗马大道条条笔直，如遇山岭和深谷，则开凿隧洞或架建桥梁。每隔 1 英里设一个圆柱形的里程碑，数英里长的大道，宽度误差也超不出一米。

在全盛时期，罗马的公路长达 8 万千米，若将它们相连，足够绕地球两周，29 条大型的军用道路从罗马城伸出。另外，还有一个从北非的迦太基沿地中海南岸延伸的马路系统；在高卢，道路从里昂呈辐射状发散；在英格兰，伦敦是道路系统的中枢。第一条罗马马路是亚壁古道，位于罗马以南，建于公元前 312 年，由罗马将军阿波斯·克劳西乌斯·凯克斯（生卒年不详，约公元前 4 世纪出生）主持建造。最初这条路只通到卡普阿，但是后来一直延伸到了今天的布林迪西（意大利东南部港市）海岸。其他道路的建设也紧随其后，例如通向基诺阿的奥勒利亚大道，以及连通弗莱米尼亚和阿德里亚特海岸的大道。这两条路分别以罗马的两位权贵的名字命名。

罗马人建筑马路主要是为了给速递人员、商人以及税务人员等公务行政人员提供工作方便。当然，如果跟地方民众发生冲突时，这些道路同时也可以保证军队迅速转移。勘测员利用一种专门的测量工具测量地形，只要有可能，道路都会修成直线，当然，在高地势的地方则不得不弯曲。在建造主干道路的时候，工程师们首先设计挖出平行的、相隔约 12 米的排水沟槽，然后在它们之间挖一条浅沟壕，填入砂石、泥灰，以及连续的排列紧密的石块，这样就形成了道路的路基。路基上面是不易渗水的碎石层，表面有用泥灰黏合的石板或鹅卵石。他们用碎石、火山灰（如果有的话）和石灰来制造混凝土。在潮湿柔软的沼泽地中，道路则相对于周围乡村的地势会高一些。意大利的一些主要干道两侧有石头铺成的路缘，有 20 厘米高、60 厘米宽，在正路旁边还有作为单行道的边路。双轮战车可以在这样的道路上每天跑 120 千米，而 8 匹马拉的四轮载重马车在满载时速度就慢得多，每天只能跑约 25 千米。随着古罗马帝国的没落，这些道路年久失修，最终被荒弃了。后继的筑路者们也会汲取古罗马道路的经验，应用到新的道路建设中，比如英国任何道路地图都有显示得像箭一般笔直的道路那样的风格。

③古罗马输水渠

随着罗马城镇规模的日益扩大，民众饮用、洗浴用水的需求也随之增加，而公共浴室和喷泉则成为许多罗马城镇的特色。为了能够引进水源，罗马工程师建筑了输水渠——一种能够永久运输水源的通道，它可以是一个开敞或者封闭的管道、一条穿过小山丘的隧道，或者更为壮观的——一条贯通整个山谷的高架输水道。

在大约公元前 312 ~ 200 年，工程师为了满足罗马城供水需求，修筑了约 11 条水渠，其中有些甚至从约 90 千米以外的地方运水而来。他们在建筑这些水渠时，将管路略微向目的地倾斜，这样水就可以依靠重力作用流动了。其他一些位于意大利、希腊、西班牙的古罗马水渠一直沿用至今。以位于西班牙希高维亚的水渠为例，该水渠由罗马帝王图拉真（53 ~ 117 年，98 ~ 117 年在位）下令建造，水渠没有用任何泥灰黏合，仅仅由 2.4 万块巨大的花岗岩石块砌在一起建成，结构中包含了 165 座高 730 米的拱顶。法国尼姆市的 3 层拱门型的著名水渠——庞特多嘎德，延伸 275 米，最高达 50 米。该水渠是在约公元前 20 年由罗马将军马库斯 · 阿格里帕修建。

高架输水道把水源引入城市，供市民日常所需。这种输水道在帝国时期形成极盛之势。著名的加尔水道桥至今还横在法国加尔河上。

④神庙和广场

在罗马的城市中，神庙也是不可缺少的配套设施。它们必须建在高高的台基上，既有圆形的，也有长方形的。著名的神庙是蒂沃利的圆形神庙，它建于公元前 1 世纪。城市的居民中，四合院住宅也能见到。楼房公寓从三四层到五六层甚至二十余层。在四合院居住的往往是奴隶主。它们在罗马共和时期演变成别墅。

古罗马城市值得一提的是广场。每个城市都必须有一个广场，神庙、市场、会议厅以及政府大厦、柱廊等都围绕在广场四周。在公元前 2 世纪兴建的罗努姆广场的基础上，恺撒大帝又下令建造了恺撒广场，并把自己的青铜像放置其中。罗马帝国时期的奥古斯都广场，也与恺撒广场一样，成了罗马皇帝实施个人崇拜、弘扬个人威势的主要阵地。

⑤凯旋门和纪念柱

罗马统治者为了展示战功，常在城市建造凯旋门和纪念柱，彰显自

图拉真纪念柱 107 ~ 113 年

上有螺旋式大理石浮雕，用以纪念皇帝图拉真的历史功绩。纪念柱高 38 米，内部挖空，建有楼梯通至柱顶的顶灯。

己的功绩。凯旋门并不是城门，而是单独建立、横跨在道路上的建筑。公元前 2 世纪，凯旋门就已经建造了。到 4 世纪，罗马城就有 36 座凯旋门，由原来的一个拱门改为三个拱门。门上装饰浮雕。罗马城现存三座凯旋门。提图斯凯旋门是罗马帝国时期弗拉维王朝的第二代皇帝提图斯修筑的。即位之前，他成功地镇压了犹太人的反抗，为了纪念这次胜利，他于 81 年建筑了这座凯旋门。这座凯旋门的台基与女儿墙都比其他的凯旋门高，给人一种稳重、庄严、威武、雄壮的感觉。整座建筑物用混凝土浇筑而成，用大理石贴面。檐壁上雕刻了提图斯凯旋回来向神灵献祭的情形。尤其引人注意的是一块刻画提图斯的军队的浮雕。浮雕上兴高采烈的军人整齐地走在象征着罗马的凯旋门前。浮雕布局和造型运用虚实相间的手法，创造出真实的空间感，人物的动势展现出罗马军队宏伟的气势。

除此之外还有塞维鲁建造的凯旋门。它是在 2 世纪建造的，是为纪念帕提亚人和阿尔比努斯的战斗胜利。

与凯旋门功效相同的则是纪念柱，罗马城的马可 · 奥勒利乌斯纪念柱和图拉真纪念柱是最著名的。两柱柱身都饰满浮雕，其中以图拉真纪念柱较为杰出。图拉真纪念柱高 38 米，其中柱身高 27 米，用大理石建筑而成，耸立在方形的基座上。纪功柱的周围缠满了由 22 个圈组成的螺旋形浮雕，总长为 200 米左右。出现在这个浮雕带上的人物多达 2500 个。记录了图拉真率领罗马人向达奇进军的故事。其中一个场面是这样的：罗马军队正准备渡河，士兵有的在修筑工事，有的在坚守阵地，而图拉真正在对士兵训话。图拉真是所有场面的中心，共出现了 90 多次。整幅雕塑是一部形象的战争史，是世界上最长的战争史立体画卷。浮雕上不仅展示了伟大的战争，而且人物的容貌、民族特点、服饰等方面的刻画，也都很丰富。柱顶圆柱直径 3 米，多利亚式柱头上，安放着图拉真雕像。柱的基座为爱奥尼亚式，下面埋藏着图拉真夫妇的骨灰。

据说，居住在罗马尼亚境内的达奇人后代的一个牧民很想见见自己的祖先，便来到罗马城。他看到柱上的描绘后非常留恋，就睡在柱下。有位摄影记者从这里路过，发现这个人非常像浮雕中的达奇人，于是拍了一张照片。没想到，罗马市报纸竟然以“一个达奇人从图拉真柱上走下来”为标题发表了这张照片，引起轰动。这件事印证了浮雕的艺术价值，它向世人证实了古罗马的艺术水平。

庞贝古城

庞贝古城位于维苏威火山脚下，始建于公元前 8 世纪，现在属于那不勒斯市的一部分。在罗马与迦太基进行的第二次布匿战争之后，庞贝归属于罗马帝国，成为古罗马的一个自治市。由于这儿风景秀丽，古罗马的许多上层人物都在这儿建有别墅。所以在当时，庞贝城是一个富裕、发达的旅游度假城市。

大约 2000 多年前的庞贝古城，规划得非常合理，像棋盘一样井然有序。城内有 4 条大街，都用石板铺设，交叉成“井”字形，将全城分为 9 个区。城的东南方是椭圆形的角斗场，大约建于公元前 70 年，比古罗马的角斗场还早 40 多年。角斗场四周有观众席，可容纳 5000 多人同时观看。在角斗场的旁边还有一座正方形的体育馆，馆内有圆柱长廊。

在城西南方向，是庞贝城的中心广场，广场的三面围着一圈高约 10 米的柱廊。中心广场的北面是太阳神庙和女神庙，南侧是政府机构、法庭，东面是工商业者联合会和市场。这儿是庞贝城的政治、经济、文化、宗教中心。

1763 年，在维苏威火山南侧的农田里，有人发现了一块刻有“庞贝”字样的男子大理石雕像，根据小普林尼的书信记载，人们推测此处便是失踪了的庞贝古城的所在地。在古城的发掘过程中，发现了很多珍贵的文物资料，而且城内的市街保存完整，向我们展示了当时的风俗人情。到现在为止，在当地政府和考古专家的努力下，庞贝城的 75% 以上已经重现当年的风貌。

由于被火山灰覆盖了千余年，庞贝城的建筑被完好地保存下来，一些壁画也成了人们研究当时历史文化及民众生活的原始材料。根据考古的勘测，这些壁画多绘制于公元前 2 世纪 ~ 1 世纪中叶，分为四种样式。

前两种样式出现在罗马共和国时期，分别为：第一样式，又称镶拼式，制作方法是用石膏制成各种彩色的仿大理石块，在墙上镶拼成简单的图案。学者普遍认为这种风格始于公元前 2 世纪，承袭了古希腊壁画的样式。第二种样式，又称建筑式，是从第一种样式发展来的。这种样式打破了镶拼的模式，直接在墙面上用透视法绘制各种建筑，以达到扩大室内空间效果。这种壁画立体感很强，将有限的空间扩展为无限的视觉空间。这种样式题材多样，有建筑物、人物和林木花鸟，流行于公元前 1 世纪前后。

后两种则属于帝国时期，分别为：第三种样式，十分精细华丽，又称华丽式。由于画中出现埃及图案和狮身人面像，因此也称为“埃及式”。这种样式纯粹是一种室内装饰，喜用华丽的柱形图案，在 1 世纪时流行。第四种样式表现了罗马帝国的腐朽生活，画面追求繁复华丽、层层叠叠似真似幻的装饰效果，除吸收了上述几种样式的一些特点外，特别注重光色和动感，因此被称为“庞贝巴洛克式”或“复合式”。

戴克里先的皇宫

戴克里先是3世纪末期的罗马独裁者，他实行的是君主专制政治。他认为自己是朱庇特之子，对个人进行极端的神秘化。他在统治期间，对基督教实施严厉的打击，捣毁基督教堂，对教会的财产予以罚没。戴克里先穷奢极欲，这可以从他宫殿中的豪华设施中看出来。

戴克里先的皇宫位于南斯拉夫，是古城斯普利特的中心。它的占地面积有3.6公顷，围墙2.1米厚，高15米～21米，与罗马古城堡的构建无甚两样。有人称，这座皇宫的城墙内，居住着1/5的斯普利特市民。在石灰岩砌就的城墙中，有类似埃及的狮身人面像和罗马式、哥特式建筑。

濒海而建的戴克里先皇宫，至今依然保存完好的有寝宫、大厅和穹顶门庭，还有周围以科林斯柱子围绕的八角形皇陵。在这里，人们在7世纪建造了一个教堂。太阳神朱庇特神殿与皇陵相呼应，至今保存得非常完整，与大教堂结成和谐的一体，它是洗礼的场所。戴克里先及皇后的肖像依然挂在皇陵的檐下。

戴克里先建造这座皇宫的目的是为了体现自己的神性。在宫中，他头戴旒冕，身着蟒袍，上朝退朝，接受百官的跪拜礼。尽管他镇压了高卢人和非洲人的起义，千方百计地提防篡位和政变，但皇位还是岌岌可危。305年，戴克里先退位了。与他执位时疯狂遏制基督教、迫害基督教徒相反，他的皇陵成为基督教大教堂。这是一个莫大的讽刺。

罗马的教会

基督教在形成传播之初，就开始以牧师和神职人员组成长老组织，这种组织是西方基督教会的起源。牧师与祭司被赋予了超自然的权力，往往与世俗之人不同。3世纪前后，由于西方各地风俗与地理上的差异，这些神职组织分化成东方教会与西方教会。西方教会亦称“拉丁教会”，采用拉丁文著述，以罗马教会为中心；而东方教会则以君士坦丁堡、耶路撒冷和亚历山大里亚等地为中心。在当时，君士坦丁堡是罗马帝国的总部，东方教会的地位愈加稳定和显赫。

基督教在392年正式被罗马皇帝确定为国教，教会拥有很大程度的特权。445年，罗马主教格列高利一世自称教皇。451年，东罗马（拜占庭）皇帝马西安宣布君士坦丁堡主教与利奥一世有同等的权力和地位。格列高利一世声称罗马教会是耶稣门徒领袖彼得创立的，理所当然，他是继承者。这种说法东、西方教会都不承认。1054年，罗马主教格列高利九世洪贝尔派使者与君士坦丁主教迈克尔·凯鲁拉谈判，遭到拒绝，后来双方都下谕开除对方教籍，于是东、西方教会分裂了。西方教会信奉的基督教叫“天主教”，亦称“公教”；东方教会信奉的基督教叫作“正教”，亦即“东正教”。

自此以后，罗马教会的主教正式把“教皇”称号占为己有，而且与世俗争夺权力。到16世纪初，教皇格列高利十世在德国倾销赎罪券，招致德国民众的反对。其时，马丁·路德任教维登堡大学，认为赎罪券与基督教教义有极大矛盾，便写了一篇《九十五条论纲》，贴在维登堡大学的墙上，就赎罪券问题展开辩论，后来导致一场宗教改革。新的基督教派别脱离了罗马教会，成为新教。

教会在维护封建统治和麻痹人民方面起到了重大作用，它们对异端、对科学和哲学的迫害愈加明显。如13世纪的英国人罗吉尔·培根、意大利人阿斯科利、波兰人哥白尼、意大利人布鲁诺等，都被教会囚禁或处死。

教皇制与教皇国

教皇一词源于教父，是基督教对神职人员的尊称。罗马主教称为教皇，是在8世纪后。在古罗马，罗马城主教、罗马行者大主教、西部宗主教、基督在世代表等，都是教皇的别称。

天主教会认为，彼得是基督诸门徒之首。他的继承人是罗马主教，其地位也等同于彼得，甚至要高于其他的主教。在天主教为国教的国家中，教皇可以直接任命主教，有制定或修订教规，组织教廷、法庭的权力。教皇可以终身任职，也可以辞职，但不能指定继承人。

教皇的权力有的时候超过国家权力，于是与教会或国家产生矛盾。因此，教皇权力被不同程度地限制着。

756 ~ 1870 年，意大利中部拥有领土主权的政教合一国家为罗马教皇拥有，罗马教皇曾经要求罗马帝国赠予其罗马城周围的财产，这一事件发生于 9 世纪。后来，拉托兰宫被君士坦丁一世赠给罗马教会。西罗马灭亡以后，教皇直接控制意大利，但与法兰克王国关系密切。不久，法兰克国王将意大利领土馈赠给罗马教皇。774 年，威尼斯和贝内文托诸城被查理曼大帝拱手让给教皇，罗马教皇国开始扩张。到 11 世纪，教皇国达到极盛。

圣索菲亚大教堂

圣索菲亚大教堂是拜占庭建筑的杰出代表，它既有罗马建筑的特色，又有东方艺术的韵味，是伊斯坦布尔最有名、最有代表性的历史建筑，于 1985 年被列入《世界遗产名录》。

罗马帝国繁荣时期，君士坦丁大帝将都城迁到黑海之滨、欧亚大陆的交会处后，就将它命名为君士坦丁堡。325 年，君士坦丁大帝为供奉智慧之神索菲亚，始建圣索菲亚大教堂，后受损于战乱。537 年，查士丁尼大帝为标榜自己的文功武治进行重建，将它作为基督教的宫廷教堂。

15 世纪，奥斯曼的士兵把豪华的罗马宫殿付之一炬，历代相传的艺术珍品化为灰烬，古城目睹了一种文明对另一种文明的洗劫。不久，奥斯曼土耳其帝国迁都君士坦丁堡，后来这座城市更名为伊斯坦布尔，并一直沿用到现在。

圣索菲亚大教堂

现在的建筑大部分应该是查士丁尼时代修建的。前后历时 7 年多，耗资巨大，它代表着东罗马帝国建筑艺术的顶峰。圣索菲亚大教堂在平面上采用了希腊式十字架的造型，在空间上则创造了巨型的圆顶，在室内没有用柱子来支撑，而是以拱门、扶壁、小圆顶等设计来支撑和分担穹隆的重量。教堂前部是一个华丽的庭院，周围有柱廊环绕，中央是水池。经过三联门便到了外前廊，其后就是宏伟的大前廊。它长 61 米，宽 9.1 米，分为两层，下层为新教徒与忏悔者使用，上层为教堂游廊的一部分。教堂大圆顶高 15 米，直径为 32.6 米，据说在里海中也可以看得到它。

教堂的内部空间相当宏伟，既统一又富于变化，大小半圆顶错综变化。特别是中央大圆顶的支点，加之组成穹顶的 40 个柱子下部开设了 40 个窗子，所以当人们置身于那幽暗的大殿，斜射的阳光穿过窗户照到大殿时，眼中便会出现黑白交错的图案，使人产生宛如飘浮在空中一般的奇妙感受。

在建筑中最富有特色的是色彩的利用。圆顶用砖砌，外面覆盖着灰色的铅皮。墙身内部各处都贴上彩色的大理石，有白、绿、蓝、黑、红等颜色。柱子大多是绿色的，柱头镶有金箔，地面用彩色碎石铺成各种图案，拱顶与圆顶则为玻璃绵石，并用金子镶嵌了天使及圣徒像。这样整个大厅显得璀璨夺目，神奇非凡。而墙身外抹灰泥，作黑白相间的条带，像由石与砖垒成，显得朴实典雅。

由于地震和战火的摧残，圣索菲亚大教堂经历过数次重修。532 年，查士丁尼大帝投入了一万名工人，花费了 32 万磅黄金，前后用了 6 年的时间将大教堂装饰得更为精巧华美。直到 17 世纪圣彼得大教堂建成前，圣索菲亚大教堂一直是世界上最大的教堂。

四、中世纪与文艺复兴时期的欧洲文明

罗马式教堂

罗马式教堂建筑艺术指的是查理大帝时代到 12 世纪哥特式建筑出现以前的建筑风格。总的说来，这是一个模仿罗马宗教建筑风格的时代。

许多狂热的宗教封建主全力在自己的领地兴建壮观的教堂和修道院，建筑史上称这种新形制为“罗曼内斯克”，即罗马式教堂建筑。

罗马式教堂建筑采用典型的罗马式拱券结构。拱券结构演变自古罗马时代的巴西利卡式。罗马式半圆形的拱券结构深受基督教宇宙观的影响，罗马式教堂在窗户、门、拱廊上都采取了这种结构，甚至屋顶也是低矮的圆屋顶。这样，整个建筑让我们感到圆拱形的天空一方面与大地紧密地结合为一体，同时又以向上隆起的形式表现出它与现实大地分离。罗马式建筑还常采用扶壁和肋骨拱来平衡拱顶的横推力，罗马式建筑的另一个创新是将钟楼组合到教堂建筑中。从这时起在西方无论是市镇还是乡村，钟塔都是当地最显著的建筑。钟塔的建立在现实意义上是为了召唤信徒礼拜，但是在战争频繁时期也常兼作瞭望塔用。罗马式建筑的窗户很小而且离地面较高，采光少，里面光线昏暗，使其显示出神秘与超世的意境。在艺术风格上，罗马式教堂表现为堂内占有较大的空间，横厅宽阔、中殿纵深，在外观上构成十字架形。教堂内部装饰主要是壁画和雕塑，浮雕多数雕刻在教堂外表的正面墙和内部柱头上，与建筑浑

然一体。雕塑还都具有古代雕塑的气魄，由于“异族”艺术掺入而运用了变形夸张手法，不同于古代的写实风格，具有一种阴郁和怪异感，体现了中世纪对基督教的解释和感受。

罗马式教堂建筑迅速遍及全欧洲。不过，不同民族和地区有不同的表现。如：法国呈现多样化，德国的形式很质朴，英国和西班牙都接近法国罗马式。最有影响的是意大利罗马式教堂建筑。意大利人是罗马式教堂建筑的忠诚的追随者。伴随着哥特式建筑的兴起，罗马风格已经渐渐销声匿迹，但是意大利人一直看不起哥特式，所以，直到 15 世纪，意大利人都保持着高贵的罗马风格，只作了一些修改。

①比萨大教堂

罗马式教堂的代表性建筑，是 11 世纪建造在意大利比萨的大教堂。1062 年，罗马人攻占了巴勒摩。比萨教堂就是为了纪念这件事而建造的。教堂规模非常大，除了主教堂，它还包括钟塔和洗礼堂。这些建筑是彼此独立的。主教堂从 1063 年开始建造，到 1092 年才完成。它是一个拉丁十字式的建筑，也被称为巴西利卡。主教堂全长 95 米，有四排柱子，侧廊使用了十字拱。它的正立面有 32 米高，有四层空券廊作装饰，这在当时是了不起的建筑。主教堂的整个外表用一排一排的连拱和菱形多彩大理石板嵌成，外观给人一种神圣华丽的感觉，体现了中世纪意大利教堂建筑的风格。

洗礼堂比斜塔建筑的时间要早，于 1153 年建造，但是建成的时间较晚，时间为 1278 年。它也是一个圆形建筑，直径 35 米多一点，距离主教堂前大约 60 米，总高度有 54 米。当时，洗礼堂的顶部为锥形，但后来经过改修，顶部加了一些哥特式的风格，变成了圆形，也就是我们今天看到的样子。

1174 年开始修建，直到 1350 年才完工的比萨斜塔实际上是比萨大教堂的一座钟楼，外观呈圆柱形，共有 8 层。54.5 米高的塔身墙壁底部厚约 4 米，顶部厚 2 米多，从下而上，共有 213 个拱形券门，底层有 15 根圆柱，中间6层各31根圆柱，顶层则有12根圆柱。斜塔全部用大理石建成，总重1.42万吨。造型古拙而又秀巧，称得上罗马式建筑的典范。顶层为钟塔，塔有294级螺旋状楼梯，站在塔顶眺望，比萨城全景就可以尽收眼底。比萨斜塔自完工以来，每年以1毫米～2毫米的速度倾斜。1972年10月的一次地震，更是对这座古塔的一次冲击，幸仍巍然屹立，这种斜而不坍的状态，使比萨斜塔更加出名。到1992年时，整个塔的倾斜度已达5.5度，塔顶中心点向南倾斜4.9米，塔顶南侧比北侧高出2.5米。

比萨主教堂 11～12世纪

比萨主教堂共分5个殿，有4层凉廊，用18根大理石柱支撑，正面有3扇大铜门。

为了挽救比萨斜塔，世界上的建筑师曾经提出近万个方案，其中最有效的是建筑师瓦萨里的方案。1550年，瓦萨里加固了塔基，这个办法使比萨斜塔稳定了上百年，倾斜的速率几乎可以忽略了。但后来，比萨斜塔又恢复了每年1毫米的倾斜速率。1990年，比萨斜塔停止接待游客，进行一次大的维护。都灵大学的米歇尔教授带领“控制沉降”的专家小组利用向塔身北侧浇灌铅液的办法以平衡南部重量，到1993年，塔身不但没有倾斜，反而向北侧矫正了4毫米。但这仅仅是一个临时措施，要真正保持比萨斜塔斜而不倒，但又不矫枉过正，还需要人们更多的努力。

关于斜塔，曾经发生过一个为世人津津乐道的事。1590年的一天，比萨大学的数学讲师伽利略登上了比萨斜塔，准备在七层塔楼做自由落体试验。在当时，著名希腊学者亚里士多德提出的“不同重量的物体下落速度不同”的理论已统治物理学界一千多年，人们早已对这个理论深信不疑。为了证明自己观点的正确，伽利略选择了比萨斜塔作为自己的实验地点。为什么他会选择比萨斜塔作为实验地点呢？原来，正是由于比萨斜塔是倾斜的，从倾斜的南侧塔顶抛下的物体会毫无障碍，垂直落在下面的广场上，因此，这是个理想的实验场所。随着号令一响，10 磅重和 1 磅重的铅球同时脱离伽利略的手掌，并同时落地。伽利略成功了，他推翻了希腊学者亚里士多德的不同重量的物体落地速度不同的理论。

由于意外的偏差形成的举世奇观的比萨斜塔，每年吸引着来自世界各地的游客。联合国在 1987 年将其连同周围的主教堂、洗礼堂一同列入《世界遗产名录》。

②其他罗马式教堂

德国的杜奈大教堂则在十字形两侧设四个钟楼，是设置钟楼最多的罗马式教堂。建造于 11 世纪的圣埃提安教堂，位于法国北部的卡昂城，在建筑样式上比罗马式建筑有许多改进，并向哥特式建筑风格靠拢。法国的圣塞南教堂则是哥特式和罗马式相结合的建筑，但内部设置和主体建筑还属于罗马样式。英格兰北部的杜汉姆教堂是英国境内的最大教堂。它建于 11 世纪，内厅是罗马式建筑中装饰最华美的，有许多 X 形的拱顶肋架，充分体现基督教的精神。

历史上遗留下来的罗马式教堂建筑还有许多。德国的施派耶尔教堂、奥地利的古尔克教堂等都是其中的佼佼者。

哥特式教堂

12 世纪以后，教权与王权之间的斗争越来越激烈。所以，国王修筑新式的教堂，确立自己的权威，以此来摆脱教皇教会对自己的控制。于是，以法国为中心的哥特式建筑兴起，并且影响到了整个欧洲。

哥特式教堂建筑各有风格，外观造型各不相同。但是，因为处在一个时代，所以有许多相同的特征。从外形上看，它们追求体积和高度，这些都是过去的教堂所不能及的。比如，德国的科隆大教堂中厅高达 48

米，而乌尔姆市教堂的钟塔高达 161 米。在形体上，这些教堂建筑的动势十分强烈，轻灵的垂直线直贯全身。墙和塔都呈现出一种共同的特色，就是越往上划分越精细，装饰越多越玲珑。教堂都有锋利的、直刺苍穹的尖顶。频繁使用“尖”的造型，所有的券都是尖的，建筑的局部和细节上端也都是尖的，这使得整个教堂处处充满向上的冲力。哥特式教堂的整体风格所体现的就是高、直、尖这三种特征，这种建筑风格意味着城市的生机，代表一种新的精神，标志着新的审美趣味的到来。

哥特式就如它的名字一样，是反传统的、反罗马的，它野蛮、粗犷，同时奔放、灵巧，它汇集了一切上升的力量来体现教会的神圣精神，直升的线条、奇突的空间推移、色彩斑斓的彩色玻璃窗、各式各样轻巧玲珑的雕刻装饰，制造了宗教的神秘氛围。这些建筑不再是纯粹的宗教思想的体现，也不再是军事堡垒的象征，而是城市的文化标志，它们暗示了在最黑暗的中世纪设计者心中自由的表现。总的说来，哥特式建筑较罗马式建筑，更接近生活和真实，它遍布欧洲，成为国际风格，因此也称国际哥特式风格。

著名的哥特式建筑有巴黎圣母院、夏特尔教堂、兰斯大教堂和亚眠大教堂，这些都在法国。科隆大教堂和乌尔姆教堂则在德国，而索尔兹伯里教堂和林肯大教堂、米兰大教堂是意大利的。

①巴黎圣母院

巴黎圣母院是一座世界著名的天主教教堂，坐落在法国巴黎市中心塞纳河中的斯德岛。这座教堂从 1163 年动工兴建，由教皇亚历山大和路易七世共同奠基，历时 182 年，于 1345 年竣工。巴黎圣母院是巴黎第一座哥特式建筑，开欧洲建筑史先河，在建筑史上具有划时代的意义。

巴黎圣母院长 130 米，宽 48 米，这个建筑的最大特点是高而尖，尖塔高达 90 米，由竖直的线条构成，雄伟庄严。整座建筑被壁柱纵向分隔成了三大块，又被三条装饰带横向划成三部分。圣母院的正西立面有三个联成一排的大门，左门叫“圣母门”，门中柱上雕刻着圣母圣婴像；右

巴黎圣母院西正面 12 世纪

门叫“圣安妮门”，圣安妮是圣母的母亲，门中柱上雕刻着 5 世纪时巴黎大主教圣马塞尔像；中门表现的是“最后的审判”，门中柱上的核心人物是耶稣，他正在“世界末日”这一天，宣判每个人的命运：一边是被推入地狱的罪人，一边是灵魂得救、升入天堂的骄子，这些雕刻十分精细传神。圣母院的尖塔很高，有直刺苍穹的感觉，尖拱、肋拱、飞壁犹如在天空里纵横。位于门洞上方的是“国王廊”，陈列了 28 尊以色列和犹太国历代国王的雕塑。1793 年，正值法国大革命，一些极端分子把他们痛恨的法国国王的塑像捣毁。但是，热爱艺术的法国人民，当他们认识到自己的错误的时候，又将雕像复原，之后放回原位。巴黎圣母院中间有三层窗子。第一层两边是尖拱形的窗子，雕刻着亚当和夏娃；中间一层是由 37 块玻璃组成的一扇直径为 9 米的圆形大窗子，建于 1220 ~ 1225 年，中央供奉着圣母圣婴，两边立着天使的塑像；第三层有许多美丽的栏杆，栏杆上雕刻着不同形象的魔鬼，据说都是根据著名的“希魅尔”雕刻的。最上面便是雨果《巴黎圣母院》中所描绘的两座钟楼，各高 69 米，由一条走廊把连接起来。南钟楼的巨钟重 13 吨；北钟楼有一幢 387 级的楼梯，可直接到达 90 米高的尖塔的塔尖。尖塔虽比钟楼高出 21 米，但从正面看去，高度却相同，由此可见建筑师的匠心。教堂的大厅可容纳 9000 人，是法国最大的教堂。

许多人知道巴黎圣母院，主要是受雨果《巴黎圣母院》的影响。这本书很早就被翻译成中文，在中国很有影响力。读过这本书的人，都不会忘记那个吉卜赛姑娘爱斯梅达，还有敲钟人卡西莫多，以及他们映衬出的善良与心灵美。巴黎圣母院虽然很古老，但依旧散发着魅力。雨果称它为“巨大石头的交响乐”。巴黎圣母院所在的斯德岛也是巴黎的诞生地，所以，更多的巴黎人喜欢称她为“巴黎最老的女人”。这一别致的称呼，即体现了巴黎人对自己的建筑与历史的热爱，也体现了巴黎人的幽默与煽情。

②夏特尔教堂

夏特尔主教堂的历史很悠久，建造在 4 世纪，但是得名在 9 世纪。9 世纪的时候，查理大帝的孙子，秃头查理，赠送了一件圣物给夏特尔主教堂，这件圣物就是传说中的圣母的“束腰外衣”，这件外衣是圣母玛利亚在基督降生的时候穿的。从此，夏特尔成为基督徒的朝圣地。这座教堂坐落在巴黎西南大约 90 千米的地方，是法国最早信奉圣母的教堂。

一场大火之后，夏特尔主教堂所剩无几。事情发生在 1194 年 6 月 10 日夜晚，大火在夏特尔城蔓延，大半座城市被摧毁，其中包括主教堂的宫殿和除西正面之外的其他部分。这件事触及到所有的宗教负责人。于是，一个紧急的教士会召开了，会议讨论修复的问题。这个讨论和以往对灾难的讨论不同，以往的讨论结果都是论证了神的报复或者魔鬼撒旦的破坏等。因为夏特尔所信奉的是圣母玛利亚，而玛利亚是慈祥的象征，所以，这次讨论的结果是神的恩赐。这为他们提供了一个修建超越欧洲任何一座建筑的壮丽宏伟的新教堂的契机。那时候，夏特尔教堂所管辖的地区是法国最大、最富有的地区。那里有定期的大型集市，商业的繁荣程度几乎可以与巴黎相提并论。每年的集市在圣母的四个重要节日开市，这四个节日是圣烛节、圣母领报节、圣母升天节和耶稣诞生节。定期的集市在主教堂周围的街道和广场进行，它们都在主教堂教士会的许可和保护中。这些商业活动使主教堂获得了很多经济上的收益，这些收益是重建的重要的经济来源。

当然，仅仅这些收入还不够建设一座宏伟的大教堂。教会还接受了大量的捐助，这些捐助来自城镇的手工业者和商业行会。在今天的夏特尔教堂的东面，还保存有一个窗子，上面绘制了一个屠宰行会捐赠的图案。除了来自平民的捐赠，还有大型的拍卖会的收入。拍卖品都是传说中的圣物。但是，教堂并不是真的把这些圣物拍卖出去，而只是一种形式。这种形式是这样进行的：一件圣物拍卖之后，再由买主捐赠给教堂，使买主获得荣誉。当时，夏特尔的路易斯伯爵购买并赠送了圣安妮的头骨，圣安妮是圣母玛利亚的母亲。还有一些其他的捐献者，大都是王公贵族。如卡斯特尔王后；法国国王圣路易斯的母亲布兰奇，她安装了北交叉甬道正面的窗子；还有布立塔尼的德路克斯的彼得公爵，他安装了南交叉甬道的窗子，此外又捐赠了耳堂入口的雕刻品。有了这些经济物资来源，教堂的建筑工作得以顺利进行。

因为修建时间的原因，夏特尔主教堂几乎吸收了当时所有的哥特式风格，只要其他地方所能看到的哥特式风格，在这里都能看到。其中最著名的是它的彩色玻璃。在教堂南侧唱诗席一面的墙上，有最引人注意的彩色玻璃，它用 18 幅画面来衬托中间一幅贝依 · 弗里埃尔画的圣母画。其中，两侧各 7 幅，中间主图 4 幅，这些图画叙述了耶稣的事迹，有最后的晚餐、圣母领报等主题，合称为《耶稣传》。圣母头戴皇冠，目光端庄肃穆，色彩的对比强烈。富丽堂皇的大圣殿内的数十扇彩色玻璃窗是 12 世纪哥特式彩色玻璃画的杰出遗物。可惜的是，伟大的工匠的名字没有流传下来。

③亚眠大教堂和兰斯大教堂

亚眠大教堂建造于 1220 年，位于巴黎北部索姆省省会，由柱墩与细柱支撑大厅，柱柱之间相连接的是不同的肋架，形成一种凌空飞腾之态势。大门上则雕刻一些圣经人物图像，工艺精湛。这座教堂施工花了半个多世纪的时间。它是法国最大的教堂，高 43 米，长 145 米。

在巴黎东北的马恩省省会，有一座兰斯大教堂，它是在 9 世纪被焚毁的加洛林时期教堂的旧基上于 1210 年重建的。它的总体建筑和规模与巴黎圣母院相近。

④科隆大教堂

位于德国北莱茵—威斯特法伦州的科隆大教堂是德国最大的教堂，也是世界上最大、最高的教堂之一，是代表中世纪欧洲哥特式建筑艺术的杰作，又被称为圣彼得大教堂。

1248 年科隆的大主教决定建造哥特式的大教堂，用了 80 年才完成正殿。1560 年由于德国宗教改革的原因工程被迫停顿下来。直到 19 世纪初在大诗人歌德等人的推动下，大教堂才于 1842 年重新继续施工。1880 年全部建成。整个工程前后持续了 600 年多年。因其独特性和所体现的创造力，1996 年联合国教科文组织将科隆大教堂作为文化遗产，列入《世界遗产名录》。

由磨光石块砌成的整个建筑占地 8000 平方米，建筑面积约 6000 多平方米，内有 10 个礼拜堂。东西长 144.55 米、南北宽 86.25 米的大教堂中央是两座与门墙连砌在一起的双尖塔。这两座塔高达 161 米，像两把锋利的宝剑，直插苍穹。还有许多小尖塔林立在大教堂的四周，与之相呼应。大教堂前现建有“教堂平台”，是举行礼拜仪式和各种聚会的场所。每到夜晚，安装在四周各建筑物的聚光灯射出的一束束光柱，使得科隆大教堂显得既雄伟壮观，又神奇莫测。教堂的钟楼上，安装着 5 座响钟，其中圣彼得钟最大，达 24 吨，每逢祈祷响钟齐鸣时，洪亮深沉。站在钟楼顶端可眺望莱茵河美丽的风光和科隆大教堂的全貌。

大教堂内有 5 个礼拜堂，整齐地排列着木制席位，供神职人员所用的座位就有 100 多个。大教堂四壁设有面积达 1 万多平方米的窗户，上面装着描绘有《圣经》人物的五彩玻璃，在阳光的反射下，这些玻璃绚丽多彩，金光闪烁。

教堂里拥有许多珍贵的艺术品和文物。教堂的祭台上，供奉着 1164

年从意大利米兰送来的古代“三圣王”的遗骸和遗物。这些文物现保存在一个被认为是中世纪金饰艺术代表作之一的金神龛内。在唱诗班的回廊，还有15世纪早期科隆画派画家斯蒂芬·洛赫纳1440年为教堂所做的壁画和法衣、福音书、雕像等文物。

1942年，英美联合空军轰炸德国。科隆因下游腹地是化工业的集中区，成为挨炸最惨重的城市之一。由于德国天主教通过罗马教廷提出要求，这座古教堂才免遭轰炸。科隆教堂虽然没有被毁掉，但也中了十几枚炸弹。为了保存这一教堂，20世纪末，德国政府对其开始了一波又一波的整修。

⑤米兰大教堂

米兰大教堂又称“杜莫主教堂”，坐落于米兰市中心的杜莫广场上，仅次于罗马圣彼得大教堂和西班牙的塞维利亚大教堂，是欧洲大陆的第三大教堂。

1386年，米兰望族吉安·维斯扎蒂主持了教堂的奠基仪式，拿破仑于1805～1813年间完成了其大部分工程，直到1965年装上正面最后一扇铜门，修建工程才算告终，前后持续了长达6个世纪的时间。主教堂呈拉丁十字架形，宽55米，长150米，面积1.17万平方米，可容纳3.5万人。建筑师和设计师来自欧洲的意、法、德等许多国家，所以教堂集古希腊、古罗马及多种民族的建筑艺术风格于一身。教堂全部用康多利亚的白大理石

因为许多国家的建筑师都参与过米兰大教堂设计，所以米兰大教堂汇集了多种民族的建筑艺术风格，其中德意志风格尤为显著。

修建，因而被人称赞为“大理石山”。教堂正面是5座大铜门和6组大方柱，最大的中门尽显华贵。每座大门从上到下分成许多方格，每格雕刻着有关主教堂的历史、《圣经》故事与神话，还刻有各种图案、飞禽走兽、花鸟鱼虫。从方柱的柱基到柱身上，刻满了大型浮雕和各种人物雕像。135个哥特式大理石尖塔挺立在教堂屋顶上，远远望去，好像天国的塔林浮现半空，又宛如一顶雕琢精美的王冠。中央的八角亭尖塔最高达107米，塔顶是镀金的圣母玛利亚铜像，高4.2米，身裹金叶，在阳光的照耀下熠熠闪光。乘电梯登上塔顶，可以欣赏到远处阿尔卑斯山和周围乡村的秀美景色。其他塔尖的雕像与真人大小一样，整个教堂共有4000多尊雕像，较大的有3159尊，另有几百尊是镶在窗格里的。

在教堂大厅两侧有26扇巨大的玻璃窗，一般都有二三十米高，窗上是一些《圣经》故事，全部用五彩玻璃拼成。1805年，拿破仑宣布他兼任意大利国王，就是在这个教堂举行的加冕仪式。

到过米兰大教堂的人，一定听说过圣母降生的故事。相传，圣母玛利亚的出生是圣灵感应的结果。结婚二十多年还没有子嗣的约雅金被祭司从神殿里赶了出来，因为没有子孙的人是不适宜到圣殿中上供物的，伤心失意的约雅金离开了妻子安娜，到荒野中绝食了40个日夜，他一直向上帝虔诚地祈祷，失去丈夫的安娜也在家里祈祷着。一天，天使显灵告诉安娜：“上帝已经听到你的祷告了，你很快就会怀孕的。”同时，上帝也让另一天使告诉约雅金说：“你的妻子已经怀孕了，快回去吧。”喜极而泣的约雅金回到安娜的身边，果然，安娜怀孕了。不久安娜生下一个女孩，取名玛利亚。后来，著名画家乔托有一幅名画《金门之会》，画的就是约雅金和安娜在门前相会的场面，画中两人相拥在一起，安娜在约雅金的怀里喃喃低语，似乎在感谢上帝的恩赐。

在米兰大教堂的每一处都能找到神话故事的影子。据说在米兰大教堂的屋顶藏有一枚钉死耶稣的钉子，教徒们为纪念耶稣，每年都要取下这枚钉子，朝拜三天。为取送这枚钉子，意大利著名科学家、画家达·芬奇还发明了升降机来帮助虔诚的教徒们实现这一愿望。

但丁与《神曲》

但丁的《神曲》描述了一个神游地狱、炼狱、天堂的故事，旨在引导人们从黑暗走向光明，从痛苦走向幸福。在《神曲》中地狱的第四层，但丁写了教皇和主教、教士，在那里互相辱骂；在地狱的第七层和第八层，暴君、独裁者以及买卖圣职的尼古拉三世教皇，以及但丁时还活着的教皇朋尼法斯八世等都在这里遭受酷刑，苦不堪言。但丁淋漓尽致地表达了自己爱憎分明的感情。

《神曲》分地狱、炼狱、天堂三部，每部 33 篇，加上序，共计 100 篇，结构严谨，想象奇特，富有浓烈的情感色彩。它是欧洲文学史上的皇皇巨著。除了《神曲》外，但丁还写了《论俗语》、《飨宴》等作品。

石破天惊：《十日谈》

薄伽丘是欧洲 14 世纪著名的人文主义者和意大利文艺复兴运动的先驱。相传他是佛罗伦萨一位有名的商人的私生子，因此对小市民阶层怀有很深的感情。他是第一个通晓希腊文的意大利学者，对拉丁文和当时流行俗语的认识也同样深刻。初登文坛时，薄伽丘曾立志做一名优秀的诗人，并创作了很多优秀的爱情抒情诗和叙事长诗，如《爱情的幻影》、《菲埃索勒的女神》、《苔塞伊达》等，以及传奇《亚梅托的女神们》、《菲洛柯洛》，晚年还著有传奇《大鸦》和学术著作《但丁传》等。

薄伽丘最著名的作品是故事集《十日谈》（创作于 1348 ~ 1353 年），这部文艺复兴早期产生的名著，为作家赢得了“欧洲短篇小说之父”的不朽声名。它像是一幅幅五光十色的风俗画，散发着浓郁的市民生活气息。《十日谈》猛烈抨击教会的神圣，并无情揭露教会僧侣的种种丑行。作品对中世纪的禁欲主义提出了挑战，并大力提倡个性解放。这在当时被认为是石破天惊、洪水猛兽，即便是今天，看起来也依然充满震撼。

《十日谈》以 1348 年欧洲大瘟疫为背景，讲述了七个美丽年轻的小姐和三个英俊热情的青年结伴到郊外的一座山中别墅去躲避瘟疫的故事，他们在十天的避难时间中商定每人每天必须讲一个动听的故事，以此来度过难熬的时光，这一百个故事集成了《十日谈》。

《十日谈》的主旨在于抨击禁欲主义，歌颂爱情，肯定人的自然欲望，不仅令人震惊，也同样充满了智慧与趣味。

薄伽丘在《十日谈》第四天的故事前讲了一个令人忍俊不禁的小故事：佛罗伦萨有一个名叫马杜奇的男子，妻子死后万念俱灰，带着两岁的儿子上山修行，过着与世隔绝的生活。儿子长到 18 岁时，父亲第一次带他进城，儿子对许多东西都感到好奇，但他最感兴趣的却是路上那些漂亮的姑娘。他惊异地问父亲那是什么，父亲骗他说那是毫无用处的绿鹅。儿子生平没见过女人，更谈不上对女人有什么了解，然而在父亲问他有什么要求时，他却很自然地说："亲爱的爸爸，让我带一只绿鹅回去好吗？"马杜奇恍然大悟，终于认识到两性相悦，男女相爱，乃是人的天性，他不该抗拒，也无法抗拒，自然的力量比人为的教诲强大得多！

《十日谈》中第九天讲到一个故事：某处有一所以虔诚、圣洁著称的女修道院。修女当中有一位名叫伊莎贝拉的美丽姑娘，与一名青年男子相恋，时常在夜里偷偷幽会。一天夜晚，伊莎贝拉正在与情人幽会，不小心被人发现。女修道院院长得知后立即带人前来捉奸。她在全体修女面前痛斥伊莎贝拉淫乱无耻，一定要严惩不赦。可这时修女们却尴尬地发现女院长头上戴的不是头巾，而是一条男人的内裤。原来女院长正在陪着一位教士睡觉，修女们来报案时，她在黑暗中慌忙穿衣，竟把教士的内裤当作了头巾！

《十日谈》对禁欲主义的批判和人文主义的宣扬，使人们将其与但丁的《神曲》并列，称之为"人曲"。正如意大利近代著名文艺评论家桑克提斯所说："但丁结束了一个时代，而薄伽丘开创了一个时代。"在思想启蒙方面，《十日谈》同样敢为时代之先，薄伽丘也因此被尊为"14 世纪的伏尔泰”。

骑士文学

说到中世纪的骑士文学，就不能不提骑士制度。它是在当时西欧封建制度完全确立，封建主阶级在政治、经济上的统治地位日益巩固的情况下应运而生的，它与教会相辅相成，构成中世纪欧洲社会的两大精神支柱。但骑士文学与教会文学却是截然对立的，它更具体而鲜明地反映了封建主阶级的精神需求。可以这样说，骑士制度来源于封建制度，而“骑士文学”则来源于骑士制度。

在中世纪的欧洲，各个封建领主之间常有武力冲突，领主们养了许多骑士用以自卫。刚开始骑士的尚武精神是比较强烈的，因为骑士一方面要用武力保护领主，一方面他们还要进行无休无止的宗教战争和封建战争。但从 12 世纪起，随着封建社会的进一步完善和巩固，贵族骑士开始变得腐化堕落，在空虚与无聊中，他们把自己的心思更多地放到谈吐、服饰和仪表上来。骑士们都把获得贵妇人的宠爱当作最大的荣耀，并由此标榜他们所谓的献身精神。正是在这样的大背景下，宫廷中产生了一种贵族式的文学，以描写骑士爱情、冒险和道德为主要内容，这就是所谓的“骑士文学”。

骑士画像

骑士出身于拥有爵位及土地的贵族家庭，并有自己的组织——骑士团。他们从小习武，学成后要参加神圣的宣誓活动，全身沐浴以表明身心已被净化，最后由领主封为骑士。骑士所忠于的信条是：忠君、护教和行侠。他们不仅要对主人忠心耿耿，更要效忠和保护女主人，女主人是骑士心目中的圣母。

12 ~ 13 世纪是欧洲骑士文学的繁荣期，而其中又以法国为最盛。现在我们所能看到的骑士文学主要包括骑士抒情诗和骑士叙事诗两种。

人们把法国南部的骑士抒情诗称作“普罗旺斯抒情诗”。普罗旺斯抒情诗最常用的题材是爱情，中世纪骑士心目中的“典雅爱情”主要是指男人要为女人献身并服从于女人，女人则更多看中的是男人所谓的典雅的品德，而男人博得女人爱情的过程，也正是他“典雅品德日臻完善”的过程。通常骑士们要举行比武较量，为观赏台上的贵族小姐奋力出战。骄傲的骑士入场时不仅带着头盔与盾牌，还随身藏着他们所钟情的贵妇人的一件饰物，可能是一条丝巾、一块手帕，或是一片披肩，胜利的骑士将有幸亲吻他最钟爱的女人。当时的社会风气是，女人可以因为男人的财富而与之结婚，却与自己心仪的别的男人暗中相好。由此而来，绝大多数的骑士总是把他们的爱情献给了妻子以外的女人，或是别人的妻子，这样看来“典雅爱情”原本也不过就是骑士们借以掩盖其淫乱、放荡的借口而已。

创作骑士抒情诗的人往往是贵族，也可能是封建社会帮闲的宫廷诗人或弦歌诗人。普罗旺斯的诗歌形式多半借助民歌演化而成。其中有短歌、感兴诗、牧歌、小夜曲、破晓歌等。尤以破晓歌著名，这是一种描写骑士与贵妇夜晚幽会后在黎明惜别之情的诗歌，被恩格斯称赞为普罗旺斯抒情诗的精华。

北方骑士文学的主要成就是骑士叙事诗，创作这种诗歌的诗人被称作“特鲁维尔”，即游吟诗人的意思。骑士叙事诗一般篇幅较长，也是以描写对贵妇人的爱情以及为爱情冒险、牺牲为主题。

骑士叙事诗中以描写不列颠王亚瑟和他的圆桌骑士的作品最多，其中又以法国的克雷提安、德·特洛阿所写的故事最为著名。特洛阿笔下的亚瑟王讲究优美典雅的礼节，骑士都云集到他的宫里，兰斯洛特更是风流倜傥，成为完美男人的化身。他们都对美丽的贵妇人爱慕无比，崇拜至极，到各地去冒险以博得她们的宠幸。特洛阿极力美化、粉饰骑士生活，既令人向往，又让人觉得虚妄。

骑士文学中也不乏表现出一定反封建精神的优秀作品，比如流传很广的《特里斯丹和伊瑟》。作品描写的是康瓦尔王马尔克委派特里斯丹到爱尔兰迎娶公主伊瑟，二人在归途中误饮催生情感的魔汤，由此产生了不可遏制的爱情。伊瑟虽然同马尔克结了婚，但却一心地爱着特里斯丹，马尔克对他们进行了种种迫害，却始终不能阻止他们的爱情，最后一对有情人双双悲惨地死去。作品赞美了真诚美好的爱情，脱离了所谓的骑士精神的无聊和局限，表现出真挚可贵的人文色彩，因而一直被后人所传诵。

欧洲大学的起源

大学源自中世纪的欧洲。早在 800 年，查理大帝下令每个教会辖区必须建立初级学校。

但到 11 世纪时，教育水平依然很低。12 世纪之前，欧洲教育主要以教会学校方式存在。它的目的在于对教士进行培训，学习读写古罗马的经典作品。13 世纪，世俗学校如雨后春笋般地发展起来，教会的教育垄断丧失。12 世纪大学在欧洲产生了。巴黎大学是欧洲最早、声望最好的大学，皮埃尔 · 阿贝拉尔是当时最著名的教师。作为一位经院哲学家，他在《我的苦难经历》中提到自己的遭遇；在《认识自己》中，他鼓吹通过个人自省探求人性本质；在《是与否》中，他就 150 个神学问题做了正反两方面的分析。他把神学作为一种科学来研究。由于他常常公开与人辩论，招致失败者的怀恨。相传当时他被禁止在地上讲学，他便爬到树上去讲；后来禁止他在半空讲，他就跑到船上去讲。受阿贝拉尔的影响，许多学者纷纷来巴黎大学任教。1200 年，巴黎大学专门开授神学和七艺。

大学在欧洲中世纪时期，实质上是一个教育行会。继巴黎大学后，博洛尼亚大学成立。13 世纪，牛津、剑桥、那不勒斯等直至现在仍很著名的大学也相继问世。

中世纪大学在欧洲设立神学、文学、法律、医学等系。现在的牛津、剑桥大学依然沿袭中世纪时的组织形式，它是从巴黎大学套用而来的。

中世纪大学的发展，促进了经院哲学的形成。除了阿贝拉尔外，其他的经院哲学家有彼得·隆巴尔德。他的名作是《教父名言录》。圣托马斯·阿奎那试图把阿拉伯和古希腊哲学与西方哲学融合起来。他认为研究创世和自然知识就是研究神学的正道。他著有《神学大全》和《反异教大全》，强调人的自赎和理性。

意大利文艺复兴美术三杰

意大利绘画发展到15世纪，出现了文艺复兴美术三杰。他们是达·芬奇、拉斐尔和米开朗琪罗。这一时期美术的主要题材还是宗教。

①达·芬奇

达·芬奇出生于1452年，16岁时去佛罗伦萨学艺，很快熟练运用雕塑与绘画的艺术手法，在当时的佛罗伦萨已小有名气。后来他去了米兰，在那里，他创作了举世闻名的壁画《最后的晚餐》。这幅画他画了三年。

《最后的晚餐》取材于《马太福音》。耶稣与十二个门徒聚餐，席间，他对大家说："你们中间有一个人出卖了我。"门徒们猝不及防，非常吃惊，问到底是谁，耶稣说："同我一样把手蘸在盘子里的人就是。"画面上的众门徒，神态各异，生动传神，富有戏剧冲突和强烈的时空效果，能提起观众的情绪。

此外，达·芬奇的名画《蒙娜丽莎》以神秘的微笑而举世闻名，许多人第一次见到这幅画时，都会被她的笑容所征服。它代表了达·芬奇的最高艺术成就，是达·芬奇花了四年（1503 ~ 1506年）时间，苦心经营的传世杰作。

据说蒙娜丽莎是佛罗伦萨商人佐贡多的妻子，时年24岁。这幅肖像花费了达·芬奇的大量心血。所以，当他完成这幅肖像之后，不愿把它交给佐贡多或其他任何人。当他受到法国国王的邀请时，便带着这幅肖

蒙娜丽莎 1503 ~ 1506 年 达・芬奇

《蒙娜丽莎》是达・芬奇最杰出、最神秘的肖像作品。蒙娜丽莎脸上挂着一丝淡淡的、十分含蓄的微笑，嘴角微翘，双眉舒展，仪态安详，流露出内心的愉悦。蒙娜丽莎的手被认为是美术史上画得最美的手，精确、丰满、柔嫩，展示出女主人公温柔的一面，也显示了她的身份和地位。

像离开意大利去了法国。达・芬奇在法国去世，也就把这幅传世的杰作《蒙娜丽莎》留给了法国的罗浮宫，成为法国人民为之骄傲的财富。

多个世纪以来，这幅杰作一直被谈论的是蒙娜丽莎那神秘的微笑，它似乎会随着观赏者的不同和观赏时间的不同而变化。有人说她的微笑“有时舒畅温柔，有时又显得严肃，有时略含哀伤，有时显出讥嘲和揶揄”。关于神秘的微笑，有下面一个故事：达・芬奇请了一位优秀的乐师在她旁边弹奏，以使这位高贵的妇人能像模特那样耐心平静地坐着。她眼中的神情似乎在告诉观赏者她正在倾听。把她那双美丽的手与她的脸联系起来欣赏，你就会觉得她的神情诚挚、轻松和坦然。她的右手轻轻地放在左手上，中指没有任何依托，显得很放松，一点拘谨都没有，仿佛正伴随着音乐的节奏轻轻地打着拍子。背后的景色：山峰、道路、小桥、流水都梦幻般飘拂不定，蒙娜丽莎的思绪仿佛沉浸在梦的世界里。

这幅画淋漓尽致地发挥了达・芬奇奇特的烟雾般的迷幻笔法。他把人物丰富的内心世界和美丽的外表完美地结合，对眼角、嘴唇等表露感情的关键部位予以细致的刻画，使“神秘的微笑”达到妙不可言的境界。

而且，许多人已经指出，这幅画的成功得力于画家力图使人物丰富的内心感情和美丽的外形达到巧妙的结合，所以对于人像面容中眼角唇边等表露感情的关键部位，也特别着重掌握精确与含蓄的辩证关系，达到神韵之境，从而使蒙娜丽莎的微笑描摹进含义无穷的画家感受，具有一种神秘莫测的千古奇韵。那如梦似的妩媚微笑，被不少美术史家称为“神秘的微笑”。这神秘的微笑则使观赏者如坠云雾，只觉得妙不可言。这幅完美的人像实为人文主义关于人的崇高理想的光辉的体现。

因为这幅油画，达·芬奇声名大噪。达·芬奇除了绘画外，还致力于科学研究，他对人体解剖学有细致的研究，并发明设计降落伞、风车，也进行关于飞机的构想和设计等。

②米开朗琪罗

米开朗琪罗是与达·芬奇同时期的雕塑家，也出生于佛罗伦萨，13岁进入作坊学艺，后参加人体解剖的实习，奠定了他的雕塑艺术生涯。他21岁到罗马，25岁回佛罗伦萨，创作了《大卫》，声名鹊起。

正如达·芬奇的《蒙娜丽莎》和拉斐尔的《西斯廷圣母》在世界绘画史上的伟大地位一样，米开朗琪罗的《大卫》雕塑同样是一件体现人文精神的不朽杰作。这座白大理石裸体雕像，表现一千多年前以色列开国元勋大卫的形象，把人类的美和智慧以及生命、力量表现得淋漓尽致。后来被安放在市政厅门前的广场上。在这件作品中，米开朗琪罗赋予大卫健美的体格与完美的身材，深邃的目光与坚毅的神情又令人物充满了坚定、昂扬、顽强的精神气质，具有强烈的英雄气概。虽然造型非常轻松，但全身饱满紧绷的肌肉却使蕴含在体内的巨大力量一触即发。这种新形象正是文艺复兴时期时代精神的典型体现。

米开朗琪罗的另一个著名雕塑是《哀悼基督》。它表现耶稣被钉死在十字架上，圣母玛利亚抚尸痛哭的情景。这是他20岁时的作品，圣母在他的刀凿之下显得美丽绝伦。

1536年，米开朗琪罗回到罗马西斯廷教堂，用了近6年的时间创作了伟大的教堂壁画《最后的审判》。

《最后的审判》面积近200平方米，耗时6年。对于这样一个宏大的工程，一个人完成是艰难的，他找来一些人做助手，最后却留下一个调制颜料干杂活的，绘画都由他自己动手完成。画中的人物充满超人的力量，表现了丰富的动感，并充满戏剧性。1541年10月31日，米开朗琪罗的壁画揭幕了，这一瞬间，整个罗马惊讶了。《最后的审判》是现在已知的这一题材作品中最惊世骇俗的一件，它将内在的上帝威严（而不是他的父权）表现得淋漓尽致。审判是对整个世界的，而这个世界在他看来已腐化堕落到无可救药的地步。其实这种审判在当时是反基督的，属于异教徒行为，但在当时被视为极其正统。有人评价这件作品："审判者基督是一位伟大的、复仇的阿波罗。而这幅画可怕的震撼力正源于画家充满悲剧色彩的绝望。他把自己也画入这场审判，不是作为一个完整的人，而是一张被剥的人皮——一副由于艺术的重压而被榨干人格的皮囊。当圣母也在叱咤风云的巨人身旁畏缩不前的时候，唯一的安慰是：这张皮在圣巴多罗的手中。这位殉教者曾经发誓普度众生。"

另外，他还创作了《摩西》、《奴隶》等名作。在《奴隶》中，他体现被缚奴隶虽然垂死，但依然要进行不屈的反抗，赞美了人类生命的尊严。

米开朗琪罗代表了欧洲文艺复兴时期雕塑艺术的最高峰，他创作的人物雕像雄伟健壮，气魄宏大，体格雄浑，充满了无穷的力量。大量作品在写实的基础上，又显示了非同寻常的理想加工，成为整个时代的代表。他的艺术创作受到很深的人文主义思想和宗教改革运动的影响，作品中倾注了他满腔悲剧性的激情，这股激情以宏伟壮丽的形式表现出来。他所塑造的英雄，既是理想的象征，又有现实的感受。这些都使他的艺术创作成为西方美术史上一座难以逾越的高峰。

③拉斐尔

拉斐尔于1483年生于意大利乌尔比诺镇，13岁那年去鲁吉诺作坊从师于维提（他是波伦亚派的画家）。1504 年，他到了佛罗伦萨，时年 21 岁。在那儿的教堂里，他画了许多圣母像。著名的一幅《圣母子》富有人情味，圣母逗爱圣婴，平静而愉悦，色彩与线条极为和谐，并有鲜明的节奏感。

《西斯廷圣母》是一幅祭坛画，他以精湛的技艺塑造了一个平凡而又伟大的母亲形象：她为了人类美好的未来，献出了自己唯一的儿子。拉斐尔一反传统，采取了一系列新的表现手法，让人们在运动的视点和感觉下观赏圣母下凡。构图显著的特点是稳定的安详感和旋律般的运动感。艺术史家高度评价这一杰作可与《蒙娜丽莎》媲美，都是人类文化艺术宝库中的稀世瑰宝。

拉斐尔被后世称为“古典主义”大师，不仅影响了“巴洛克风格”，而且对 17 世纪法国的古典学派也产生了深远的影响。拉斐尔不仅是文艺复兴时期的杰出画家，而且也为后世开启了一扇创作典范的新窗。

《雅典学院》是拉斐尔为梵蒂冈宫绘制的三幅巨型壁画之一，以古希腊哲学家柏拉图所建的雅典学院为题，以古代包括语法、修辞、逻辑、数学、几何、音乐、天文在内的七种自由艺术为基础，弘扬了人类对智慧和真理的追求。

圣母子 1507 年 拉斐尔

画面上，古希腊以来的著名哲学家和思想家汇聚一堂，有亚里士多德、苏格拉底、柏拉图、毕达哥拉斯，还有艺术家自己。不同时代、不同地域和不同学派的著名学者一起自由讨论，气氛活跃。全画背景为纵深展开的高大建筑拱门，拱门的中心透视点直通遥远的天际。画面两侧的壁龛里，分别供立着智慧女神雅典娜和太阳神阿波罗的雕像。上层台阶的人物列成一排，以两位伟大的学者柏拉图与亚里士多德为中心，其他的人众星捧月般围着他们。

在这幅巨型壁画里，拉斐尔将思想家不同的性格特征和丰富的精神面貌揭示了出来。构图上巧妙地利用了建筑的特点，扩大了壁画的空间效果，使建筑物显得更加宽敞、壮丽。作者对作品的色彩进行了谐调性处理，人物的衣饰红、白、黄、紫、赭等交相辉映，就连地面的图案、拱顶的几何装饰结构的构图都经得起数字方法的计算，严谨之极。

拉斐尔其他作品还有《圣母婚礼》、《圣礼辩论》、《美丽园丁》等，都体现了理想中的境界。有人这样评说，拉斐尔是理想的化身，达·芬奇是智慧的象征，而米开朗琪罗是力量的凝聚。

欧洲三大航海家

在哥伦布航海之前，人们普遍认为地球不是圆的。12 世纪起，真正意义的航海开始了。1291 年，两位热那亚人驶向大西洋，却没有成功。到 14 世纪，葡萄牙人才横渡了大西洋。此后，他们把殖民地扩张到亚速尔群岛等区域，后来，又远航到非洲。1487 年，好望角被轻而易举地绕了过去。完成这个历史性转折的是一位叫作迪亚士的船长。

“好望角”原来的名称叫风暴之角，葡萄牙国王约翰二世给它改名，是因为他看到了希望。

达·伽马受约翰二世的派遣，率一只船队开始了新的“万里长征”。他们绕过好望角，然后沿非洲东海岸向北挺进，并到达了印度。他重返家乡，已是两年之后的事了。1500 年，葡萄牙至印度航线开通了，后来葡萄牙人完全控制了印度和马六甲这一带地域。

1492 年 8 月 3 日，哥伦布率领 87 名水手，分乘三艘帆船，从西班牙的巴罗斯港出发，经过 70 天的艰苦航行，于 10 月 12 日到达巴哈马群岛中的一个小岛，将其命名为“圣萨尔瓦多”，意为“救世主”。随后，向南航抵古巴和海地。1493 年 3 月 15 日，哥伦布返回西班牙。在后来的八年间，哥伦布又三次西航，先后到过牙买加、波多黎各、多米尼加等地，还到过中美洲的洪都拉斯和巴拿马。但是，哥伦布所发现的地方并不富饶，离人们的期望太远，因而招致人们的误解、谩骂。最后，国王剥夺了他的财产。1506 年，他在穷困潦倒中死去。哥伦布生前一直把他所发现的地方误认为是印度，后来人们以他的名字称这个“新大陆”为“亚美利加洲”。

葡萄牙贵族费尔南多·麦哲伦，深受哥伦布等人探险的影响，在西班牙国王的支持下，进行了人类历史上首次环球航行。

1519 年 9 月 20 日，麦哲伦率领 265 名水手，分乘五艘帆船从西班牙的圣卢卡尔港出发，横渡大西洋，并于次年 3 月到达南美洲巴塔哥尼亚。然后沿海岸南下，于 10 月到达南美洲南端的海峡，该海峡后来被命名为“麦哲伦海峡”。随后他们在时人所称的“南海”中航行三个月，由于没有遇到风浪，便将其命名为“太平洋”。1521 年 3 月，船队抵达菲律宾群岛。因与当地居民发生冲突，麦哲伦被杀。当这支探险队横渡印度洋，绕过好望角，于 1522 年 9 月 7 日重返西班牙时，仅剩下一艘帆船和 18 名船员。

命运多舛的日心说

文艺复兴时期，科学也得到了一些发展。率先提出地球和众行星绕太阳运行即日心说的科学家是尼古拉·哥白尼。在此之前，亚里士多德的地心说一直受到人们的推崇。

1506 年，哥白尼学成归国，在弗罗恩堡大教堂担任教士。这使得他有了一定的社会地位和物质保障，得以继续从事天文学观测和相关的实验活动。为了便于观测天象和不引起人们注意，他特意选择了教堂围墙上的一个箭楼作为自己的宿舍兼工作室。这其实是一个小小的天文台，里边陈设着自制的简陋仪器。在这个不起眼的实验室里，他进行了长达30年的天文观测。随着研究的深入，他提出了太阳中心说，继而完成了震惊世界的巨著《天体运行论》。书中选用的27个观测事例，有25个是他在这个箭楼上观测记录的。《天体运行论》共6卷，书中完整地阐述了太阳中心说，批判了托勒密地球静止不动的错误理论。

哥白尼的太阳中心说，科学地阐明了天体运行的现象，推翻了长期以来禁锢人们思想的地球中心说，从根本上否定了基督教上帝创造一切的谬论。尽管他的学说仍然坚持宇宙中心和宇宙有限论，但已经把天文学从宗教神学的束缚中解放出来，实现了天文学的根本变革，标志着近代天文学的开端。哥白尼被誉为“近代天文学之父”。

哥白尼的天文学理念，由伽利略和开普勒得以佐证。

1592年，28岁的伽利略进入了威尼斯的帕多瓦大学担任数学和天文学教授。伽利略在教学的过程中不断地做实验来证明科学界已存在的定论。后来，经过多次的研究，伽利略制成了可以放大32倍的放大镜。利用这台望远镜，他发现银河是由许多小行星汇聚而成的；太阳表面有一些黑点，而这些黑点在不断地运动；后来他又花了很长时间观察太阳附近的木星、金星等行星，结果发现他们都在不停地运转着，而且他们是围着太阳旋转。这无疑证明了太阳是太阳系的中心。伽利略将这个发现公布于世，这使当时在意大利占统治地位的天主教感到十分恐惧，因为几百年来，他们一直宣传地球才是宇宙的中心。1632年，伽利略最有名的著作《关于两种世界体系之间的对话》出版，年近70岁的他因此而被教皇召去罗马教廷受审，饱尝折磨，他被迫宣誓放弃哥白尼的学说，仍被判处终身监禁，监外执行。

开普勒认为，因为与太阳距离的远近不同，行星的运行速度也随之变化，根据计算，所有行星绕太阳运转是按照椭圆形的轨道进行的。这比哥白尼更前进了一步。后来，牛顿的万有引力定律，更为日心说宇宙观提供了有力的依据。

布鲁诺在宣传日心说时，对基督教的教义逐一进行了反驳和否认。他认为，神灵主宰世界的学说全是无稽之谈，宇宙空间绝对不存在神和上帝。因此，宗教裁判所判定布鲁诺为异端，犯下大逆不道之渎神罪，然后处以火刑，将布鲁诺活活烧死了。

英国伟大的戏剧家威廉·莎士比亚

威廉·莎士比亚是16世纪英国文艺复兴时期的戏剧家。他的戏剧作品有37部传世。在莎士比亚戏剧中，《威尼斯商人》、《第十二夜》是讽刺剧；历史剧是《理查三世》和《查理四世》；悲剧则更多，如《哈姆雷特》、《罗密欧与朱丽叶》、《麦克白》、《奥赛罗》等。

1586年，莎士比亚随一个戏班子步行到了伦敦去谋生。他干过多种卑贱的职业，包括在剧院门口为骑马的观众照看马匹和出演三流丑角。凭借着头脑灵活和口齿伶俐，莎士比亚获得了剧团的赏识，逐渐加入到剧团的一些事务性工作中，最后终于成为正式演员。在坚持学习演技的同时，莎士比亚还尝试着写些历史题材的剧本。27岁那年，他写了历史剧《亨利六世》三部曲，剧本上演后大受观众欢迎，他赢得了很高声誉，逐渐在伦敦戏剧界站稳了脚跟。

真正让莎士比亚名满天下的，是1595年的《罗密欧与朱丽叶》。剧本上演后，观众像潮水一般涌向剧场，在泪眼蒙胧中观看这部戏。这个故事发生于14世纪意大利的维洛耶城，城中蒙太古与凯普莱特两大家族积有世仇，蒙太古家的罗密欧与凯普莱特家的朱丽叶在一次假面舞会中一见钟情，并在神父劳伦斯的帮助下秘密成婚。后来罗密欧为朋友复仇刺死了凯普莱特家的青年，被维洛耶亲王驱逐出城。朱丽叶被迫许配给贵族青年，朱丽叶向劳伦斯神父求助，神父令她服下一种假死后能苏醒的药，一面派人通知罗密欧。朱丽叶假死后被送往墓穴，罗密欧闻讯赶往墓穴，由于信没能及时到达罗密欧手中，他误以为朱丽叶已死去，遂服毒自杀。朱丽叶醒来后见罗密欧已死，也以罗密欧的匕首自杀殉情。二人死后，两大家族终于达成和解。

罗密欧与朱丽叶的故事原是意大利古老的民间传说，很多作家都写过这个题材，但是当莎士比亚的剧本问世之后，就再也没有人敢写了。在这部洋溢着青春气息、生活理想和青年人特有的纯洁美好心灵的戏剧中，罗密欧与朱丽叶用年轻的生命诠释着生命与爱情的真谛。面对着爱情和幸福的召唤，这一对青春少年把保守的封建家长制度，把势不两立的家族恩怨全都抛在了九霄云外，那样主动、积极，那样痴情、执着地渴望着、追求着。在他们年轻的心灵中，两情相悦的爱情才是生命中弥足珍贵的神圣之物，与之相比，狭隘的家族私利显得多么的荒唐可笑，不值一哂。他们炽热的爱情就像一支火炬，尽管最终被熄灭在残酷的黑暗中，但那灿烂的火焰却为寒冷漆黑的大地留下了青春的爱的温暖。他们以自己短暂却又惊心动魄的生命，证明了爱情和青春的崇高与美丽，从而谱写了一曲激情洋溢的悲壮之歌。

《罗密欧与朱丽叶》不仅是一支爱的颂歌，更是觉醒的巨人以新兴的人文主义作为思想武器，向保守的封建观念开战的宣言书。对尘世欢乐与幸福的渴望，和对个性解放与人格尊严的追求，使得这一对少年显示出在青春与爱情鼓舞下的巨大力量。在这种伟大力量的催动下，他们不但勇敢地冲破重重阻碍自由地恋爱、结合，而且还以爱的春风消融恨的坚冰，让两大家族化干戈为玉帛。这是人文主义理想对封建传统的胜利，它使人们隐隐约约地感受到，狭长黑暗的封建中世纪甬道即将走到尽头，人们即将迎来新世界的曙光。

《威尼斯商人》是莎士比亚戏剧中最著名的讽刺喜剧。威尼斯商人安东尼奥向夏洛克借款，帮助巴萨尼奥和鲍西亚结为秦晋之好。夏洛克是个高利贷者，当初因为安东尼奥借钱不收利息，夏洛克怀恨在心，于是伺机报复，便与安东尼奥订立契约，如果三个月对方付不起借款，必须要割一磅肉补偿。戏剧围绕一磅肉展开，富有冲突，氛围紧张。

戏剧《哈姆雷特》中的场面

《哈姆雷特》代表莎士比亚戏剧的最高水平。故事主要讲述了丹麦王宫以哈姆雷特为首的人文主义派与以克劳迪斯为首的保守派之间的激烈冲突。《哈姆雷特》三条线索并进，一是哈姆雷特为父亲复仇，二是老臣波洛涅斯的儿子为父亲和妹妹复仇，三是挪威王子福丁布拉斯为父亲复仇。这三个线索相互结合，使戏剧的冲突环环相扣，循序渐进。复杂而曲折的故事主体，个性生动的戏剧人物，还有强烈的悲怨交织，富有诗意的语言台词，真实地反映出历史和人生。

哈姆雷特的悲剧反映了包括莎士比亚在内整整一代人文主义者的悲剧。哈姆雷特是一个在理想与现实矛盾中挣扎的人文主义者。他在威登堡大学念书时，接受了人文主义思想的熏陶，认为“人是了不起的杰作”，是“宇宙的精华，万物的灵长”，而这个世界也是光彩夺目的美好天地，是“一顶壮丽的帐幕”，是“金黄色的火球点缀着的庄严的屋宇”。然而，他一回国便面对着一个“颠倒混乱”的社会，而且父死母嫁、叔叔篡位的多重打击接踵而来。严酷的现实，将他昔日的梦幻、他的人文主义理想刹那间击得粉碎。他像一夜间遭到严霜袭击的娇花，成了一个精神无所寄托的“忧郁王子”。在理想与现实的巨大反差中，他的行为变得迟疑不决，变成了“延宕的王子”。

哈姆雷特在复仇时行为上的拖延和犹豫，是几百年来人们争论的焦点，也是《哈姆雷特》最富有魅力的地方。在社会意义上，他的犹豫是因为在复仇过程中他已经认识到，自己的行动已不简单是为父报仇，而是与整个国家与民族的命运联系在一起的。一旦复仇成功，他就有责任担当起振兴国家的重任。而他所面对的社会邪恶势力过于强大，作为新兴资产阶级代表的哈姆雷特，却还没有足够强大的力量胜任“重整乾坤”、改造社会的历史重任。然而在哲学和艺术层面上看，他的犹豫更多的是因为他对于人类生命本体的哲学探讨，涉及到了人的生存、死亡与灵魂等形而上的问题。当他忧郁的目光从天上那“覆盖众生的苍穹”落到世间的枯骨荒坟时，他悲哀地认识到，人在本体意义上是多么的丑恶不堪，人的心灵又是多么的阴暗污浊，以至于连自己的心灵都是同样黑暗的；人世间的一切是多么的短暂，命运是多么的强大；人是多么的渺小，死亡是多么地不可避免；世界是怎样的一个“牢狱”和“荒原”；现实和理想的距离又是多么的遥远。在这深刻的精神危机中，“生存还是毁灭”这个经久不绝的痛苦的音符，就在他的灵魂深处奏响了。迷惘、焦虑、惶惶不安的情绪和心态，笼罩在哈姆雷特复仇的过程中，也就有了他行动上的犹豫和延宕，使他成了“思想的巨人”，“行动的矮子”。哈姆雷特在行动中体现出的迷惘与忧虑心态，同时也是欧洲文艺复兴晚期人文主义信仰普遍失落的体现。伴随着剧情的剧烈冲突而展开的人物心理冲突，以及由人物的大段内心独白所体现出的对生与死、爱与恨、理想与现实、社会与人生等方面的哲学探索，作品凸显了巨大的艺术张力，在几百年后还为人们津津乐道。在莎士比亚之前，还没有哪个作家塑造出如此丰富的内心世界。哈姆雷特富有哲理性的话，“生存还是毁灭，这是一个问题”，直至现在，还值得人们深思。

莎士比亚富有诗意的语言风格，得益于他本身就是一个著名的诗人。除了戏剧作品外，他还有 2 首长诗和 154 首十四行诗问世。

五、十七至十八世纪的欧洲文明

欧洲芭蕾艺术

芭蕾舞是欧洲的一种古典舞蹈，或是指以这种古典舞蹈为形式的舞剧。芭蕾的特征是两足尖着地旋转而舞。要做到这点，必须穿上特制的舞鞋和服装。它体现出法国 17 世纪至 19 世纪艺术审美的主要流向。芭蕾的服装和程式明显带有宫廷艺术特色。

17 世纪的法国，芭蕾舞一直在宫廷盛行。但它在欧洲文艺复兴时就已经形成了。当时宫廷中国王与众同乐，皆戴各种面具互娱。真正的皇家舞蹈学院是在 1661 年出现的。到 17 世纪，芭蕾从娱乐方式转向舞台表演艺术，专业芭蕾舞演员应运而生。起先芭蕾从属于歌剧，后来脱离出来，再也不受歌剧的限制了。

芭蕾舞在发展的过程中，形成一套独特的表演程式，如双人舞、独舞等。双人舞往往用来体现相爱、相斗等内容，是全剧的精华段落。它是衡量芭蕾舞演员水平的重要标准。另外，群舞也经常被用来渲染氛围，衬托人物，形成戏剧的高潮或结局，调动观众的情感。

欧洲芭蕾发展到 19 世纪下半叶就衰落了，但在俄国却兴盛起来。从此，俄国成了欧洲芭蕾的黄金地带。俄国的芭蕾是 17 世纪从外国传播过来的。18 世纪，俄国皇家舞蹈学校成立，并组建了专业的芭蕾舞团。19 世纪 30 年代，具有俄国特色的芭蕾已经出现了，著名的本土编导有瓦尔贝尔赫等。19 世纪 40 年代，俄罗斯芭蕾舞派已经崛起。这时出现了一些著名的舞剧，如《舞姬》、《堂·吉诃德》等。作曲家柴可夫斯基从事芭蕾舞剧的音乐创作，如《睡美人》、《天鹅湖》、《胡桃夹子》等，都是芭蕾舞剧和音乐中的精品。

牛顿与万有引力定律

艾萨克·牛顿，1642年生于英国林肯郡格兰赛姆区的伍耳索普村。12岁时他寄宿在克拉克的药店楼上。克拉克提供各种实验材料，满足牛顿的实验爱好。克拉克的女儿与他十分要好，后来却另嫁他人，因此牛顿一直独身。

牛顿制作的望远镜

牛顿享年84岁。他从事专业的研究是在1661年考入剑桥大学开始的。巴罗教授举荐了牛顿，并向他讲述了伽利略、哥白尼的事迹。后来，牛顿留校从事科研活动。

文艺复兴运动后的欧洲科技取得了极大的进步。阿基米德的力学、开普勒的天文学和笛卡尔的解析几何学，都成了牛顿唾手可得的理论依据。牛顿曾经这样说，"我"站在巨人的肩上，也建立了自己一套独有的研究方式。不久，牛顿归纳出二项式数学定理，形成微积分，然后用三棱镜分解白光并计算出不同彩色光的折射率。后来，牛顿通过自己制作的望远镜发现木星的四颗卫星，同时在非线性方程中形成了新的求解思路。

牛顿的第一篇公开发表的论文是阐明光的粒子性。这与胡克提出的光的波动性相瞭牾。直到20世纪，两种学说依然并存，人们都承认光的波粒二重性。

1679年，牛顿的竞争对手胡克也意识到引力的平方反比定律，但无法确定，只得向牛顿请教。牛顿从苹果落地中受到启发，然后在微积分的基础上结合开普勒的天文学和伽利略动力学成果，先推出自由落体定律，然后又提出牛顿三大定律，形成空间、时间、质量与力的关系式，总结出万有引力定律。这个定律适合于一切宇宙天体的运行。

在天文学家哈雷的帮助下，1685 ~ 1687 年，结合牛顿三大运动定律与万有引力定律的学术著作《数学原理》写成并出版，形成牛顿力学的新体系。行星运动、落体运动、摆体运动、微粒运动、振子运动、潮起潮落以及各种与运动有关的力学问题迎刃而解。1704 年，牛顿的《光学》又交付出版。力学、光学和二项式定理等，奠定了他在科学史上的地位。

巴洛克艺术

巴洛克艺术通常是指 16 世纪末期到 18 世纪中叶之间的欧洲艺术风格。它发源于意大利的罗马，很快遍及了整个欧洲，甚至是在北美的属地。“巴洛克”（Baroque）一词来自于葡萄牙语或是西班牙语，指的是有瑕疵的珍珠及不规则或怪异之事物。18 世纪的古典主义学者用它来总结前一个世纪的总体艺术风格，带有明显的贬抑，因为巴洛克艺术追求情感的表达、夸张的动感、力度和紧张性、光线的强烈对比以及富丽堂皇的装饰等，与文艺复兴时期艺术的庄重典雅有所不同，同时也是对 16 世纪追求矫饰与奇巧的手法主义的反映。

在 17 世纪，一度受到宗教改革的冲击而大为失势的罗马教廷发起了一场“反宗教改革”的运动，在教堂的建筑和装饰上，要以一种使人们眩晕的艺术来重新燃起信徒们的热情；这一时期正在由封建社会向资本主义社会过渡，封建贵族和资产阶级势均力敌，君主专制达到了巅峰，它更鼓舞夸张的艺术，宣传宫廷的世俗力量；思想上，人们虽然仍受到禁欲主义和经院哲学的影响，但理性主义得以确立，思想更加自由；还有，这一时期科学得到了很大的发展，不断持续的重大发现，削弱了人们对于宗教的信仰，却加强了对于自然的关注。巴洛克艺术就这样被孕育出来，带有各种矛盾思想的痕迹，既表现出夸张的力度，又以理性为基础；既强调运动与变化，又带有传统古典艺术的庄重典雅。

巴洛克艺术的第一个标志，是1577年乔柯莫·德拉伯塔等人为耶稣会建造的罗马耶稣教堂，其内部琳琅满目的装饰已经表现出了下一个世纪艺术的热情。接着，各种巴洛克建筑接踵而至。伴随建筑发展的便是雕塑和绘画，这三方面作为教堂艺术的综合体总是同步前进的，产生了很多著名的雕塑家和画家。巴洛克艺术还波及到音乐、文学甚至哲学。

①巴洛克建筑成就

在意大利，巴洛克教堂不仅体现出宗教的神秘性和炫耀财富的特征，也反映了自由主义的思想。贝尼尼是巴洛克时期著名的建筑师。他的代表作是罗马圣彼得大教堂广场，整个广场呈椭圆形，横轴线上是两个喷泉，中心是一座方尖碑，广场的两边是284根立柱和88根壁柱组成的巨大环抱形柱廊。这样的设计使人感到：当人们走进广场时，这些柱廊就像教皇的两只臂膀，在接受忠实的信徒。除此之外，主祭坛上面的铜华盖和那29米高的扭曲的巨柱所产生的大胆夸张的上升感也是使人们震惊的典型的巴洛克风格。

波罗米尼也是这一时期著名的建筑师之一，他在突出建筑的独特性和紧张性方面，比贝尼尼更胜一筹。他总是试图在凹进与凸起的表面上大做文章，并希望在上升的部分获得一种强烈无比的效果。典型实例有罗马的圣卡罗教堂。它的殿堂平面近似橄榄形，周围有一些不规则的小祈祷室。此外还有生活庭院。殿堂平面与天花装饰强调曲线动态，立面山花断开，檐部水平弯曲，墙面凹凸度很大，装饰丰富，有强烈的光影效果。

巴洛克的建筑风格很快传遍了欧洲各国，但他们都和古典主义有着密切的联系，在外观上，有着简朴庄严的古典主义风格，仅在内部装饰上体现出一定的巴洛克影响。比如德国的十四圣徒朝圣教堂和罗赫尔的修道院，外观简洁雅致，造型柔和，内部装饰则十分华丽，造成内外的强烈对比。在法国，属于典型巴洛克建筑的凡尔赛宫，是以它的水平、和谐与光亮为基础，并抛弃了巴洛克特有的凹凸起伏、曲面设计，一切显得严格对衬，礼拜堂的天花板壁画虽然表现出了巴洛克式的上升之感，但是整个礼拜堂给人的印象则充满了罗可可式的优雅。

②巴洛克绘画成就

罗马与意大利城市的皇宫和教堂的大天花板顶棚和墙上，布满了寓言叙事性的绘画，卡拉奇兄弟、雷尼、科多纳等著名的艺术家都代表着巴洛克绘画艺术的成就。

卡拉瓦乔是巴洛克时期特别有创造力的艺术家。他的画中体现出更多的自然主义风格，风俗画多表现下层平民的生活习俗，如《赌徒》。即使宗教画，也总是把宗教事件表现成普通人中间的普通事，如《圣马太与天使》中，圣徒马太被他画成一个光着脚板的粗笨的庄稼汉，在天使的指点下吃力地写福音书。他十分强调明暗的对比，他将物体完全沉于黑暗中，然后用集中的光把主要的部分突出来，使画面所表达的含义由于光线的设置而显得更为有力。同时，人物的动作安排又使人觉得打破了画幅的平面性，是向更深处延伸的，这种透视画法为后来的巴洛克画家所仿效，成为巴洛克绘画的突出特点之一。

在法国，这一时期最有影响力的画家是普桑。他的绘画表现出浓烈的理性主义色彩，积极地探索并试图用画笔完全的描绘出人物的内心世界。普桑的绘画给人们的感觉永远是柔和的风景、柔和的色调、完美的几何结构和紧凑的秩序，是心灵的绘画，体现出理性与感性完美的结合。代表作品有《阿卡迪亚德牧羊人》、《崇拜金牛》、《花神的王国》、《时光音乐之舞》等。

委拉斯凯兹代表着西班牙巴洛克艺术中最重要的一面旗帜。鲁本斯对他的绘画风格产生了最重要的影响。他早期的作品《煎蛋的老妇人》、《桌子旁的三个男人》、《塞维利亚的卖水者》等形象真实，有着浓郁的生活气息，是过去西班牙美术史上少见的。在 1623 年，委拉斯凯兹为菲利普四世画像，并通过一场平民与贵族之间的斗争而在宫廷中占有了一席之地。《酒神巴库斯》是这一时期的划时代杰作。他极其生动而朴素地描绘了西班牙农民的形象，终于把带有泥土芳香气息的作品带进了马德里宫廷。他以《梳妆的维纳斯》和《阿拉喀涅的寓言》达到了自己绘画生涯的巅峰。作者十分善于调整前景和背景的关系，利用一切手段增强画面的纵深错觉，体现出强烈的空间感。

在北欧，弗兰德斯的艺术家鲁本斯代表着巴洛克艺术的最高峰。他成功地将北欧的艺术和意大利的艺术融合为一体，并体现出弗兰德斯的风格，创作了三千多幅作品，被称为巴洛克画家之王，其风格也迅速的传遍了整个欧洲。《吕西普斯女儿们的被劫》中，那丰满的女性人体所展示的激情和富有力度的夸张的人物动作，再加上作者成功运用的光线与空间背景的设置，戏剧性地表现出了人物的暴力与爱慕、反抗与意愿的冲突性内容。晚期的《末日审判》，更是将巴洛克艺术中的激情和运动感推向了极限，从而使巴洛克绘画的长处和潜力，获得了充分发挥的机会。

③巴洛克雕塑和音乐成就

在整个巴洛克时期，最著名的雕塑家应该是意大利的贝尼尼，他不仅在建筑方面卓有成就，还是雕塑和肖像画方面杰出的大师。他的父亲是雕塑家，所以他很小就为自己的创作打下了基础。他的一生都在为教皇服务，《大卫》、《阿波罗和达佛妮》、《圣德列萨祭坛》等都是代表其成就的著名宗教雕塑。这些雕塑带有一种不可遏止的激情，在静态中我们可以感受到无限的动感，甚至可以想象那冰冷的大理石所塑造的轻盈的薄纱、柔滑的绸缎都带有了身体的温度，我们可以完全感受到人物内心的爱和恨，宗教之中带有世俗的成分。《四条河的喷泉》是贝尼尼为纳沃那广场雕刻的著名的户外雕塑，面对四个方向的老人分别代表者四大洲，象征着教皇对这些地方的影响。整个雕塑的构思十分精巧，棕榈树、树枝、白马、金币等都使人很容易产生现实的联想，人们对它赞不绝口。

巴洛克音乐也源于意大利，也同样具有华丽、壮观的特点。这一时期，宗教音乐世俗化，不仅内容上戏剧化了，而且连乐队也成了重要的部分。交响乐团也正是这个时候开始形成的。乐曲的形式变得更加丰富多彩，有协奏曲、奏鸣曲、前奏曲、清唱、大合唱以及歌剧。巴洛克音乐相比文艺复兴时期最重要的特征是它的伴奏部分，这使得器乐的发展和完善得到了积极的促进。巴洛克时代是欧洲音乐走向成熟的年代，其代表人物有巴赫、亨德尔、维瓦尔第等一大批音乐巨匠。

罗可可艺术

罗可可艺术，又称洛可可艺术，主要是指 18 世纪 20 ~ 80 年代左右起源于法国的一种建筑风格，主要表现在室内装饰上。

这一时期，整个欧洲正处于混乱的状态，君权衰落，中产阶级兴起；自然科学日渐发达，人们对于宗教产生越来越多的怀疑；工商业的兴盛与各种民主学说的传播导致了启蒙运动的诞生，自由思想普及。这一切都影响艺术向着不同的方向发展，出现不同的面貌。18 世纪，尤其是后半叶，各种艺术潮流交织在一起。在法国，这时正是路易十五统治的时代（1715 ~ 1774 年），对于过去王朝崇拜与虔诚的时代终于结束，宫廷生活奢靡。虽然巴洛克艺术仍在延续，但是，贵族阶级已经不能再忍受古典主义严肃的理性和巴洛克艺术中夸张的动感。再加上当时法国从中国进口大量的丝绸、瓷器和漆器，法国的艺术家们受到了中国工艺品所特有的东方情调的影响和启发，于是，应运而生的是符合贵族和中上层阶级趣味的，以小巧、甜美、精致、优雅和纤细琐碎为特征的罗可可艺术。

“罗可可”（Rococo）一词，来源于法语中的 rocaille，原意是指用贝壳和石子混合的一种室内装饰物，最初是对室内装饰的一种简单改良，随后便自然而然地扩展到作为建筑装饰不可分割部分的雕刻和绘画方面，进而其影响遍及了欧洲其他地区，促使了新古典主义的产生。

罗可可艺术的特点为细腻柔媚，在室内装饰上，常常采用不对称手法，喜欢用弧线和 S 形线，尤其爱用贝壳、漩涡、山石作为装饰题材。室内墙面粉刷爱用嫩绿、粉红、玫瑰红等鲜艳的浅色调，线脚大多用金色。整体体现明亮、纤巧，但是又不免烦琐堆砌，有人工造作之感。由室内装饰而引发的其他艺术不免也带有了这样的风格。

①罗可可艺术早期大师华托

罗可可艺术在半个世纪的发展中，产生了众多著名的艺术家，其中，在绘画方面取得卓越成就的华托、布歇和弗拉戈纳尔是最耀眼的明星。

华托 1684 年出生于法比交界、原属于佛兰德斯的瓦兰希恩村。最初跟当地一位名声平平的画家学习，后来有机会接触到了剧院生活和罗浮宫中的绘画藏品，尤其是对鲁本斯的作品留下了极为深刻的印象。他还结识了一位擅长描绘喜剧表演的画家。这些都对于他的绘画风格产生了极其重要的影响。虽然华托后来被接纳为法兰西艺术学院的院士，在绘画上也享有极高的声誉，但是他的一生总是居无定所，并且饱受病痛的折磨。因此，他的绘画总是在轻松的表面下掩盖着淡淡的哀愁。他的代表作有《发舟西苔岛》、《威尼斯游乐图》、《吉尔》以及《热尔桑画店》等。

热尔桑画店 华托

作品是华托为了感谢他的一位朋友、画商热尔桑为他提供了安适的居住条件而创作的。当时，他刚从伦敦逗留了一年多后回到巴黎，就在热尔桑家临时居住。画面上有三组贵族男女顾客，他们正在精心地挑选着称心如意的作品。背景的壁面上挂满了热尔桑平日收藏和准备出售的佳作，左边是两个正在将路易十四的画往箱子里装的包装工人——这一细节是路易十四时代的古典主义时代已告结束的象征。

《发舟西苔岛》描述的是一对对恋人依依不舍地离开爱情之岛时的情景。西苔岛，传说是维纳斯诞生之后登陆的地方，被人们认为是爱情的神圣岛屿。画面中，所有的人都是盛装打扮，都在为彼此拥有高尚的爱情而显得兴奋不已，远处是云蒸霞蔚、碧水蓝天，金色的阳光普照大地，还有那缀满鲜花的彩船和被弃置在地上无人看管的东西，无一不表现出那欢乐轻松的气氛。但是我们却隐隐约约地感到这之下的忧伤之情，作者似乎在担心离开西苔岛之后，没有维纳斯庇护的爱情将会遭到怎样的命运。这样潜在的悲哀在《威尼斯游乐图》中表现得更为明显，整个画面虽然洋溢在女演员舞蹈的欢乐情绪中，但是右边的风笛手眼睛中却流露出紧张、焦虑、烦躁的神情。画家后期的作品《吉尔》将这样的感受完全表现了出来，吉尔一个人孤独地呆呆地站在那里，两眼出神，双手无所适从的垂着，与画面底端几个正在游戏嬉笑的人物形成了强烈的反差，吉尔就像一个小丑，但我们却没有办法发笑，只是感到那默默的心痛。《热尔桑画店》是画家最后的一幅作品，描绘的是贵族们选画时的情景。画店的墙上挂满了被模仿的名画，漂亮的热尔桑太太在同几位绅士商谈着价格，走进画店的少女迈着优雅的脚步，路易十四的画像被装进箱子里，还有两位纨绔子弟在欣赏一幅裸体画。这些充分地表达出贵族社会的附庸风雅。

37 岁英年早逝的华托留下了大批素描，是一笔十分宝贵的财富。在这些素描中，他出色地捕捉住人物的瞬间动作和表情：偷偷一瞥的眼神、袅娜作态的动作、漫不经心的手势、翩翩起舞的姿态、装腔作势的行礼……各种各样转瞬即逝的生动形态，都被画家敏锐的目光和娴熟的技巧所捕捉再现。这些被称作“千姿百态的形象”的宝贵画册，是素描艺术史上前代大师从未企及的新的里程碑，对后来印象派画家的素描技巧影响极大。

②布歇和弗拉戈纳尔

布歇 1703 年出生于巴黎，早年跟华托学习绘画。但是他比他的老师幸运很多。同样不是贵族出身，但他却一生一帆风顺，不仅得到了罗马大奖，有机会去艺术圣殿学习，而且一回到法国，就名声显赫，成了路易十五的首席画师，并且得到了路易十五的情人蓬巴杜夫人的赏识，可以自由出入十分著名的贵妇人沙龙，过着一种完全贵族式的生活。因此，华托的画中没有完全展现出来的罗可可风格中的优雅、轻佻和感性，在布歇的作品中得到了最充分的体现。他的代表作有《出浴的狄安娜》、《梳妆的维纳斯》、《奥莫尔菲小姐》、《维纳斯为埃涅阿斯去求伏尔甘的武器》、《蓬巴杜夫人肖像》等。

狄安娜和维纳斯是画家常用的题材，但是布歇却用她们表现出最完美的罗可可风格。在其中，布歇竭力地描绘了女性的形体美，纤小的手足，柔嫩白皙的肌肤，躯体坚实丰腴，裸体姿色性感而诱人，皮肤圆润如珠，光彩夺目。而在《奥莫尔菲小姐》中，动作的大胆和肉感近乎色情。这些画面由于画家对于光线的透明性技巧的高潮把握，完全给我们的视觉最愉悦的享受，后来的印象派大师们从中也大受启发。布歇的作品虽然内涵上不能与他的老师相比，但是其中带有的温和与优雅正好符合宫廷的趣味，被认为是当时最受欢迎的画家。

弗拉戈纳尔 1732 年出生于法国南部的格拉塞，后来移居巴黎。最初是跟夏尔丹学习绘画，不过这位浮躁的青年对夏尔丹的平静与朴实的绘画题材不感兴趣，而转投布歇门下。弗拉戈纳尔将布歇的画风发展到了极致，妩媚的人物、华贵的衣饰、轻佻的动感都达到了无以复加的地步。这方面的代表作是《秋千》(这是画家关于爱情的系列画《爱情的进展》中的一幅，其他三幅为《爱情的誓言》、《插销》、《爱情之泉》)，画中在树林里荡秋千的女子故意在高空将鞋子踢去，眼中流露出明显的挑逗，要在下面注视她的情人为她捡起。女子穿有众多夸张褶皱的衣裙，却将左脚高高抬起，露出光洁的小腿，暧昧的情绪尽在不言中。左边刻意安排的丘比特雕像将手指放在嘴上，还有带暗示色彩的浮雕基座，都将画中的意味渲染得淋漓尽致。我们不得不对画家那柔软的画笔和那高超的技巧感到由衷的敬佩。

秋千 1767年 弗拉戈纳尔

此木板油画是弗拉戈纳尔最著名的代表作。作品描绘的是一对贵族夫妇在茂密的丛林中游玩戏耍。年轻的贵妇人正在荡秋千，眼光中充满挑逗，她故意把鞋踢进树林中，其夫被引得四处忙乱地寻找，她反而恣情大笑。作品趣味虽然轻佻俗艳，却很符合当时贵族的口味，无论题材与形式，都体现了典型的罗可可风格。

弗拉戈纳尔曾两次去意大利学习，十分喜爱罗马和那不勒斯地区的风景，回到巴黎以后，专心致志地画风景画，而不再参与其他的绘画。但是他的肖像画作品，如《狄德罗》、《阅读的少女》、《舞蹈家吉玛尔》所表现出来的潇洒奔放的手法，却是后来的画家模仿的对象。《小公园》是弗拉戈纳尔所做的风景画之一，画面上的人物已经变得很小，而对于形成拱门状的参天大树和雕像以及光线进行极致的发挥。随着罗可可艺术的衰落，弗拉戈纳尔虽然也曾努力适应新古典主义的画风，但是最终失败了。

在雕塑上，法尔科内是这一时期最有力的代表。他的作品总是带有一种苍白无力的优雅，如《彼得大帝》；也带有轻佻、娇媚的典型罗可可风格，如《音乐》、《冬》等。他的雕塑中，柔润、小而尖的手足是重要的标志，而且他认为大理石不能够完全体现圆润之美，改为瓷器制作。这一点被王宫的装饰大加利用。

罗可可艺术中带有的消极因素，最终使它遭到猛烈的抨击。18世纪80年代，以理性反对放任、以回归自然反对矫揉造作的“新古典主义”最终取代了兴盛一时的贵族艺术。

欧洲古典主义艺术

自意大利文艺复兴三杰后，艺术分成两个大派别：一个是样式主义，演变成巴洛克和罗可可风格，一种则是古典主义学院派。

①古典主义文学成就

法国是欧洲古典主义的中心。从 17 世纪初起，法国诗人马莱伯等为反对一切方言与俚语，确立法国古典主义文学语言的规范做了大量的工作。在法国，古典主义在文学、文艺、建筑、绘画等各个方面都取得了巨大的成就。

18 世纪 20 年代起，古典主义思潮几乎遍及全欧。在长达约两个世纪的历史长河中，古典主义艺术结出丰硕的果实。

古典主义在欧洲流行了 200 多年，许多国家先后出现了古典文学时期。古典主义对欧洲各国文学的发展有很大的影响。古典主义文艺理论的主要著作是布瓦洛的《诗艺》。他认为"理性"是一切的准绳，也是文艺创作的根本原则。他还提出"模仿自然"的原则。法国著名作家高乃依的名剧《熙德》讲述了一对情侣罗德里克和施曼娜，由于上辈的恩怨，二人由情人变成仇敌。后来，罗德里克为抵抗外敌，随军出征，勇立战功。凯旋后，在国王的调解下，俩人终于结成夫妻的故事。这部戏剧体现了古典主义的原则，被称为是古典主义文学的奠基之作。

古典主义时期，涌现出一大批杰出的文学家，法国的代表者有高乃依、拉辛、莫里哀、拉·封丹和布瓦洛，英国的代表者是复辟王朝的诗人约翰·德莱顿，和深受布瓦洛影响的诗人蒲柏，德国的代表者是约翰·戈特舍德，俄国有苏马罗科夫、罗蒙诺索夫和康捷米尔等。其中，高乃依的悲剧和莫里哀的喜剧对世界戏剧发展影响极大。莫里哀在他的《伪君子》中对封建宗教进行了讽刺，展开了猛烈抨击；而在《悭吝人》中更是对高利贷资产者吝啬贪婪的本质进行了揭露。弥尔顿取材于《圣经》的长诗《失乐园》，通过对撒旦反抗上帝的描写，颂扬了英国资产阶级的革命精神。

②古典主义绘画和音乐成就

古典主义绘画竭力追求一种完美的崇高感，追求宏大的构图和庄重的风格与气魄，他们的艺术题材来源于古希腊罗马的传说故事；他们重视纯客观的描绘，反对渗入艺术家的主观思想感情。在古典主义的绘画史上，大卫的《荷拉斯兄弟之誓》对古典主义绘画的发展产生了深远的影响。这幅画描绘了罗马史上的一个场面，它以坚实的素描、强烈的色彩和雕塑般的造型，突出刻画了荷拉斯父子出征前的英雄气概，而将笼罩在忧虑和悲哀气氛中的女眷用作烘托和陪衬，从而有力地揭示了为共和国的利益不惜牺牲个人一切的现实主题。据说，当首次在罗马展出时，那里各个阶层的人甚至包括贵族、主教、教士和僧侣，都去观看，好多天都像是盛大的游行。有人说，这幅画在一夜之间为古典主义绘画开辟了道路，其影响可见一斑。

古典主义绘画在艺术上取得巨大成就，除了大卫之外，还有乔治·德·拉图尔、勒南三兄弟和普柏、克兰德·洛兰、安格尔、乔治·德·拉图尔等，他们都是古典主义绘画的先驱。普柏是古典主义绘画最杰出的代表，他的作品含蓄冷淡，追求准则与规范，人物形象坚实如雕塑，推崇静思冥想，代表作是《阿卡迪亚的牧人》、《海神的凯旋》。克兰德·洛兰是古典主义绘画的另一位重要人物，他的作品中的风景是理想化的田园风光，追求的是平静与和谐，画中的人物是从属于风景的，但又参与宏伟和古典幻景中，与其融为一体。安格尔是大卫的学生，追求整个图画机体内争取纯净与安宁的追求，《里维耶夫人》是其代表作。

白金汉宫

白金汉宫是英国的王宫，位于伦敦最高权力的所在地——威斯敏特区。它东接圣·詹姆斯公园，西临海德公园，是英国王室生活和工作的地方。

王宫初建于 1703 年，是由白金汉公爵下令在一片桑葚林里兴建而成，它最早称为“白金汉屋”，意思是“他人的家”。1762 年，白金汉宫被转售给乔治三世。第一位长期定居在白金汉宫的是维多利亚女王，她于 1837 年在白金汉宫加冕、定居。从此，白金汉宫正式成为皇宫。

经过多次重建和扩建的白金汉宫现在已经形成一座规模宏伟的三层长方形建筑群，朝东的主体宫殿长达 110 米，在其三面各有一幢附属宫殿，中间是女王陪同外国元首检阅仪仗队时的长方形大院。

陈设十分讲究的王宫其豪华程度是其他国家无法比拟的，整个王宫共有大大小小 600 个厅室，其中以典仪厅、会客厅、舞厅、音乐厅、画廊、图书室、集邮室等厅室较为重要。这些厅室都设置了金碧辉煌的天花板，饰以光彩夺目的冰晶玻璃和雕花玻璃的大吊灯，其家具和陈设品都是稀世难见的艺术珍品。女王的个人套房分两个部分：一部分是其日常工作区域，包括她的接见厅和办公室；另一部分包括她的私人餐厅、卧室、浴室和藏衣室，藏衣室又通过一座内部楼梯与三层楼上的储藏室相连。

从 1993 年起，白金汉宫开始于每年七八月对外开放，这是由于温莎古堡失火，为了筹集修复的费用，女皇打破了皇朝先例，供游人预约参观。除了皇宫内部外，值得参观的地方还有皇家美术馆、皇家马厩和禁卫军交接典礼。如果想知道女王是否在白金汉宫，就抬头看看皇宫正门上方，若是悬挂皇室旗帜，就表示女王在皇宫里；若是没有，就表示女王外出不在。

在白金汉宫发生过“不爱江山爱美人”的故事，故事的主角是爱德华八世与沃利斯·辛普森。1931 年，沃利斯·辛普森与当时还是亲王的爱德华结识。1936 年元月，威尔士亲王爱德华继位，成为爱德华八世。然而国家大事的重任丝毫没有减少他对沃利斯的爱，他向王室宣布要和沃利斯结婚。这时，沃利斯与丈夫欧内斯特的离婚案也摆上了日程。爱德华八世的决定遭到了朝野强烈的反对，他们无论如何也接受不了一个结过两次婚的女人成为王后。多次交涉未果之后，爱德华八世决定逊位来完成这桩亘古未有的婚姻。1936 年 12 月，即位不足一年的英国国王爱德华八世为了和离异两次的美国平民女子辛普森夫人结婚，毅然宣布退位。爱德华八世的弟弟乔治六世继位后，授予他温莎公爵的头衔。

今天，这段温莎公爵的动人爱情故事已经广为传诵。在许多王室故事已经变成一页枯萎的历史后，我们却还记得有一个国王为了爱情而放弃了一切。

培根与笛卡尔

弗兰西斯·培根于 1561 年生于伦敦，是英国 17 世纪的哲学家，他的主要著作是《新工具》。

这本书是 1620 年出版的，是他的哲学巨著《伟大的复兴》的大纲。《新工具》完全不同于亚里士多德的《工具论》，主要研究科学的经验认识方法与原则。

培根像

培根担任过掌玺大臣（1617 年）和大法官等高职（1618 年），1621 年被封为子爵，由于接受朝臣贿赂，被免职。

培根认为，人必须是自然的主人，可以征服自然，驾驭自然，但重要的一点是人必须服从自然。这是培根哲学的主旨。在《新工具》中，培根提出，自然中真正存在的东西，都是按照一定规律运动的个体，哲学的目的就是研究这种规律，思想上得到真理，行动中得以自由，是建立在规律的基础上的。培根有一句名言："知识就是力量。"

继培根后，法国哲学家笛卡尔则认为，旧有的知识可以摒除，思想的价值是通过它的实用性来体现的。笛卡尔写的哲学著作是《方法论》，他对“一切产生怀疑，证明自己的存在”，这只有在“决不可把自己没有明确验证的事物作为真理”的前提下才能达成，而理性的思维方式也可以达到同样的效果。归结起来，也就是“我思故我在”这五个字。

笛卡尔还是一位数学家，他在解析几何方面有许多建树。他确定了数学在自然科学中的重要性。笛卡尔的另外一种哲学观认为，思想和物质是宇宙中存在的方式，思想只属于人类，而物质即是其他的一切东西。究其实质，即“人是机器”，一种能够思想的机器。这一观点给了中世纪的经院哲学以致命的打击。笛卡尔认为，自然科学完全可以不依赖于神学而探究宇宙世界，它是纯客观的东西。这一点与培根的《新工具》有异曲同工之妙。

珍妮纺纱机的诞生

珍妮纺纱机是英国工业革命的一个缩影。在 18 世纪中叶，欧洲商人与资本家这一特殊群落促进了工业革命的产生。在英国，经济发展，百姓生活富裕。在农业庄园中，重犁的使用也提高了农业的生产率。棉花的大量种植推进了纺织业的兴盛。18 世纪，飞梭提高了织布的速度。相比之下，纺纱的设备则无法与之同步。

1767 年，纺织工业的一场革命真正到来了。当纺纱机在以木匠和织工为业的詹姆斯·哈格里夫斯手中诞生时，纺织业的天空终于露出一线曙光。这台能纺 16 支纱线的手摇纺纱机，以发明者妻子的名字命名。但遗憾的是，纺出的线还是比较粗疏，不够结实。在珍妮纺纱机的基础上，人们又改进出水力纺纱机和走锭细纱机，大批量纺织生产也已经成了可能。

这些通过改良的纺纱机，用到棉花纺织工业上，简直是如虎添翼，使纺织业飞速前进。后来，美国人发明出一种可以把棉籽与棉花分离的机器——轧棉机，大大减轻了原材料加工时的劳动强度。后来，这些机器除了以水力驱动外，还引进了效率更高的蒸汽机。规模越来越大的纺织工厂，把小打小闹的纺织作坊完全挤垮了，一些小织工生活越来越苦，生计难以维持。18 世纪 40 年代，英国的纺织品在全世界的市场上占有重要地位。同样，纺织业的工业革命也影响到欧洲其他国家。1820 年，欧洲大陆的纺织业基本用上了机器，在法国，不但有人利用机器纺羊毛，而且还利用它织花边。

欧洲歌剧艺术

歌剧作为一种综合性艺术，综合了音乐、戏剧、文学、舞蹈、美术诸多艺术的特点，起源于 16 ~ 17 世纪的意大利，是欧洲艺术的一朵奇葩。

早在公元前 6 世纪，希腊的三大悲剧大师在创作中就已经用音乐渲染戏剧气氛。一些宗教剧也开始运用歌唱方式，但一直没有占主流地位。16 世纪，欧洲的第一部歌剧《达佛妮》问世。蒙特·威尔第写的《奥尔南斯》等十几部作品，已经形成欧洲歌剧的大致轮廓。

欧洲乃至世界的第一座歌剧院在 1637 年威尼斯建成。威尼斯到 17 世纪初，已经拥有 11 个歌剧院。当时，写歌剧最多的是斯卡拉蒂，他一生写了 115 部歌剧。

17 世纪中叶，意大利歌剧逐渐传播到德国和法国。法国歌剧作家吕利率先开创了法国式的歌剧形式，把法国芭蕾与歌剧融为一体。他的 15 部歌剧都是为巴黎的歌剧院创作的。相比之下，英国对歌剧的兴盛所起的作用并不是特别大。而意大利的歌剧发展到 18 世纪初，就变得十分僵化了，每部必须出现二十多个咏叹调，观众对此大有怨言，改革歌剧势在必行。格鲁克在维也纳创作了让人耳目一新的新歌剧，他将卖弄技巧的咏叹调一概剔除，重新返璞归真。

德国在 18 世纪兴起歌剧（亦即喜歌剧），并传播到维也纳。莫扎特的《魔王》便是德国歌唱剧样式的代表作。

19 世纪，欧洲的音乐从古典进入浪漫阶段。贝多芬的《菲德里奥》是德国浪漫派成功的典范，此后是韦伯的《魔弹射手》。在意大利，罗西尼等人则浪漫剧与喜歌剧并重。威尔第以浪漫剧取胜，他的代表作是《茶花女》、《弄臣》和《奥赛罗》。法国在 19 世纪，形成旺盛的大歌剧创作和演出的势头。一些欧洲大歌剧在巴黎诸歌剧院上演，除了罗西尼的《威廉·退尔》外，还有柏辽兹的《特洛依人》等。在意大利，比才用法国喜歌剧形式创作的《卡门》，是名噪一时的剧作，而且至今仍在歌剧舞台上经常演出。瓦格纳在 19 世纪的欧洲歌剧中的成绩也是非常突出的。

到 19 世纪下半叶，一种真实主义的歌剧在意大利形成，普契尼的《蝴蝶夫人》、《波希米亚人》则是“真实主义”歌剧的代表作。它们往往取材于日常生活，力求体现戏剧冲突的紧张性，把情感张扬到极致。

伦勃朗与荷兰画派

伦勃朗是 16 世纪荷兰画派的代表人物，1606 年生于荷兰莱顿城的一个磨坊主家庭。他对卡拉瓦乔和同期的哈尔斯作品进行系统地揣摩，加以领会，在构图、设色尤其是光线投向上形成自己独特的绘画风格。

在荷兰的首都阿姆斯特丹，伦勃朗以一幅《杜普医生的解剖课》走红，订货者接踵而至。后来，一富家女子与他结婚。自 1634 年至 1642 年，伦勃朗创作势头良好，一些优秀作品纷纷问世，如《丹娜埃》等，他还培养了一大批绘画新人，使荷兰画派形成真正的大气候。

丹娜埃　1638 年　伦勃朗

1642年，伦勃朗的妻子亡故。因为情感上遭到挫折，他违背画商意愿，画了一幅《射手连的出发》，与贵族的需要大相径庭，因为他体现两个普通射击手这一主体，结果招致画商的怨恨，许多画商终止了与他的业务往来。多年之后人们发现这幅作品灰暗如夜，因此把它命名为《夜巡》。

伦勃朗艺术上的第二个高峰是在他与女管家结婚后形成的。这时他的创作势头非常旺盛，一些优秀作品也纷纷问世，如《戴金盔的男人》、《亨德利克像》等。1662年，他的第二任妻子也撒手人寰。在绝望和痛苦中，伦勃朗度过最后的十几年时光，走向生命终极。但是在晚年，他依然热心于创作。

伦勃朗率先创造了独幅版画这一样式，他是西方首位版画家。他的版画作品主要有《浮士德》、《瞎眼的托比》等。

欧洲浪漫主义诗人

法国的浪漫主义运动是在18世纪末形成的，受法国启蒙运动的催化，19世纪初开始风行。在文学上，有歌德、席勒、拜伦、雪莱，还有雨果；在音乐上，有贝多芬；在绘画上，则有席里柯、德拉克洛瓦等。这些伟大的艺术家尽管领域不同，国别各异，但他们在人类的文明史上都有举足轻重的作用，都赢得人们的尊崇。

①歌德

歌德是德国的著名诗人，他于1749年生于法兰克福，1765年考入莱比锡大学，后来他又转入斯特拉斯堡大学就读。他的作品《少年维特之烦恼》，描绘了一出催人泪下的爱情悲剧，引起一股“维特热”。1794年，他与席勒成为至交。在席勒的鼓励下，他写成了《浮士德》。后来又写了《西东合集》和自传《诗与真》。1832年去世，享年83岁。

《少年维特之烦恼》的创作据说与歌德的情感经历密切相关，小说的主人公就是歌德自身的写照。年轻俊朗的维特对已经与人订婚的夏绿蒂一见钟情，想尽办法吸引她的注意力。然而就在夏绿蒂的未婚夫亚伯特旅行回来之后，维特立即感到生活从此蒙上了浓重的阴影。维特在外地谋取了书记官的工作，但他对夏绿蒂的思念却与日俱增。夏绿蒂没有通知维特便与亚伯特悄悄地举行了婚礼，这让维特深受打击。维特决心回到心上人夏绿蒂身边，而夏绿蒂与亚伯特夫妇仍把维特当成老朋友看待，当维特感受到自己和夏绿蒂的爱情无望时，内心的忧愤使他的言行举止变得古怪异常，他开始对人生感到厌倦。圣诞前夜，维特趁亚伯特外出时来到夏绿蒂身边。他对着夏绿蒂朗诵情诗，并忘情地拥抱了她。第二天维特向亚伯特借了手枪并在当晚午夜自杀……

维特这个形象不仅反映了当时德国青年一代普遍存在的烦恼与苦闷，具有时代的普遍性和启蒙意义，更以其人性化的真实描述跨越了时代的局限，传达了人类性格中所共有的普遍情感。

歌德最伟大的创作是《浮士德》。哲学家谢林说过："如果有什么能称为哲学史诗的话，那么这一术语只能运用于歌德的《浮士德》。把哲学家的深思与诗人的才华连接在一起，这部史诗为我们提供了全新的知识源泉。"作为跟《荷马史诗》、但丁的《神曲》和莎士比亚的《哈姆雷特》并称为欧洲文学四大古典名著的《浮士德》，这一评价是当之无愧的。

②席勒

席勒与歌德齐名。《阴谋与爱情》是他早年写的诗剧，另外他还创作了诗剧《威廉·退尔》。有人曾经评价他就是德国的莎士比亚。《阴谋与爱情》在席勒作品中是最优秀的。正如这部剧本的名字一样，《阴谋与爱情》写的是一个与爱情有关的阴谋。宰相华尔特是一个在封建朝廷权势斗争中玩弄权术的老手，曾经用阴谋害死他的前任。他的儿子费迪南爱上了提琴手密勒的女儿露易丝，并把当时严格的封建门第观念置之脑后，决心要和她结婚。而这时，公爵出于政治目的考虑要娶一位夫人，为此他必须与他的情妇表面上分手，给她找一个假丈夫，制造一个骗局。宰相为了进一步控制公爵，巩固自己的地位，不惜牺牲儿子的幸福，让费迪南与公爵的情妇结婚。为了使这一阴谋顺利实现，宰相和他的秘书伍尔姆布又设置了一个阴谋，借口密勒对公爵不敬，逮捕了密勒夫妇，以此要挟露易丝写了一封给她不认识的宫廷侍卫长的情书，并且不能说出真相。不明真相的费迪南看到这封假情书后，跑来责问露易丝，但露易丝无法说出实情。悲恸之极的费迪南，竟下毒毒死了露易丝。露易丝临死前才说出真相，这时费迪南后悔莫及，也服毒自尽。

宰相害死前任的阴谋、公爵与情妇的阴谋、宰相控制公爵的阴谋、以假情书拆散一对情侣的阴谋……这些大大小小的阴谋组成了一个曲折悠长的迷宫。在这个由权力话语的掌握者所操纵的迷宫里，可怜的费迪南和露易斯就像被冰冷的铁丝缚住了自由的笼中之鸟一样，纵然费尽了所有的气力展翅高飞，却依然无法摆脱那罪恶的囚笼。他们永远也找不到迷宫的出口，只能徒劳无功地四处碰壁，最终怀着对爱情的渴望累死在寻找的路上。在阴谋与爱情这一组象征邪恶与正义、恶与美的矛盾冲突中，封建贵族的寡廉鲜耻与新兴市民阶级的软弱性格被凸现了出来，作品强大的悲剧力量也因此得到了彰显。

③拜伦

拜伦是英国诗人，他的长诗《唐·璜》是未完成的作品。他生前宣称，要写 100 章，可到 17 章时就溘然辞世了。这篇作品仍被认为是拜伦作品乃至欧洲作品中罕见的杰作。拜伦自 12 岁开始写诗，写了《东方叙事诗》和《恰尔德·哈洛尔德游记》等，富有反抗叛逆精神。拜伦只活了 36 岁，他去世的那一天，被希腊人定为国哀日。

长篇叙事诗《唐·璜》是一部将浪漫主义和现实主义完美结合起来的作品，也是拜伦一生中最杰出的成就。长诗的主人公唐·璜，原本是西班牙传说中的色鬼、恶棍，但拜伦把他处理成一个天真、热情、善良的贵族青年。他因与贵妇朱丽亚的爱情暴露而逃离西班牙，在希腊的一个岛上和海盗的女儿恋爱，然后又在君士坦丁堡的奴隶市场被卖到苏丹后宫，逃出后参加了沙俄对伊兹密尔的袭击，后来成为俄国女皇凯瑟琳二世的宠臣，被派出使英国，故事在一连串的阴谋事件中结束。

《唐・璜》体现了拜伦炉火纯青的艺术技巧。全诗把丰富的思想寓于精美的艺术形式之中，既有对壮丽大自然的生动描绘，有对人世间各种现象的精辟评议，还插以对现实的讪笑和嘲讽。整部诗篇如江河奔腾，气势磅礴，跌宕流畅，成为举世闻名的杰作。雪莱曾赞扬道："英国语言中从来没有过这样的作品。"，歌德认为《唐・璜》是"绝顶天才之作"。

按照拜伦原来的设想，唐・璜应该牺牲在法国的革命斗争烈火中。他多次表示要写五十到一百章，但他只写到了第十七章的十四节，死神就残酷地中断了他的创作。由于他天才横溢的诗歌和他横枪立马、一往无前的革命精神，他被人们誉为"诗国中的拿破仑"。

④雪莱

雪莱也是英国的浪漫主义诗人，1792 年他生于色塞克斯郡的一个贵族家庭。1810 年，他求学于牛津大学，因非法印发《无神论的必然性》一文被学校开除。他 1818 年与拜伦结识，就人类罪恶的问题进行了认真的探讨。在他的作品中，则有诗剧《解放的普罗米修斯》，给希腊古神话赋予时代精神。另外，还有《西风颂》、《云雀颂》等。《西风颂》是雪莱在一片树林里构思的，写于 1819 年，他把西风作为革命的象征，电闪雷鸣，大雨滂沱，荡涤旧时代的污泥浊水。全诗想象奇特，气势磅礴，富有强烈的情感和震撼力，是欧洲文学史上的精品力作。

瓦特与蒸汽机

1736 年 1 月 19 日，瓦特出生于苏格兰克莱德河畔的小镇格林诺克（位于格拉斯哥市附近），父亲为木匠兼商人，而瓦特是六个孩子中最小的一个。少年时代的瓦特没有接受完整的正规教育，但曾就读于格林诺克文法学校，并在父亲的工厂学习技术。1755 年，瓦特只身前往伦敦，在一家精密仪器制造厂当学徒。两年后，他成为格拉斯哥大学仪器制造厂工人，并拥有了自己的车间。1764 年，学校里的一台纽可门蒸汽机模型出现了故障，请瓦特前去维修。在修理的过程中，瓦特意识到该类型蒸汽机的两大弊病：首先，活塞动作不连续而且非常慢；其次，该汽缸在不断地加热与冷凝的过程中，能量大量流失，热效率十分低下。

1765 年，瓦特设计发明了带有分离冷凝器的蒸汽机，克服了纽可门蒸汽机的缺陷。该设计能够将做功后的蒸汽排入汽缸外的冷凝器，令汽缸产生真空，同时又可以始终保持汽缸处于高温状态，避免了在一冷一热的过程中造成的能量消耗。据瓦特的理论计算，这种新型蒸汽机的热效率是纽可门蒸汽机的 3 倍以上，因此，学校教授、苏格兰物理学家、化学家约瑟夫·布莱克决定资助瓦特继续研制蒸汽机。

1767 年，瓦特前往伦敦，得到化工技师约翰·罗巴克的资助，二人开始合作研制蒸汽机，但 1772 年他们的工厂因经营不善而破产。不过罗巴克又将瓦特介绍给自己的朋友——工程师兼企业家马修·博尔顿。博尔顿在伯明翰附近的梭霍地区设有工厂，生产各式各样的金属制品，如镀金的用具、银纽扣与带扣等，并且博尔顿还于 1797 年设计了英国新型铸币技术，并为此设计了专用机械。

1775 年，与博尔顿合作之后，瓦特开始按照 1769 年设计的原型制造蒸汽机，不过与之前的蒸汽机相比，瓦特于 1776 年建造的第一台新型蒸汽机仍无显著提高。经过 5 年的不断摸索与改进，瓦特终于制造出真正意义上的实用型蒸汽机，随后便大批量生产。在此期间瓦特还不断地与仿冒侵权行为做斗争，保护自己的专利。在英国西南部城市康沃尔的铜矿、锡矿中绝大多数运行了 50 年之久的纽可门蒸汽机都被瓦特蒸汽机所取代。

瓦特一直潜心改进蒸汽机，为了将活塞的上下往复运动转化为旋转运动，1781 年他发明了“太阳与行星齿轮”，以及杆和曲柄联动系统。这些改进使蒸汽机得以应用到机床、织布机与起重机上，结束了这些机械靠水能驱动的历史。

1782 年，瓦特又设计了双向作用蒸汽机，即蒸汽能够从活塞的每一侧交替进入。这种机器在活塞的每一次运动时都利用了蒸汽力。1788 年，瓦特设计了飞球离心调速器，用以控制引擎速度，这是历史上首台负反馈式装置被应用于蒸汽机之上。1790 年，瓦特发明的压力计完成了瓦特式蒸汽机的历史性飞跃。至 18 世纪末，世界各地共有约 500 台瓦特式蒸汽机在不停地运作。

1783 年，瓦特用“马力”作为瓦特式蒸汽机的输出功率单位，他用当时最普遍的动力源——马匹的输出标准作为参照。因为一匹马能够在 1 分钟之内将 453 千克重的物体抬升 10 米，所以由此计算得出马匹的动力为每分钟 33000 尺磅（1 尺磅＝ 1.3558 焦耳），相当于每秒 550 尺磅，瓦特称之为 1 马力。根据这个标准，普通人的功率输出约为 1/10 马力，家用汽车的功率则约为 20 马力。

除了发明蒸汽机外，瓦特在其他领域亦做出过不少贡献，如于 1780 年获得专利、使用特制化学墨水复制文件的技术——胶版印刷术，以及用来复制雕塑的雕刻机等。1794 年，博尔顿、瓦特以及瓦特的儿子一起开办公司，之后瓦特的儿子慢慢接手公司事务。1800 年，瓦特退休，但其仍旧醉心于发明设计。1817 年，小詹姆士 · 瓦特为“卡列多尼亚”号远洋蒸汽船设计制造蒸汽机，该船下水时，整个英国都为之振奋、欢呼。瓦特亲眼目睹了这一场景，见证了儿子的成功。

为了纪念瓦特的贡献，国际单位制中功率的单位被定为“瓦特”，在机械运动中，瓦特的定义式 1 焦耳 / 秒。而在电学单位制中，瓦特的定义是 1 伏特 · 安培。

欧洲启蒙思想家

18 世纪，法国的启蒙运动如火如荼。在一些启蒙思想家的引导下，法国开始进入了一段重要的文明进程。在这些启蒙思想家中，伏尔泰、孟德斯鸠、狄德罗、卢梭和休谟是代表性人物。

①伏尔泰

伏尔泰原名弗朗索瓦 · 玛丽 · 阿卢埃，1694 年出生，因为大肆抨击封建制度两度被判监禁，后来在他女朋友的庄园里隐居了15年，在1746年当选为法兰西学院院士。定居佛尔纳后，伏尔泰积极投身于启蒙运动，宣传自己的民主思想，抨击封建统治者和教会的罪恶，评论法国社会发生的各种事件。当时启蒙运动的代表人物如卢梭、狄德罗、爱尔维修等人，都对他推崇备至。1755年11月，葡萄牙首都里斯本的两次地震在思想界引起混乱。伏尔泰写了两首哲理诗:《咏里斯本的灾难》和《咏自然法则》。1758年7月,《瑞士报》刊登文章攻击伏尔泰，称他即使不是无神论者，也是被自然神的兴趣冲昏头脑的疯子。12月，伏尔泰在同一刊物上发表了《斥一篇匿名文章》，公开向宗教势力宣战。他的作品文笔犀利、词句精炼，善于以机智的讽刺打击敌人，字里行间充满着嬉笑怒骂的哲言。1759年，伏尔泰完成《老实人》一书，给了天主教会以毁灭性的打击。

伏尔泰像

这期间，伏尔泰完成了他一生中最激进的论著:《哲学辞典》和《有四十金币的人》，标志着他思想的转变和走向成熟。1772年，伏尔泰又投入到保卫人权、消灭败类的战斗中。他用真名发表了《关于康普小姐诉讼的哲学思考》，要求恢复南特敕令给予新教徒的权利。1774年，路易十五去世，伏尔泰的思想在法国受到广泛的颂扬。1775年伏尔泰又写了《理性史赞》，在概述近代历史的同时，他乐观地预言开明的理性取得最后胜利的日子就要到来。伏尔泰的活动动摇了专制制度、天主教会以及整个封建制度体系，他的威信越来越高。

1778 年，84 岁的伏尔泰回到巴黎，受到了人们的热烈欢迎。巴黎剧院上演了他的新作——悲剧《伊兰纳》，演员们在舞台上抬出他的大理石半身像，还为石像举行了加桂冠的仪式。同年 5 月 30 日，伏尔泰溘然长逝。

伏尔泰的名言是：“我不同意你说的一切，但我将誓死捍卫你表达自己意见的权利。”伏尔泰的哲理小说则常用谐谑笔调和荒诞故事揭露现实，阐明哲学观点。

②其他启蒙思想家

孟德斯鸠是一位男爵，他的著作是《论法的精神》。在书中，他竭力探究地理、历史、文化环境对政府行为的影响。他认为人力无法左右受客观条件制约的人类活动。他认为最好的政治体制是三权分立，即行政、司法和立法既相互制约又相互协调，从而使民主得以实施，人民的权利得以保障。美国的宪法就是根据这一理论修订而成的。

狄德罗是《百科全书》的主要作者，他生于 1713 年，曾因批判宗教受到监禁。《百科全书》作者除了狄德罗外，还有孟德斯鸠伏尔泰和卢梭。这套全书有 17 卷，还有 11 卷插图，于 1772 年出版。卢梭和伏尔泰在书中竭力体现反宗教情绪，但该书甚为畅销，广为流传。

在启蒙运动思想中，让雅克·卢梭的观点与其他几位亦不相同。他强调“天赋人权”，认为褫夺自由是不合法的，人们争取自由人权只能依靠革命来实现。他是一个平民出身的思想家，因而对封建制度的反抗更加彻底。他在《社会契约论》和《论人类不平等的起源》中认为，自然的状态中人是最平等的，后来因为个体财产有多有少，才影响了社会的平等。要建立一个平等社会，人们可以采用契约，树立公民民主。《忏悔录》也是他对建立平等人权的辩词。在卢梭流放的日子里，他心中依然充满了神圣，而且向往着美好的大自然。他的这种愿望在《漫步随想录》中显而易见。其中的第五篇则把亲近自然的思想表述得淋漓尽致。

在除法国以外的欧洲各国启蒙思想家中，吉本是英国历史学家，他著有《罗马帝国衰亡史》；苏格兰的大卫·休谟则使笛卡尔的怀疑论得以进一步发展。他的著作是《人类理智研究》，提出“任何知识都是感觉”的理论。他致力于类似伏尔泰的“铲除丑行运动”；在英国，亚当·斯密写了《国富论》，反对政府对经济的干预，提倡商业的平等竞争；在德国，莱辛则认为，宗教与崇高的性格并不相干。他强调的是宗教上的宽容性，莱辛的著作有《汉堡剧评》和《拉奥孔》等。康德是德意志的伟大哲学家，他著有《纯粹理性批判》和《实践理性批判》两本书。他批判了休谟的怀疑论，认为直觉的知识是由人类的理性所决定的。感性认识必须与理性认识相结合才能认识世界，只有掌握了知识，才能改造大自然。这一点又与伏尔泰的思想相吻合。

欧洲启蒙思想家的劳动成果已经影响到人类的文明史，如美国的独立和 19 世纪全球性的废奴主义运动，都是以他们的思想作为指导核心的。

六、十九世纪的欧洲文明

火车与铁路的出现

早在 1556 年，德国科学家格奥格乌斯·阿格里科拉就描述了建在横木上的矿井铁路系统。17 世纪末期，英国米德兰地区的煤矿使用马匹拉着空车厢沿着斜面爬出矿井，随后利用重力将装满矿物的车厢沿着轨道滑到矿底。18 世纪初期，随着亚伯拉罕·达比开始制造廉价的铸铁，更为坚固的铸铁铁轨也开始应用。

1803 年，英国工程师理查德·特里维希克建造了人类历史上首台蒸汽机车头。它在潘·戴伦钢铁厂与南威尔士格拉摩根郡运河之间长约 16 千米的铸铁铁轨上来回行驶。当时，特里维希克机车采用无凸缘铁轮作为车轮，因此在铁轨外侧加铸了凸缘，防止机车出轨。4 年后，他又在伦敦北部尤斯顿地区修建了一条环行铁路，人们只需付 1 先令便可乘坐“谁能追上我”号绕行一圈。

1825 年，乔治·史蒂芬森主持修建的斯托克顿–达灵顿铁路竣工通车，成为人类历史上第一条货运客运两用铁路，全长 42 千米。但在 1833 年之前，该铁路的客运车厢仍旧使用马匹牵引，只有货运车厢才由蒸汽机车牵引。1830 年，第一条城际铁路——利物浦–曼彻斯特铁路竣工，由史蒂芬森设计的“火箭”号机车牵引。该路线主要用于将利物浦港口的棉花运送到英国西北部城市曼彻斯特的加工厂，尽管线路必须经过一片广阔的沼泽地，但是史蒂芬森（同样是该铁路的主要设计建造者之一）通过在沼泽地铁轨下部铺设紧密栏木的方法，攻克了这一巨大的障碍。

除了英国，修建铁路的浪潮也席卷其他欧美国家。1830 年，巴尔的摩–俄亥俄铁路竣工通车，最初全长仅 21 千米，由巴尔的摩出发，到达埃里考特城的制造厂，为此，美国工程师皮特·库珀专门设计建造了第一台火车头“汤姆·萨姆”号。1831 年，费城–哥伦比亚铁路竣工通车，不过最初仍以马匹作为动力牵引车厢，3 年后才开始使用蒸汽机车头作为动力牵引机车。1831 年竣工的南卡罗莱纳铁路成为当时世界上最长的铁路，从查尔斯顿出发到汉博格，全长共 248 千米。

1832 年，法国第一条蒸汽牵引机车铁路竣工，位于圣埃蒂安与里昂之间。1835 年，连接纽伦堡与弗斯的德国首条蒸汽铁路由英国工程师罗伯特·史蒂芬森主持修建，后者也为此铁路专门设计建造了“老鹰”号蒸汽牵引机车。1840 年，奥地利、爱尔兰以及荷兰同时修建了铁路。由于新兴铁路的出现，驳船逐渐退出历史舞台，诸多的运河也终因年久失修而慢慢失去作用。

同蒸汽机车、车厢一样，铁路轨道也需要其他设备以维护线路安全。最初的铁轨由铸铁铸造而成，在铁轨两侧铸以竖起的直角凸缘以防脱轨。不久，人们不再使用带凸缘的铁轨，转而将凸缘置于车轮之上，并采用

“鱼腹式”铁轨，即铁轨剖面中部加厚，使得铁轨承重力更强。但是铸铁轨道唯一的不足之处便是易碎，经常破裂。1858 年，英国炼钢工人亨利·贝西默发明炼钢工艺后，铸铁轨道逐渐被钢质轨道所替代。

为了帮助机车进入站线以及支线铁路，铁路系统引入道岔装置，该装置最初是由英国工程师威廉·约瑟普于 1789 年为原始电车轨道系统设计。随着越来越多的火车在铁轨上通行，工程师发明了铁路信号系统，它们呈盘装或臂装，能够翻转，同臂板信号机类似。1849 年，纽约 & 伊犁公司引入区间闭塞信号系统，这一系统能够确保在前一列火车离开某区间之后才能允许下一列火车进站。随后，闭塞信号系统也实现了电气化。

摄影的诞生

照相机源自“暗室”，暗室是在一面墙上开有一个小孔的密闭房间。光线进入小孔，将外面的景物投影到对面的墙上，形成上下颠倒的影像。最初，艺术家们使用该暗室协助描绘景色，之后，暗箱初步演化为便携式设备，变为较大的密闭暗盒，并且用透镜代替了小孔。

1725 年，德国医生约翰·舒尔茨发现某些银盐（含银化合物）在日光的照射下会变暗。50 年后，瑞典化学家卡尔·谢勒发现暗化效应是由于金属银粒的存在引起的。结果，银盐成为感光乳剂（即胶片上的感光涂层）中的标

1826 年，摄影师约瑟夫·尼埃普斯从卧室的窗口拍摄了这张模糊的照片，成为人类历史上第一张照片，这张照片需要曝光 8 小时。

准成分，用以制造胶片、感光纸等。18 世纪 90 年代，英国人托马斯·韦奇伍德曾尝试制造感光皮革。其实，在谢勒的暗化效应被广泛接受之前，诸多的科学家也曾尝试过其他不同的感光方式。

在法国，化学家约瑟夫·尼埃普斯也试验了瞬间留影的银盐影像，1826 年，他利用一块抛光的锡铜合金板，涂覆沥青作为感光物质，首次成功地实施了拍摄。经过长时间的曝光，沥青转白，尼埃普斯利用一种溶液将沥青从未曝光的区域去掉，并且将金属板置于碘蒸汽中使其暗化。

碘在法国人路易斯·达盖尔完善摄影技术的过程中扮演了重要角色。为了制作他的照相版，他将银镀在铜板上，随后将其板置于碘蒸汽中（在暗室中），产生了感光碘化银。他将感光板放置在照相机中，随后再将拍摄完成后的感光板置于汞蒸汽中，完成显影这一工序，再经过定影（将其浸在普通盐溶液中）得到永久的影像。之后人们以达盖尔的名字命名该照相法，又称为银板照相法，可惜的是，产生的是镜像，无法复制。

1841 年，英国化学家威廉·福克斯·塔尔波特取得纸基负片照相法的专利权。早在 1835 年，塔尔波特便设计出该方法，使用浸泡过硝酸银、食盐或碘化钾溶液的相纸拍摄。在照相机中曝光后，将相纸置于牴酸之中显影，随后置于硫代硫酸钠（俗称“海波”）溶液中定影，得到“负像”（即黑白相反的图像），再使用一片相纸与胶片相接触，转化为“正像”（即景物原本的图像）。这一过程可以重复，能够大量复制出“正像”。

随后，威廉·福克斯·塔尔波特转入商界，与他的助手尼古拉斯·海勒曼一道在英国南部城市雷丁建立世界首家专业摄影工厂，成为最早的专业摄影家之一。1843 ~ 1847 年，他们拍摄了大量的肖像照。但当时因为印刷纸质纹理的原因，照片影印还是非常的粗糙。1850 年，法国人路易斯·戴瑟·布兰克沃特·伊沃德用蛋清涂覆在相纸上改进了这一缺陷。尽管福克斯·塔尔波特控告伊沃德窃取了他的专利，但伊沃德的发明确实有重要的意义。

随着福克斯·塔尔波特发明的纸基负片照相法逐步普及，1851 年，伦敦人弗雷德里克·阿彻突发灵感，产生了在火棉胶（一种极易燃、无色或黄色糖浆状火棉、乙醚、酒精的混合溶液）中制备银盐感光溶液的想法，并将其涂于玻璃片上，这便是湿珂珞酊法，并很快成为当时最重要的摄影法。直到 19 世纪 70 年代，才逐渐被“干底片”所取代，后者是英国内科医师理查德·马杜克斯于 1871 年发明的，干底片采用了明胶感光乳液。1888 年，美国人乔治·伊斯门将干明胶感光乳液应用于他所设计的首架柯达相机之中，最初使用纸质底片，后使用透明胶片（又称赛璐珞）。随着柯达相机的大量销售，大量照片被拍摄出来，标志着摄影开始真正走进我们的生活。

法国的浪漫主义画家

19 世纪，浪漫主义在法国盛行。它不但在音乐、文学上有所表现，而且也反映在美术上。主要画家有席里柯、德拉克洛瓦等。浪漫主义在 19 世纪 30 年代发展最盛。

自由引导人民　1830 年　德拉克洛瓦

这是德拉克洛瓦最著名的代表作，也是他最具浪漫主义色彩的作品，是法国七月革命的直接反映，画中的自由女神成了法国绘画中最迷人的形象，它与巴黎凯旋门、埃菲尔铁塔一样，成为法兰西文化的象征，画家也因此画而成为浪漫主义艺术的领袖人物。

席里柯 1791 年出生于法国卢昂。在法国，他最早致力于浪漫主义绘画。创作于1818 年的《梅杜萨之筏》是他的代表作。“梅杜萨”号是当年法国的一艘巡洋舰，1816 在西非的布朗海峡触礁沉没。后来，救生艇被船长与官员占用，其余 150 名船员被困在一只临时捆扎的木筏上，漫无目的地随波逐流，结果只有 10 名船员生还，其余的全部遇难。《梅杜萨之筏》描绘的就是筏上的情景。这幅画较真实地表现出船上人物求生的欲望，表现了一种极度紧张的氛围，能紧紧抓住观众的情绪。这幅作品采用金字塔式的构图，一个人手里摇动的红巾，体现了作者对现实所寄托的美好愿望。为了使这幅画具有真实性，作者特意到亚勃兰体验海洋景色，去医院观察病人及死者的情形，从而使这幅画更具艺术感染力。

席里柯只活了 33 岁。与他同期的德拉克洛瓦则以《自由引导人民》体现出自己的共和思想。这幅画以 1830 年 7 月的革命事件为题材，重现了 27 ～ 29 日巴黎市民为推翻波旁王朝进行的一次巷战。画中的克拉拉·莱辛姑娘举起三色旗，引导人民前进。这位莱辛姑娘也是美国自由女神像的原型。《自由引导人民》整幅画气势磅礴，雄浑而豪放，颇能振奋精神。1832 年，德拉克洛瓦开始去北非旅行，画了一些异域历史风情画，如《阿尔及利亚妇女》、《希阿岛的屠杀》等。

德拉克洛瓦一生画了 600 多幅速写，加上诸多的动物画、肖像画等，有将近 1 万幅作品存世。出于对绘画艺术的热爱，他在临死之前对作画还念念不忘。

法国浪漫主义雕刻家有吕德、卡尔波等。吕德的主要作品是《马赛曲》浮雕。在这幅作品中，胜利女神与法国人民融为一体，鼓舞人民的民主革命斗志。它与德拉克洛瓦的《自由引导人民》异曲同工，皆是表现重大题材的杰作。

肖邦和哀伤的民族

肖邦是他那个时代最先进思想的代表，他的音乐同波兰民族解放运动紧紧联系在一起，发挥着富于革命性的作用，被舒曼誉为“藏在花丛中的大炮”。

1810 年 2 月 2 日，肖邦生于距华沙 50 千米的热里亚佐瓦・沃里亚。出生后不久，全家移居华沙，他也就在那里度过学生时代。从 6 岁起，肖邦就开始有系统地学习钢琴，7 岁时就发表了第一首作品《g 小调波兰舞曲》，这是一首钢琴曲。8 岁那一年，肖邦举行了公开钢琴演奏。但是由于身体羸弱，13 岁之后，他才进学校读书，不过在此之前，在家里他就已经很轻松地学会各门课程。1826 ~ 1829 年，他进华沙音乐学院攻读，一些老师称他为“音乐天才”，这对一个年轻的学生来说是再好不过的鼓励了。1830 年，由于国内政治局势动荡，肖邦到国外旅行，这一去，正如他自己预感的那样悲惨，就此同他的祖国永诀了。肖邦 1830 年离开故乡，前往巴黎。自从 1831 年他到达巴黎后，他一直居住在那里，直至 1849 年 10 月 17 日逝世。

关于肖邦的爱情传说很多，著名的是和玛利亚・沃金斯卡之间的恋情。肖邦还在华沙时就已经和玛利亚熟识，但直到 1835 年他们在德累斯顿相遇时，才开始有恋情。1836 年夏，肖邦去马利安巴德温泉休养时，又和玛利亚及其双亲相会，二人的关系愈加亲密，而且订下了婚约，遗

18 岁的肖邦正在为波兰贵族要人弹奏钢琴。

憾的是，这一段恋爱并没有成功。据传玛利亚的母亲支持他们的婚事，而玛利亚的父亲对他们两人的关系却冷眼相视。肖邦的收入仅够供给自己一人生活，如果再供养生长在富裕家庭的玛利亚就很难了。而且，玛利亚虽美丽，性格却很冷漠，并不像肖邦所想象的那样对他怀有一片衷情。失恋对肖邦的感情生活影响很大，从肖邦的遗物中，发现了他用丝带把玛利亚的来信扎成一束，上面写着“我的悲哀”。1837 年，玛利亚同一位贵族结婚，但两人关系不好，终致离异。

肖邦另一个很重要的情人是乔治·桑，她的丈夫是一位男爵。但是这个女人喜好女扮男装，还使用了乔治这样男性化的名字。她是一个作家，写了 120 多篇文学作品，在当时的巴黎文坛和社交界大放异彩。肖邦与她相识是在失去玛利亚不久，最初他并不喜欢她，但是随着交往加深，肖邦为她的热情深深感动，两个人的关系也逐渐亲密起来。1838 ~ 1839 年的整个冬天，他们同去马约卡岛旅行。这以后，两人在巴黎和诺罕两地的乔治·桑的别墅中共同生活。肖邦患有严重的肺病，这时候已相当严重，却受到乔治·桑无微不至的护理。直到 1846 年，两人几乎每年都要一同去诺罕，他们在那里度过了许多难忘的时光。但是，1847 年之后，两人的关系开始出现裂痕，甚至开始互相憎恨。

肖邦是一个多愁善感的人，凡事专心致志。他是一位热爱祖国的艺术家，他倾注全部的热情创作波兰音乐。肖邦离开波兰前往巴黎的前一天，朋友们送给他一个大酒杯。杯中盛着波兰的国土，以示他不要忘记祖国。这是一件富有诗意的礼物，肖邦终生都将此杯放在身旁。他去世以后，朋友们将杯中的泥土撒在他的墓中。按照遗嘱，他的心脏被带回波兰，存放于华沙的教堂中。

肖邦的创作几乎全是钢琴曲。在 1830 年之前，他就已经注意到自己的作品同波兰民间音乐有联系。在民族音乐的基础上，他形成了自己的创作风格。1830 年之后，肖邦的创作已完全成熟。1838 ~ 1845 年，肖邦创作了许多重要的作品，包括几首叙事曲和奏鸣曲，最优秀的波兰舞曲和玛祖卡舞曲等。肖邦倾注一生创作钢琴音乐。在肖邦看来，钢琴最适合表达他的灵魂，他已经认清了自己的能力，他的作品强烈地反映出波兰乡土色彩。

与乔治·桑分手后，肖邦的晚年很孤独。但临终时，他的姐姐、姐夫和波兰的同胞们都聚集在他的身旁，波托茨卡伯爵夫人还应他的要求，为他唱了一首波兰歌曲，这是他听到的最后音乐。他最后的一句话是以微弱的声音说出的："妈妈，可怜的妈妈！"这是他对祖国的呼唤。

解放的艺术家李斯特

李斯特，匈牙利作曲家、钢琴家、音乐评论家。

1811 年 10 月 22 日，李斯特生于莱丁，这个地方当时属于匈牙利。李斯特从 6 岁时开始学习钢琴，在音乐上展现了神童的才能，被人称为"莫扎特第二"。1820 年，李斯特在一个贵族的资助下去维也纳留学，在那里拜车尔尼为师，学习了三年。1823 年，李斯特抱着雄心壮志，一家三人同去巴黎。本来他希望进入音乐学院学习，但由于是外国人而遭到拒绝，只好向私人教师学习作曲。不过，仅仅过了半年，他就在巴黎获得了成功。他在歌剧院举行了钢琴独奏会，轰动一时。后来他应邀赴伦敦，在那里也赢得了极大的成功。于是，李斯特在欧洲各地成了人们谈论的话题。1827 年他第三次赴英旅行，当时年仅 16 岁。

年轻的李斯特成为整个欧洲的音乐焦点。据说他 1839 年去普莱斯堡时，那里的议员们竟然决定延期举行议会而先赶赴李斯特的演奏会场。在布达佩斯举行演奏会后，手持火把的队伍从会场一直排列到旅馆。在离开柏林的那一天，国王和王妃为了观看狂热的人群，亲自乘马车在市内巡视了一周。还有一次，李斯特在意大利的一家乐器店中弹奏身旁的钢琴，这时店主跑来握住他的手喊道："您是李斯特先生吧！不然您就是神仙！"他成了 19 世纪的钢琴英雄，与肖邦并列为巴黎乐坛的双璧。

音乐上的成功使李斯特很年轻就进入巴黎社交界的上层。他认识了

李斯特被公认为像意大利最负盛名的小提琴手帕格尼尼那样，是一位伟大的钢琴家。画中李斯特正在为一名小提琴手及其友人演奏，友人包括作曲家柏辽兹和女作家乔治·桑。

达古伯爵夫人，这个贵妇人成为他的情人。她比李斯特年长6岁，已经有了3个孩子。1835年，他们移居瑞士日内瓦，过了4年的同居生活，生有1男2女。当时这件事轰动了整个巴黎。这段爱情最终破裂，他们所生的次女科济玛就是后来的著名音乐家瓦格纳的夫人。

李斯特与维特根施坦侯爵夫人的恋情却极端曲折。维特根施坦侯爵夫人本来是一位俄国贵族，具有很高的文学和哲学修养，也生有孩子。她与李斯特两人真心相爱，打算结婚，但他们因为这场婚姻不为宗教所容许，侯爵夫人最终放弃了这个念头，留居罗马，开始一种修道生活；李斯特寻得罗马教会地位较低的神父职位，决定在宗教信仰中度过余生。从此以后，李斯特的生活发生了很大变化。他总穿着神父的黑衣，从未脱过。他也不再为金钱演奏，只为慈善事业演奏。他听从侯爵夫人的建议，开始作曲，开辟了交响诗的新篇章。

李斯特的社会活动频繁，因此团结了许多著名的音乐家，如德彪西等，并形成了以他为中心的“魏玛乐派”。从1854年组织“新魏玛协会”到筹备1859年的莱比锡音乐节，直至1861年在魏玛建立“全德音乐协会”，小小的魏玛成了德国的音乐中心。这时李斯特的创作也进入了全盛时期，他最优秀的作品，包括《浮士德》交响曲、《但丁》交响曲、12首交响诗、15首匈牙利狂想曲、《b小调奏鸣曲》、两集标题套曲《游历的岁月》和两首钢琴协奏曲等。

在晚年，李斯特主要生活在魏玛、罗马和布达佩斯三地，但他先前所拥有的那种旺盛的创作精力已经一去不复返了。不过，他还积极参加了1875年在布达佩斯创立的音乐学院的建院工作，亲任该院院长和教授。直到他去世为止，他的学生据统计共有300多人，其中有不少人获得世界性声誉，如柏辽兹和瓦格纳等。

1886年，尽管患病在身，李斯特还是出席了拜洛伊特音乐节，在看过了《帕西法尔》的演出之后，又去观看了《特里斯坦与伊索尔德》，可惜由于体力不支未能终场。肺炎的发作使他在这一年7月31日去世。

李斯特一生的创作都在追求音乐的标题性原则，在他看来，这样有利于为最广大的听众理解和接受。他还主张音乐同其他艺术保持联系，这样可以丰富音乐的表现力。他有许多作品就是以歌德、雨果、席勒等大作家的著作为题材来创作的。他所创作的交响诗，把多乐章的形式合成单乐章，并倡导使用单主题发展原则，对世界音乐文化的发展都有很深远的影响。

法国的现实主义

现实主义有两种含义，它既指19世纪30年代后主导欧洲文艺的思潮和流派，也指一种文艺创作的原则和方法。最早从哲学意义上使用“现实主义”一词的，是德国诗人席勒，他于1789年4月27日曾致信歌德，其间就使用了“现实主义”一词。

半个多世纪之后，法国画家库尔贝和小说家尚弗勒里等人也用“现实主义”来定义当时的新型文艺，尚弗勒里同杜朗蒂（小说家兼批评家）共同创办了一个短暂的刊物:《现实主义》（1856 ~ 1857年，共出6期）。刊物发表了库尔贝的文艺宣言，主张“研究现实”、如实描写普通人的生活，提出“现实主义的任务在于创造为人民的文学”。巴尔扎克被称为现实主义方法的创始者之一，狄更斯、萨克雷、果戈理、屠格涅夫等各国作家也被归入现实主义文学家的阵营。

现实主义作为思潮流派和艺术手法，不仅走进了文学，也走进了艺术，在世界各地传播开来。

①现实主义文学发展

现实主义文学主张从实际出发，力求真实地描绘现实、冷静地观察现实、客观地评价现实、注重细节的真实性，从19世纪30年代开始，逐渐成为文学的主流。当时古典主义几乎绝迹、浪漫主义则退居次席。

现实主义文学超越浪漫主义文学，是社会历史发展的结果。浪漫主义作为19世纪20年代反对古典主义的主力军，在1848年以后逐渐失去了生命力，已不能担负新的历史任务。而现实主义既反对僵化的古典主义，也反对粉饰现实的浪漫主义，具有强烈的批判现实精神，往往揭露资本主义社会的罪恶和弊病。19世纪自然科学领域的三大发现、空想社会主义学说的传播，也为作家用客观和批判的眼光观察世界提供了强大的精神武器。

现实主义文学在法国发源，其后在英国和德国迅速发展，涌现了一大批现实主义名家，如巴尔扎克、福楼拜、莫泊桑、狄更斯、海涅等。作家们普遍怀有人道主义思想，力图真实地反映生活的本来面目，从社会的日常生活中取材、用平凡的题材反映资本主义社会的生活，深刻地揭露和批判社会矛盾。北欧各国的现实主义文学于19世纪中期开始形成，安徒生和易卜生具有代表性。俄国的现实主义文学形成于19世纪30年代，且具有极强的活力。普希金、列夫·托尔斯泰、车尔尼雪夫斯基、别林斯基、契诃夫等都是杰出的代表。美国现实主义文学形成于十九世纪八九十年代，比欧洲晚了半个世纪，马克·吐温最具代表性。

现实主义文学家的阵营可谓群星闪耀，其中最为著名、对后世影响最大的有以下几位：

巴尔扎克的家庭是在法国大革命后迅速致富的，他曾涉足商业和出版印刷业，但最终都破产了。这些经历成了他日后写作的一手材料。他对哲学、经济学、历史、自然科学、神学等领域也进行了深入的研究，知识极为广博。1829 年，巴尔扎克完成了取材于现实生活的长篇小说《朱安党人》，这被誉为法国现实主义文学的第一块基石。他一生创作了 96 部小说和随笔，代表作有《欧也妮·葛朗台》和《高老头》等，全部收录在《人间喜剧》中。《人间喜剧》的“前言”阐述了现实主义创作方法和原则，为法国现实主义文学奠定了理论基础。《人间喜剧》向人们展示了当时贵族阶级的衰微和资产阶级的勃兴，其对现实的描写甚至可以作为历史材料为历史学家和社会学家所用。100 多年来，他的作品传遍了全世界，马克思和恩格斯称赞他是“超群的小说家”、“现实主义大师”。

狄更斯出生在英国一个海军小职员家庭，只上过几年学，全靠自学成才。狄更斯一生共创作了 14 部长篇小说，以及许多中、短篇小说和其他体裁的作品。其中最著名的作品是描写劳资矛盾的《艰难时世》和描写 1789 年法国大革命的《双城记》。其作品对广泛的社会场景进行了真实的描绘，对英国社会尖锐的社会矛盾进行了深刻揭露。狄更斯的作品，细节描写生动、手法幽默有趣，塑造出了众多个性鲜明、具有社会意义的中下层小人物形象。狄更斯的作品也含有不少浪漫主义成分，经常运用对比、夸张、象征等手法渲染某种气氛，具有浓厚的感情色彩和感伤情调。

②现实主义艺术成就

1848 年，法国大革命遭到残酷镇压后，许多艺术家在创作中仍坚持批判现实的原则，其中一些人还积极参加了人民武装起义（如 1848 年二月革命时的德康、1871 年巴黎公社中的库尔贝等）。19 世纪 30 ～ 70 年代强大的现实主义运动，配合了当时的政治斗争，在文艺史上留下了光辉的一页。

库尔贝是他们中间杰出的代表。他在 1855 年送交世界美展的 11 件作品中，最重要的两幅《奥尔南的葬礼》和《画室》落选，于是他撤回全部作品，自租场地举行个人画展，并宣布：我要根据自己的判断，如实地表现我所生活的时代的风俗和思想面貌。《画室》是库尔贝生活环境的集中反映，画中有为现实主义而战的评论家和画家，有各年龄段的模特儿，有象征人民的罢工工人和爱尔兰妇女，还有一个正在聚精会神地观看画家创作风景的小孩。这些毫不相干的人物都被很好地安排在一个画面之中。而《奥尔南的葬礼》则堪称绘画中的“人间喜剧”，死者的亲朋好友、掘墓工、教士、法官、公证人、维持治安者等人物都表现得栩栩如生，库尔贝通过组织画面、刻画心理，毫不留情地揭示出人物的贪婪、奸诈和虚伪。有评论者高度评价道：“源于生活的真实美既摧毁了新古典主义的理想美，也摧毁了浪漫主义的夸张美，它代表了个体主义的时代精神。”

米勒出身于农民家庭，童年时代的农村生活给他留下深刻的印象，对父母抚爱的怀念和在巴比松看到的田间场景，促使他携全家来到巴比松定居，以其独特的朴素风格，真实地塑造了贫苦农民的形象，也使平凡的农村生活场景放出了奇光异彩。《扶锄者》描绘的是位在清晨便开始劳作的农民扶着锄头歇息的样子。从他扶着锄柄的双臂、脸上的汗水和微微张开的嘴，可以想到他疲劳的程度。因而有评论惊恐地指责它“不是绘画，而是宣言”。《拾穗者》也是如此：三位农妇弯着腰，在收割过的田里费力地寻找遗落的一点点麦穗。画家没有作任何美化，人们甚至看不清她们垂向地面的脸，但是所体现出的劳动的神圣已经使人们感到惊奇了，“在拾穗者背后的地平线上，似乎有造反的长矛和1793年的断头台”。米勒一生怀才不遇，非常贫困，疾病和穷苦不断袭击着他。然而他把艺术奉献给“泥土上的英雄”的决心从未动摇过。这一点对他一生的艺术成就是有决定意义的。

罗丹是法国现实主义雕塑大师，同米勒一样，虽具有旷世奇才，却一生坎坷。他三次报考美院落榜，至40岁仍默默无闻。在困窘的环境中，罗丹不断地出示新颖、精彩的创作。《施洗者约翰》、《行走的人》歌颂了人体阳刚之美。《沉思者》传达出肌肉的表情，《加莱义民》的英勇的市民形象，都使人心震撼。罗丹的手法和创作灵感在《地狱之门》那里得到尽情发挥，200 多个人物在门内进行着奇特组合，是罗丹毕生心血的结晶。

印象派绘画

印象派是一个松散的艺术社团。这个社团没有明确的纲领，艺术家集合在一起，仅仅因为画风比较一致，便共同举办展览。印象主义画派是和法国文学中的自然主义流派相对应的。它和自然主义都曾受到哲学上实证主义的影响。印象派画家把“光”和“色彩”看成是画家追求的主要目标，这就不可避免地将画家对客观事物的认识停留在感觉阶段，停留在“瞬间”的印象上，这就导致画家在创作中竭力描绘事物的瞬间印象，表现感觉的现象，从而否定事物的本质和内容。印象派画家在阳光探索和色彩分析上有重要发现，在对光与色的表现上丰富了绘画的表现技巧，他们倡导走出画室，面对自然实物写生，以迅速的手法把握瞬间的印象，使画面出现不寻常的新鲜生动的感觉，揭示了大自然的丰富灿烂景象，这是对艺术创造的一大贡献。著名的印象派画家包括：莫奈、马奈、毕沙罗、凡·高、德加、塞尚、高更、雷诺阿、修拉、西涅克、劳特累克等。

①印象派早期画家

印象派发端是 1863 年马奈创作的《草地上的午餐》。这一新风格使一些人对它敬而远之。马奈当时并不承认自己是印象派画家，但在他周围，一大批探索新风格的画家与他一起交流切磋画艺。

马奈 1832 年生于巴黎，后来游历了意大利、荷兰、巴西等，开阔了自己艺术创作的视野，他也因此尝试一种全新的绘画风格。但他的努力没有得到俗世的认可。直到莫奈的名作《日出·印象》问世后，印象派才得以被人们所接受与认识，莫奈与马奈可以说是知己。《日出·印象》这幅作品受到一些人的挖苦和嘲弄，因为在技法表现上，这幅作品有悖常理，于是人们戏称他是“印象主义”者。

印象派的代表作品是莫奈的《睡莲》。莫奈画这幅画的时候，已经到了晚年，体力衰弱，视力衰退，但仍以极大的毅力绘制这组规模宏大的室内装饰嵌板画。在《睡莲》这幅作品中，我们看到莫奈对自己的艺术追求的执着，这种追求在其纯练、成熟的技巧上展示出来。莫奈的笔法纵横不羁，油彩涂抹厚薄自由，构图奔放，含有浓郁的诗意和音乐感。1922 年，法国政府想购买他的《睡莲》，莫奈表示愿意奉送，但是，他要求法国政府在巴黎土伊勒里宫的桔园椭圆厅中永久陈列他的作品。

印象派画家以善于表现光色和气感著称。继莫奈后，德加作于 1876 ~ 1877 年的《乐池里的音乐师》强调一种灯光、人物主体与背景的谐调关系。在德加的作品中，表现人物是他的强项，舞女、浴女及平民，无不得心应手。

与德加的风格较为相近的有雷诺阿。雷诺阿把人物画得丰腴柔美，这与德加有些相反。因为德加画中的人物较枯涩幽暗。雷诺阿的作品带有一些罗可可风格。他把表现女性作为主业，他的代表作就是《大浴女》，是 1881 年雷诺阿结束意大利和北非旅行后的作品。

印象派早期的画家除以上几位外，还有毕沙罗、摩里索、巴吉尔等。19 世纪中叶新印象主义画派又在法国崛起，它的代表画家有修拉、西涅克等。修拉曾经是莫奈的学生，在 25 岁时结合老师的技法，并采用色点分割法，画成了《大碗岛的星期日下午》。他细心地处理各种原色的小圆点，竟花了两年功夫。但这些点彩法毕竟不是真的创作，而属于匠人的工作。同时，西涅克与修拉共同探究“点彩法”，又融合了后印象派画家如凡 · 高、塞尚的风格，以更狂放的点彩表现风景。西涅克的著名作品是《圣特罗佩港的出航》。

②后印象派绘画

后印象主义认为绘画不能仅仅像印象主义那样去模仿客观世界，而应该更多地表现画家对客观事物的主观感受。后印象主义三大画家塞尚、高更、凡 · 高虽有共同的创作倾向又有各自鲜明的艺术个性。塞尚注重创造形象的重量感、体积感、稳定感和宏伟感，最后达到简单化和几何化的效果，这使他成为后来的立体主义和抽象主义的始祖。高更主张不要面对实物，而凭记忆作画，提倡综合的和象征的美学原则。凡·高的画一个突出的特点是强烈地表现自己的个性。他们三人共同开启了现代艺术的大门，在他们的创作思想、艺术观念影响下产生了野兽主义、立体主义、表现主义、抽象主义等，是他们彻底地改变了西方绘画面貌，由客观再现走向主观表现，并使之走向现代。

向日葵 1889 年 凡·高

塞尚生于 1839 年，没有经过正规学校的培训。经过多年对艺术的探索和追寻，他认为自然万物完全可以用几何形体如圆球体、圆柱体等表述。但他的努力并没有得到公众的认同。直至 1904 年，人们才开始接纳他的这一观点。人们把他誉为“现代艺术之父”。

凡·高是荷兰人，但他后半生一直生活在法国。他到巴黎时已经 33 岁了。但巴黎毕竟是太嘈杂喧嚣了，后来他到法国南部的阿尔小镇与高更一起生活。那时，他的创作势头非常旺盛，画出了著名的《向日葵》，后来因两人意见不合，高更离开了凡·高。由于不堪生活的重压，加上失去了好友，凡·高患上了严重的抑郁症。在病中，他依然创作不辍。在作品中，他以辉煌的色彩表现大自然的美丽景色，充满着烈火熊熊燃烧的生命激情。但不幸的是，凡·高于 37 岁自杀了。不久，他的哥哥提奥亦随他而去。

凡·高以自画像著称。他一生共画了 40 多张自画像。这些自画像记录了凡·高的个人情感，特别是这段时间的情感，痛苦、恐惧、迷惑等，都贯穿在他的自画像。《戴黑边帽的自画像》完成于1886年初。这时的凡·高经济非常困难，经常挨饿，接受梅毒的治疗也让他感受到很不安。此外，他还拔了10颗牙，这是他蓄须的原因，这样可以掩饰缺齿的尴尬。《有日本画的自画像》可能画于巴黎著名的咖啡馆，凡·高曾说服他的女主人在这里举办了一次日本绘画展。这也是凡·高早期在巴黎所画的最后一张自画像，自称为“死亡之脸”。他还在一封信里谈到这张自画像，他说：“透过这张面对镜子画的自画像，我得到了一个关于自己的概念：桃灰色的脸上长着一双绿眼，头发死灰，额前与嘴周围满是皱纹，呆板木讷，非常红的胡子，被忽略而且充满哀伤。”凡·高的兄嫂说，这是所有自画像中最像的一张。凡·高最后一张自画像是画给他母亲的。1889年初，凡·高的母亲度过了70岁生日。虽然和母亲的联系并不紧密，但凡·高对她仍怀有温暖的记忆。这一年年底，他决定画一张自画像送给她。为了使母亲对自己的健康放心，所以画上的他比以往显得健康、年轻、整洁。然而，他画完之后，还是发现了无法掩饰的绝望。最后，凡·高没有把这张画送给母亲，而是给了一张画着阿尔卧室的画，这张自画像被挂在墙上。

高更是1848年出生的。少年时去过秘鲁，并当了一名杂工，对南美的风情了如指掌。他的创作是从30岁以后开始的。从艺以后，他迅速变得穷困潦倒，家庭破败。后来与凡·高共事。离开凡·高后，他只身奔赴新西兰的塔希提岛，与当地土著毛利人一起生活，并在那里成家立业，作品极为丰硕，代表性作品有《集市》、《持果盘的塔希提妇女》等，尤其是《我们从哪里来？我们是谁？我们到哪里去？》表现出一个有关人类生存和发展的永恒的哲学命题。这是高更以最大的热忱完成的一幅作品。此时的画家在塔希提岛上，贫病交加，心情沮丧，极端愤世嫉俗。他曾决定自杀，喝下毒药后却被人救活。就是在这样的逆境中，高更完成了此画。作品反映了高更完整的人生观，表现了人从出生到死亡的过程。整幅画的内容从左到右依次是："我们从哪里来？"表现人的诞生到幼年、再到青年这一阶段，画面上的两个姑娘在思考自己的命运。"我们是谁？"表现了人最基本的日常生活方式：干活、吃饭、养活自己，但却不知道生活的意义到底是什么。"我们到哪里去？"画的是一个举着双手的神像，好像在宣扬来世，一个妇女在倾听着，还有一个快死的老太婆准备接受命运的安排。虽然形象、色彩和构图看上去似乎很像神话或传说，再加之那富有异国情调的渺远、神秘的意境，更加给人一种神秘感。其实，画家在此所要表现的只是那些土著人一种偶然的臆想。此画可以说是高更对塔希提岛多年生活经验的综述，也是献给自己的墓志铭。

在法国19世纪各美术流派中，还有象征主义画派，是19世纪70年代至80年代兴起的。其代表人物是夏凡纳，他主要从事装饰性的创作，代表作是《夏日时光》、《希腊神话》等，其体裁大多是壁画。象征主义的其他代表画家是摩罗和雷东，他们的作品充满神秘与梦幻般的色彩。另外，法国19世纪印象派中还有一个分支——纳比派，他们继承高更的风格，作品装饰性较强。其代表画家有德尼、波纳尔等。

十九世纪的英国风景画

在19世纪的英国，除了肖像画、历史画之外，风景画也达到了鼎盛时期。代表性的画家有透纳、康斯坦勃尔等。当时，水彩画已经在英国得到了普及，一些风景画家常用它来描绘自然风景，甚至有一些画家用它表现东方的风情。透纳的画以色彩的饱满体现一种"气感"或"光感"，尤其是晨暮时分的自然风光。

威廉·透纳1775年出生于英国科文特加登的梅顿莱因。少年时代，透纳的画技就非常出众。

24岁时，他就被皇家艺术学会吸收为会员。他的水彩画以表现海洋景色见长，代表作有《贩奴船》、《战舰归来》等。《贩奴船》中表现的是贩奴船远航时，船上抛下垂死的戴着脚镣的奴隶的画面。船和奴隶在汹涌澎湃的海面上漂浮，让人感到一种震撼。透纳为了把海景画得更好，请人将他绑在船桅上，在惊涛骇浪中颠簸了四个钟头。这幅《贩奴船》与其说是风景画，倒不如说是真正的历史画。透纳的另一幅代表作《战舰归来》表现了夕阳中战舰特梅雷尔号被拖进港口的情景。冒着蒸气的拖船与三桅的老旧战舰形成了一个鲜明的对比，工业技术革命在英国的历程也在这幅画中得到了淋漓尽致的表现。

透纳是一个对艺术较为投入的人。他不善言辞，交际能力亦弱；而当其置身绘画创作中，则出神入化。他一生画了 19000 幅水彩及各种体裁的草稿，还有 360 余幅油画，是英国 19 世纪美术史上的佼佼者。

约翰·康斯坦勃尔，1776 年出生于萨福克州勃高尔特。他的父亲经营着一家磨坊。那里风景特别优美，陶冶了他的情操，于是他爱上了绘画。

在 1824 年的巴黎沙龙中，他的作品《干草车》轰动了欧洲美术界，尤其给法国青年画家以深远的影响。《干草车》整个画面充满了阳光，充满了温暖的生活气息，这幅画赢得了这一年巴黎沙龙的金质奖章，这也是康斯坦勃尔描写田园风光的代表作之一。1828 年他妻子逝世，他的生活笼罩着忧郁和悲痛，但他没有被痛苦压倒，相反，他拼命从事艺术创作，并在艺术团体讲学。1829 年，康斯坦勃尔被选为皇家学院正式会员。他的绘画也得到了官方的认可。

康斯坦勃尔最重要的一幅作品是《麦田》，又名《乡村小径》，作于 1826 年。这也是一幅充满生活气息，表现平凡人劳动的画。康斯坦勃尔把英国风景画从沿袭法国和外国影响中解放出来，他重视写实，只描绘他看到的东西，大自然就是他的老师。他摒弃了传统的棕色调子，大胆地创造出现实主义的表现形式。他在技法上的革新遭到英国学院派的冷遇，但这并不能否定他对油画的贡献。他的笔触精细，以致有人以为他的画笔是特别制造的。

康斯坦勃尔为英国风景画开辟了崭新的道路，他的绘画标志着新的绘画时代的到来。他对于色彩变化的敏感、对于光和影的微妙变化的敏感引领着19世纪末法国印象主义艺术家对于光和色彩的探索。他画中所呈现的英国恬静的乡村景色和田园风光，大大地激发起人们对大自然的热爱和生活的信心。

除了上述两位画家外，在19世纪的英国风景画领域，还有一批较有实力和影响力的画家，如波宁顿和诺斯等。

达尔文与进化论

1809年2月12日，查尔斯·达尔文出生于英国小镇施鲁斯伯里，祖父为英国医师伊拉兹马斯·达尔文，尽管伊拉兹马斯·达尔文也支持进化论，但他所坚持的进化论是由法国博物学家让·巴帕蒂斯特·拉马克提出的“用进废退”学说（后来该观点被证明是错误的）。1831年，查尔斯·达尔文于剑桥大学毕业后，以“贝格尔”号军舰船长罗伯特·菲茨罗伊朋友的身份随行，进行科学考察。达尔文的植物学老师约翰·史蒂文斯·亨斯洛的极力推荐使其得以成行。此时的达尔文立志成为一名博物学家，通过此次长达5年的航行，达尔文获得千载难逢的机会得以观察遥远的地球另一侧的各种生物。“贝格尔”号先后到达特内里费岛、非洲西海岸的佛得角群岛等，随后绕过南美洲最南端的合恩角前往南美洲西海岸巴塔哥尼亚、智利、秘鲁以及加拉帕戈斯群岛，继而横穿太平洋航行至塔希提岛以及新西兰，最后借道毛里求斯（非洲岛国）以及非洲南海岸好望角返回英国，前后共历时达5年之久。每到达一个港口，达尔文都上岸考察，并且收集岩石、动植物标本。

在5年的航行中，达尔文在南美洲上岸的次数远远多于其他地方。事实上，他待在岸上的时间比在船上的时间还多。除了收集奇异动植物的标本外，达尔文还研究所到之处的岩石成分以及地质学特征。在巴塔哥尼亚，达尔文发现一处高达6米的沙砾层岩石，其中包含巨大的骸骨，而这些骸骨实在是太大了，不属于任何现存的物种。达尔文发现，除了太大之外，这些骸骨同南美洲的犰狳以及树懒非常相似。达尔文很快意识到这是可能是它们已经灭绝的远古祖先。但到底是什么原因导致了它们的灭绝？是否是因为它们已经不适于生存？

1836 年秋天，“贝格尔”号返回伦敦后，达尔文一直潜心研究地质学，并支持地质均变论。地质均变论最初由苏格兰地质学家查尔斯·莱尔提出，该学说认为整个世界处于匀速的变化之中。随后，达尔文还拜读了英国经济学家托马斯·马尔萨斯的诸多著作，书中提出了“生存竞争”一说。

达尔文意识到“生存竞争”同样也发生在动物界，比如为什么一些鱼类在食物明显不足的情况下仍坚持繁衍大量的后代？但是这些后代中的一部分又确确实实的生存了下来。这一现象启发了达尔文，使之萌生了“只有最适应环境的动物才能生存”的观点，换句话说，自然选择的过程是自然界的一个内在机制，该机制运作的结果使得自然界不断地选出最适合的生存物种。

就在达尔文将自己的这些观点归入进化论的同时，威尔士博物学家阿尔弗雷德·罗素·华莱士通过对亚洲及澳大利亚的长期观察，也得到了同样的结论。1858 年，华莱士写信给达尔文阐述了自己的观点，随后二人联合在林奈协会生物学杂志上发表了一篇关于进化论的论文。次年，达尔文出版巨著《物种起源》。1889 年，华莱士也出版了关于达尔文学说（进化论）的书籍。

达尔文的理论认为，自然界通过突变来达到进化的目的。有利的突变会遗传给后代，逐步地改变整个物种。最终，一个全新的更加适应自然界的物种生存了下来，而另一些不适应的物种则走向了灭绝。当然，达尔文及其同时代的科学家都无法解释为什么生物界会发生突变。但他们不知道的是，这一问题早在 6 年前就被深处奥地利修道院的隐士格里格·孟德尔解决了。他在自己的花园中通过种豌豆揭示出遗传的本质，提出了遗传的基本定律——“分离定律”与“独立分配定律”，即物种后代通过遗传获得前代的基因，而基因的存在为“突变”铺平了道路，也就是物种进化的手段。

赫胥黎对达尔文进化论抱支持态度。他著文表明：“没有任何证据表明上帝的存在。”，他宣扬一种“不可知论”。1860年，他与牛津主教就达尔文进化论展开有趣的辩论。那位主教说，没人愿意把自己的祖先归结到猿猴上去。赫胥黎说，羞耻的不是有猿猴一样的祖先，而是像你一样以傲慢的态度去面对自己的祖先。赫胥黎的著作《人类在自然界中的位置》对达尔文的进化论作了新的诠释，所以有人说赫胥黎是达尔文的“斗犬”。

达尔文的学说随着时间的推移得到不断的佐证与完善。后来，一种被称为社会达尔文主义的思潮也产生了。他们认为，白人比黑人优秀，非犹太人比犹太人档次高许多。这些学说被纳粹和希特勒利用，作为他们屠杀犹太人的理论根据。

尼采与弗洛伊德

弗里德里希·尼采生于1844年，是19世纪德国的哲学家。他的一句著名格言是“上帝死了”。可以说，他与达尔文、赫胥黎一样，从另一个角度对基督教进行了有力的抨击。他的著作有《查拉图斯特拉如是说》、《权力的意志》、《悲剧的诞生》。他认为，人类如同其他动植物一样生存在选择、竞争、进化的过程中，优胜劣汰后，优胜者是一种“超人”。超人的道德意志和人格力量、勇气和奋斗精神是其他人类所望尘莫及的。那些弱者贫者是无法谋得生存之地的，也不可能进行有效的斗争和努力。只有突破宗教所制订的桎梏和窠臼，才能完成自然选择的伟大使命。基督教和其他一切宗教都应当失去主导一切的地位。它们的教义使人在自然选择中因软弱无能而终受淘汰。

尼采的主业是教师，他被任命为巴塞尔大学教授时才25岁。他后来患了精神分裂症，受其折磨，苦不堪言，1900年病死。

19 世纪末，在欧洲，紧接尼采而来的是弗洛伊德。弗洛伊德 4 岁时，举家迁往奥地利首都维也纳。他在那里接受了小学和中学教育，并以优异的成绩毕业。1873 年，弗洛伊德进入维也纳大学医学院，从 1876 年起在著名的生理学家艾内斯特·布吕克的指导下从事研究工作，并在 1881 年获得医学博士学位。1885 年，他前往巴黎，受教于当时非常著名的神经学家沙柯特。弗洛伊德读到了沙柯特有关“歇斯底里”症状的论著，并了解到沙柯特提出的催眠疗法。1886 年，弗洛伊德和贝尔纳斯结婚，生育了 6 个孩子。

弗洛伊德在求学时就看到过布罗伊尔医生用催眠法治疗癔病，这使他感觉到了身心关系的微妙。后来，弗洛伊德也开始尝试使用催眠疗法治疗神经病，但他逐渐发现催眠的疗效不能持久，于是就改用了“自由联想法”，该理论和以后的“自我分析法”成为弗洛伊德一生的两大杰出成就。1900 年，弗洛伊德的杰作《梦的解析》出版，他声称自己发现了三大真理：梦是无意识欲望和儿时欲望的伪装的满足；俄狄浦斯情结（仇父恋母的情绪）是人类普遍的心理情结；儿童具有性爱意识和动机。

精神分析实验

作为精神病理学的医生，弗洛伊德极其重视在精神病理学治疗当中的“催眠”状态。

这些发现为精神分析学奠定了基础。但在当时，弗洛伊德的这本书并没有受到重视，初版的600册书在8年后才售完。直到1905年，他发表了《性欲理论三讲》，探讨儿童性心理的发展与精神变态机制的联系，这时他的学说才真正开始引起了世人的重视。但因为他的学说的反传统性，而受到了众多人的攻击，一度成了德国科学界最不受欢迎的人。

弗洛伊德不改初衷，在不到20年的时间里，他写下了约80篇论文和9本著作，继续阐述、发挥和宣传他的精神分析理论。他的理论不仅对于心理学来说是一种必备的知识，对于其他人文领域、艺术创作以至于日常知识来说，也具有重要的启迪作用。1931年，他的故乡为庆祝他75岁寿辰，以他的名字命名他出生的那条街道。1936年，他被接纳为英国皇家学会的通讯会员。弗洛伊德毕生都以极大的热情创立和发展精神分析学说。他培养了一批学术继承者，如后来也具有世界性影响的荣格、阿德勒等，他使精神分析运动成为世界性的潮流。

新古典乐派

勃拉姆斯，德国作曲家，舒曼的后继者，新古典乐派的代表。

1833年5月7日，勃拉姆斯生于德意志北部的港口汉堡一个职业乐师家庭。直至青年期结束，他一直在故乡学习音乐。从15岁起，他开始独立的职业音乐生涯，他的钢琴演奏逐渐获得赏识，同时他也创作出更多的作品来。1848年，欧洲革命失败后，一些参加过革命的进步知识分子来到汉堡。他有幸结识了流亡的匈牙利小提琴家爱德华·列明尼，从他那里接触到当时的革命思想，并熟悉了匈牙利丰富的民间音乐。

1853年是决定他命运的一年。这一年，他去魏玛拜访了音乐大师李斯特，但因性格不合而感到失望。于是，他去杜塞尔多夫访问了晚年的舒曼。舒曼张开双臂欢迎他，在《音乐时报》上发表了赞赏他的文章《新的道路》。这篇文章使勃拉姆斯的名字纳入了音乐史册。此后，他们结下了深厚的友谊。

维也纳是勃拉姆斯的第二故乡。从1862年开始，未满30岁的他就定居维也纳，在这之后的35年，他都生活在这个音乐之都、圆舞曲之乡。保存到今天的绘画或照片中的勃拉姆斯满脸胡须。据说他从42时开始蓄须，而年轻时他相当英俊。他腿短身矮，终生未婚，到了中年以后就完全不修边幅，而且做事也很笨拙。

勃拉姆斯与圆舞曲之王施特劳斯有很密切的交往。勃拉姆斯在聚会上也喜欢弹奏圆舞曲。有一次，他在科隆举行演奏时，独奏结束后，在加演中他弹奏了《维也纳圆舞曲》，这时群聚在衣帽间里准备离开剧场的听众又回到了场内，好像成了即席的施特劳斯作品演奏会。

由于有舒曼作后盾，在维也纳，勃拉姆斯得到非常有力的支持，其中就有著名的评论家汉斯利克。这个疯子一样的评论家是只承认无标题音乐的古典主义者，他猛烈抨击瓦格纳的音乐，连同一派的布鲁克纳也不放过。交响乐在勃拉姆斯的音乐创作中是重要的部分，他本人对交响乐的创作也怀有雄心，但可惜起步得较晚。他发表《第一交响曲》时，已经43岁了。这部交响曲初次演出时，汉斯利克就赞不绝口，称之为《第十交响曲》，意思即这是接续贝多芬的《第九交响曲》之作。这使得勃拉姆斯大受鼓舞，但是，勃拉姆斯一生只创作了4部交响乐，数量极其有限，这也可以看出他对创作的谨慎。也有人说是因为他推崇贝多芬的交响乐，认为自己没有创作的必要了，所以才这么低产的。

勃拉姆斯音乐的结构是古典式的，而内容与色彩却是浪漫主义的。他所写的器乐曲是古典主义的，而与此相反，他的声乐曲则是彻底的浪漫主义。他继承了舒伯特和舒曼的传统，创作了从半民歌式的《摇篮曲》到《德意志安魂曲》等许多有名的作品。晚年，他的创作激情显著衰退，重新回归自我的小天地，反映出一种孤独和失望的哀诉情调。舒曼死后，他还帮助克拉拉宣传舒曼的艺术，做了许多有意义的工作。1897年，也就是克拉拉去世后的第二年，勃拉姆斯在维也纳去世。

马克思主义的诞生

卡尔·马克思，1818 年 5 月 5 日出生于德国莱茵河省特利尔城。受法国启蒙思想家的影响，他的革命思想在读中学时就已经形成了。后来在波恩、柏林大学攻研哲学、法学和历史，并对黑格尔的哲学进行研究，获得哲学博士学位。1842 年，马克思担任《莱茵报》的撰稿人和主编，建构了共产主义思想体系。

1843 年，马克思与燕妮结婚，然后迁居巴黎。1844 年，他与恩格斯相识，合著《神圣家族》一书，提出“无产阶级解放全人类”的命题。1847 年 11 月，应共产主义者同盟第二次大会的委托，马克思与恩格斯合作写了《共产党宣言》。

《共产党宣言》是无产阶级政党的纲领性文件，它揭示了阶级斗争对人类社会历史的推动作用，无产阶级是资本主义的掘墓人，资本主义必然被社会主义所代替。他们对圣西门、傅立叶为代表的空想社会主义展开了切实的批判。《共产党宣言》是科学社会主义诞生的重要标志。

1848 年，法国爆发资产阶级革命，马克思回到德国，宣传无产阶级理论。革命失败后，他迁居伦敦，并著书立说，认为无产阶级革命要胜利就必须打碎旧的国家机器，从而推动历史的发展。19 世纪 50 年代，马克思完成《资本论》的第一稿，60 年代完成《资本论》的第二稿和第三稿，揭露资本家剥削工人剩余价值的本质，指出资本主义的

《莱茵报》受到群众的欢迎，其发行量增加了两倍，成为普鲁士的一家大报。画面为马克思在审阅新印的报纸。

经济活动将促使资本主义本身日益腐朽和没落。《资本论》奠定了马克思主义政治经济学的重要地位。

1864 年 9 月，第一国际成立后，马克思担任德国的通讯书记。1871 年，巴黎公社革命失败，马克思总结了经验教训，写下了《法兰西内战》一书。1875 年，他写了《哥达纲领批判》。

1883 年，马克思逝世。

对马克思主义理论作进一步深化的是恩格斯。他于 1820 年生于德国莱茵省的巴门市。与马克思的合作，使他的革命活动更加突飞猛进。1877 年，恩格斯的《反杜林论》出版，它系统地阐述了马克思主义政治经济学和科学社会主义的理论。同时，恩格斯也完成《自然辩证法》和《劳动在猿到人转变过程中的作用》等著述。

马克思逝世后，恩格斯把精力投入《资本论》的修订、整理和出版工作上，然后又写了《家庭、私有制与国家的起源》等书。马克思主义学说的完善和发展，为世界无产阶级革命点亮了一盏指路明灯。诚如马克思、恩格斯所说:“无产阶级失去的仅仅是锁链，他们获得的将是整个世界!”

欧洲童话：文学史上的明珠

欧洲童话是文学史上的璀璨明珠。

①安徒生

安徒生于 1805 年出生于丹麦，出身贫寒，他的父亲是鞋匠，母亲是洗衣妇。11 岁那年，父亲去世，安徒生只念了一年书就告别了心爱的学校。

受父亲的影响，安徒生对童话怀有浓厚的兴趣。后来，他想当演员，14 岁那年只身来到哥本哈根，却找不到工作，只好当乞丐，然后当木匠和歌唱演员，同时也开始创作。在他的文学生涯中，他饱受了别人的侮辱和忌妒。他的童话创作是从 30 岁开始的。1865 年，他的《讲给孩子们听的故事》出版，收入了《打火匣》、《大克劳斯和小克劳斯》等作品，但销路不畅。1837年，他出版了第二本和第三本童话，《皇帝的新装》和《海的女儿》赢得了人们的喜爱。同《海的女儿》一样，安徒生的《丑小鸭》也是以自己的感情经历为原型创作的，因此打动了许多人的心灵。但《皇帝的新装》遭到了当局的查禁，在丹麦，他的童话无法出版。后来，他去了瑞典、德国和英国。由于他写的童话优美而清纯，使他的艺术打破了国界，不但在整个欧洲，甚至在美国、加拿大和日本都在流传。

《丑小鸭》插图

1867年，安徒生回到故乡，由于他单身一人，62岁的安徒生只好寄居在朋友家里。1875年，他来到哥本哈根，完成了最后一篇童话。1875年4月，他度过70岁生日；8月，他溘然去世。哥本哈根人民为了纪念安徒生，在海港的入口处建造了一尊美人鱼雕像。它成了丹麦国家的象征。

《卖火柴的小女孩》是安徒生最负有盛名的作品，它讲述了一个悲怆得令人心碎的故事：在寒冷的圣诞节夜晚，一个卖火柴的小女孩却无法回家享受美味的晚餐和家庭的温暖。恶毒的继母给她规定，如果不卖完火柴，她就不能回家。小女孩在风雪中瑟瑟发抖，为了取暖，她不停地划着火柴，在微弱的火光中幻想着丰盛的圣诞晚餐，回味着在妈妈怀抱中的温暖。第二天，当人们在街角发现她的时候，她已经在饥饿与寒冷中死去。

她的死让人不禁要发问：是谁把她害死的？是饥饿？是寒冷？是黑

暗？不，都不是。她的死亡，直接原因是残忍的继母，深层原因则是不公平的资本主义社会。看看在小女孩冻死的旁边那灯红酒绿的橱窗，那奢侈豪华的圣诞物品，再看看小女孩身上的破衣烂衫，她的死因不言而喻！

安徒生来自社会的最底层，他切身地感受到了社会弱肉强食、贫富不均的残酷现实，因此，在他所创造的童话世界里，他在那些看似“幼稚”的事物身上注入了人的思想感情，从一种新的角度来反映卑贱者的纯朴天真和高贵者的可憎可厌。在《丑小鸭》、《看门人的儿子》中，他既如实地展现了穷苦人的悲惨生活，歌颂他们纯洁善良的品质，又以一种富有浪漫气息的笔调为他们营造一个火柴中的美丽天堂；而在《皇帝的新装》、《豌豆公主》中，则对于皇帝的昏庸无能、朝臣的阿谀奉迎和贵族的无知脆弱进行了不遗余力的揭露。安徒生童话就像是天堂里传来的悠远钟声，为社会不公而鸣，为百姓苦难而鸣，使得传统观念中天真浪漫的童话成为厚重的社会价值载体，从而在几百年后依然能够激励人们，感动人们！

②格林兄弟

在中外文学史上，恐怕很难再找到像格林兄弟这样性情契合、志趣相投、携手一辈子而共创出伟大文学事业的兄弟搭档了。雅各布·格林与威廉·格林分别于1785年和1786年出生于德国哈瑙一个官员家庭。从小他们就同床睡觉，同桌学习，当学生时同住一间房。从青年时代起，他们又一同开始了民间文学和童话故事的研究。1812年，两兄弟根据口述材料改编的《格林童话》第一集出版了，这部包含了86篇童话故事的小集子，是世界上第一次对这类口头传述故事进行的系统汇编。在此后近二十年间，雅各布通过志愿者的协助，搜集19世纪当时所流传的童话故事，然后汇整到弟弟威廉那儿，再由威廉加以系统整理和文字润饰，使之符合当时的语言习惯，并在这过程中发展出一种“童话故事”的散文体。在兄弟两人的通力合作下，这部小册子内容不断扩充，最终形成了包含 211 则故事的《献给孩子和家庭的童话》。时至今日，它是除了马丁·路德翻译的《圣经》之外，德国发行最大的书籍，它已经成为受到全世界人民喜爱的文学作品。

《灰姑娘》是《格林童话》中最为出名的一篇，几百年来一直激动着无数善良的人们。在灰姑娘很小的时候，她的妈妈就死了。在临死之前，妈妈告诉她，一定要坚持忠实、善良。后来她父亲娶了继母，她继母还带来了两个妹妹，从此灰姑娘的苦难日子就开始了。她受尽了继母和妹妹的虐待，经常偷偷跑到妈妈的坟上去哭。后来她把一根树枝插在妈妈的坟头，在泪水的灌溉下，这根树枝很快长成了大树，树上有只小鸟，每次都可以满足她的一个愿望。有一次国王给王子选新娘，召开了大型的舞会，灰姑娘的两个妹妹都打扮得漂漂亮亮去参加，却留下灰姑娘一个人在家里。灰姑娘便跑到妈妈坟前，让小鸟给了她华美的衣服，前去参加舞会，结果吸引了王子。王子想挽留灰姑娘，却被她偷偷溜了。后来王子利用柏油粘住了灰姑娘的一只鞋子，然后跟踪到她家去，最终找到了灰姑娘，从此灰姑娘和王子幸福地生活在一起。

这个故事虽然情节很简单，但是其中包含着的信息却十分丰富。为什么灰姑娘的经历会引起人们的强烈共鸣？那是因为，人们在灰姑娘的故事中能够反观自身。人们在同情灰姑娘的悲惨遭遇的同时，往往也在心中回味着自身的坎坷与挫折；人们在感叹灰姑娘得到鸟儿的帮助的时候，往往也在期待着自己生命的转折出现；而当人们看到坚持着忠诚、善良的灰姑娘最终能够与王子结合的时候，则更坚定了追求美好前途的信心。美妙的幻想和奇异的虚构，仿佛一泓沙漠里的清泉，又像一场久旱后的甘霖，抚慰了在现实的泥潭中挣扎的人类的灵魂，安慰了人们在现实中伤痕累累的心灵，重新鼓舞人们对于前途的向往，增强了人们面对困难的勇气。

格林兄弟对民间童话的搜集整理并不像很多浪漫派那样通过对童话进行大肆地删削和篡改来印证自己的观点，对他们来说，在情节、精神、语言、风格的方面还童话以本来面目才是最重要的。因此，《格林童话》的每一篇都是从质朴开始，到诙谐结束，没有人工斧凿的痕迹。然而就在这种像流水一样自然的叙述过程中，《格林童话》形成了一个取之不尽、用之不竭的人类灵感之源，人类精神的无穷宝库。

③其他童话作家

瑞典童话家塞·拉格洛夫，1858 年出生于韦姆兰省，她的童话《尼尔斯骑鹅旅行记》，是 1906 ~ 1907 年写成的，这篇童话描写了一个顽皮的小男孩遇到狐仙，缩小成一个拇指那么大的小人，坐在家鹅的背上饱览了瑞典美丽的风光，最后成了一个可爱而诚实的孩子的故事。因为这篇童话，拉格洛夫成了 1914 年诺贝尔文学奖获得者。

19 世纪，在意大利，卡拉·科洛迪则以《木偶奇遇记》闻名。1826 年 11 月，科洛迪生于佛罗伦萨乡下，1881 年，《木偶奇遇记》创作完成并出版。作者在童话中塑造了匹诺曹这个人物，他顽皮可爱，一直深受世界各国儿童的喜爱。《木偶奇遇记》被译成两百多种文字，并被改编拍摄成电影。他的故乡以科洛迪命名，还特意塑造了一尊匹诺曹的雕像。

王尔德出生于 1854 年的英国，他既是诗人，也是一位著名的童话家。他的童话著作为《快乐王子集》，于 1888 年首版。这本书语言十分优美，精妙绝伦，一百多年来盛传不衰。19 世纪英国的查尔斯·金斯利也写了一部《水孩子》，出版于 1863 年，其内容是：男孩子汤姆不喜欢扫烟囱的工作，走入水中，变成一个水孩子。他一直捣蛋、搞恶作剧，后在水仙女的帮助下，成了一个真正可爱的水孩子，改掉了自己的恶习重回陆地，与他爱慕的艾莉姑娘生活在一起。

说到欧洲的童话，18 世纪德国作家埃·拉斯伯整理的《明希豪森历险记》则写得非常夸张，但这种别具一格的吹牛故事，富有神奇幻想，一些荒诞不经的细节，饶有趣味，如因天气太冷了，曲子被冰冻在号筒里，等天气一转暖，音乐又演奏了出来。而留声机的出现，把这个童话细节变成了现实。明希豪森这个吹牛家，也和孙悟空、匹诺曹、唐老鸭等形象一样，成为脍炙人口的文学人物。

七、斯拉夫文明

斯拉夫民族与国家

斯拉夫人属于欧洲人种，有关他们的最早记载是在1世纪末至2世纪初。一些罗马著述把他们称为维内德人。斯拉夫人现在有3亿，生活在北欧东至第聂伯河、西至奥得河、北至波罗的海、南至喀尔巴阡山这一地域。斯拉夫人包括三大支系：俄罗斯人、乌克兰人和白俄罗斯人称为东斯拉夫人；波兰人、捷克人、斯洛伐克人称为西斯拉夫人；保加利亚人、斯洛文尼亚人、塞尔维亚人和克罗地亚人都被归作南斯拉夫人。

斯拉夫人形成部落是在4～6世纪，主要从事农业生产，兼营捕猎、畜牧业，并开始向巴尔干、多瑙河流域迁徙。上述三大斯拉夫支系的形成是在8世纪开始时完成的。

基辅罗斯是以基辅为中心建立的斯拉夫国家。“罗斯”是9世纪拜占庭史籍中对斯拉夫人的称呼。基辅罗斯的疆域西至喀尔巴阡山，东抵顿河，北达波罗的海，南至黑海平原。基辅罗斯通过发动战争获取财富，于882年建国，13世纪因蒙古金帐汗国入侵，被统治了200多年。到15世纪，莫斯科大公伊凡三世将蒙古侵略者驱逐出去，斯拉夫民族被统一在以莫斯科为中心的国家里。在此基础上，俄罗斯国家已具雏形。到了16世纪中叶，伊凡四世把“公国”改称为“沙皇”，俄国成为一个大帝国，征服了西伯利亚，版图横跨欧亚两大洲。

西斯拉夫人的代表性国家是波兰，它建于966年，直至18世纪，波兰被俄国、奥地利、普鲁士侵略瓜分。第一次世界大战后，波兰才摆脱外族统治，重新建立了自己的国家。捷克是在10世纪波希米亚人从大摩拉维亚帝国独立出来的。大摩拉维亚帝国是9世纪初西斯拉夫人建立的早期封建国家，其国土包括捷克、斯洛伐克等，906 年大摩拉维亚帝国灭亡，原因是匈牙利人的入侵。

在巴尔干半岛，8 世纪起，南斯拉夫人建立了自己的国家，但被日耳曼人所奴役。到 9 世纪，克罗地亚人建立了自己的国家，主权独立，至 10 世纪发展到极盛期。由于执政者内部发生矛盾，尽管在 11 世纪，克罗地亚人的领土有所扩张，但最终在 12 世纪被匈牙利吞并。而塞尔维亚人在 7 世纪起便开始在巴尔干半岛生活着了，12 世纪建立起国家，至 14 世纪发展到极盛，但在 1389 年，塞尔维亚被奥斯曼土耳其占领。

保加利亚人曾在 681 年与斯拉夫人成立了一个王国，后来他们融入斯拉夫民族中。保加利亚曾经被拜占庭征服，是在 1018 年。1908 年，保加利亚统一并宣告独立，1946 年开始实行社会主义制度，直到 1989 年，保加利亚政局动荡，共产党退出执政地位，改为“社会党”。经过两次巴尔干战争后，南斯拉夫统一了包括斯洛文尼亚、克罗地亚等民族，形成一个独立的国家。其时是在 1918 年。第二次世界大战期间，南斯拉夫推翻了旧政府，由铁托领导并取得反法西斯战争的胜利。南斯拉夫联邦人民共和国成立后，实行社会主义制度。铁托死后，则实行任期制。

莫斯科与克里姆林宫

俄国 16 世纪最伟大的建筑集中在莫斯科。自那时起，它成了俄国的首都，荟萃了俄国最灿烂的文化。莫斯科第一座教堂是为了纪念伊凡四世加冕而建造的，是四个小柱塔围绕中央雄伟的圆顶柱塔建构的吉亚科夫教堂。其他的还有柏拉仁诺和圣母升天大教堂等。除此之外，莫斯科的一些皇宫建筑，更代表了当时最高的建筑艺术水平。

伊凡四世是在克里姆林宫加冕的，1547 年，他成了俄国第一位沙皇。“克里姆林”的意思就是“内城”或“堡垒”。自此以后，“克里姆林”一词也成了沙皇独享的“专利”。

克里姆林宫是 12 世纪初建造的，莫斯科城是以它为中心布局的。莫斯科河静静地在它身旁流过。15 世纪，克里姆林宫外又新构了耸峙的围墙，长 1.6 千米、高 18.3 米的砖砌围墙与占地 28 公亩的宫殿、教堂形成了一个和谐的整体。城墙上面的 20 多座塔楼与 81 米高的伊凡大帝钟楼遥相呼应。钟楼高五层，顶为金色，塔身为外部装有拱形窗口的八面棱体。钟楼底部的台阶直通楼顶。在钟楼的不远处陈列着“钟王”和“炮王”，它们是莫斯科的著名文物。“钟王”是 18 世纪 30 年代铸造的，重 203 吨，高 10 米；“炮王”铸造于 1586 年，重 40 吨，炮口可同时容纳两个人，它们被认为是世界上最大的钟和铁炮。

克里姆林宫内还有一处多棱宫，系多棱白石砌就，建于 15 世纪下叶，另外还有一处圣米迦勒大教堂则是彼得大帝之前历代帝王的寝陵。克里姆林宫作为苏联政府的办公地点，是 1917 年十月革命后的事。克里姆林宫之外的红场原有列宁墓和斯大林的遗体存放室。列宁曾在克里姆林宫顶楼办公。

俄国的启蒙思想家

起源于 18 世纪中期的俄国启蒙运动如火如荼，一些启蒙思想家充分展露其才华，像法国的伏尔泰、卢梭他们一样，俄国的罗蒙诺索夫和雅·帕·科杰尔斯基、拉吉舍夫等都是开创先进思想文化的大师。

罗蒙诺索夫是俄国启蒙思想的“开山”人物。他主张关心同情农民，要改善农民的教育、卫生、保健等方面的现状，要保证农民的孩子都能上学，而农奴制必须予以抵制、推翻。

罗蒙诺索夫的观点受到后来启蒙思想家的尊崇。因为天赋人权，农奴应该享受到与他们主人一样的权利，农奴应当自由、平等，农奴对自己的财产有处置权，任何农奴制度都是没有文明的表现，应当禁止。这也是启蒙思想家的态度。

雅·帕·科杰尔斯基对农民贫困的根源作了深层探究。他们之所以贫困，地主阶级认为是因为他们“贪酒”、“懒惰”，对此科杰尔斯基予以严厉的驳斥。他认为，农民是勤劳的，地主对农民的剥削才使农民受穷。社会上应当摒弃那些对农民不公正的行为与政策。

俄国另一个启蒙思想家是尼·伊·诺维科夫。他通过《雄蜂》和《画家》对当时俄国官场和政界人物作了无情的揭露，如奉承拍马、徇私枉法等。为此，诺维科夫身遭囹圄之灾，被判处 15 年的监禁。

而 1749 年出生于萨拉托夫的拉吉舍夫，在《从彼得堡到莫斯科旅行记》中极力抨击沙皇专制，号召人民推翻它。该书公开指责沙皇是暴政者，农民的一切都被他和农奴主剥夺殆尽，唯一留下的“只有空气”。只有推翻沙皇专制，才能建立自由平等的国家。拉吉舍夫的思想更具革命性，因而被沙皇政府视为眼中钉，千方百计除之而后快。沙皇政府判处他死刑，后改为 15 年徒刑，把他流放到西伯利亚去了。拉吉舍夫后来遇赦，又回到彼得堡，重申自己的主张，政府命令他自杀。

对整个俄国历史文明的发展进程来说，他们的功绩是伟大的。

民族诗人普希金

普希金是俄国历史上最伟大的诗人和俄国现实主义文学的奠基人，他的文学创作在俄国乃至世界文学史上都占有光辉的地位，高尔基赞誉他是“俄国文学之始祖”。在短短的不到 40 年的生命中，普希金一共为后人留下了 800 多首优美动人的抒情诗和《自由颂》、《致恰达耶夫》、《青铜骑士》等著名长诗，以及为后世所推崇的长篇小说《上尉的女儿》和《别尔金小说集》，当然更少不了他的巅峰之作、俄国批判现实主义文学的奠基之作——诗体小说《叶甫盖尼·奥涅金》。

纵观普希金的一生，他总是在双重人格的控制下为我们表演一出又一出惊世骇俗的人生戏剧。有时他是严肃的、热衷于革命的正义诗人，有时他又成了贪恋女色、痴狂于决斗的纨绔子弟。而至于后者，在当时的俄国甚至比他的文名更加家喻户晓。还在为贵族子弟开设的皇村中学求学时，普希金的诗作就已博得广泛的赞誉，并受到了当时沙皇亚历山大一世的关注，普希金由此得到了可以接近宫廷女官的机会，而正是这样一个机会，让普希金沾惹上一个女官的侍女，逐渐两人关系愈发密切，以至于有一次酒醉后的普希金闯进女官的房间，抱住背坐的女子胡乱亲吻，结果回过头的女子不是侍女，而是女官本人。这件事的后果是沙皇震怒，不久以后普希金就被放逐到南俄。当然这只是沙皇冠冕堂皇的借口，而真正的原因是普希金的政治诗在贵族青年中传播很广，已对反抗沙俄的革命运动带来了一定的影响，正如亚历山大一世愤愤所言："他弄得俄罗斯到处都是煽动性的诗，应该把他流放到西伯利亚。"

在 1825 年十二月党人起义失败后，刚即位的尼古拉一世为收买人心而将已是著名诗人的普希金召回莫斯科。沙皇问普希金，如果起义时他在彼得堡，他会做什么，诗人明确回答，他会在起义者的行列里。普希金的名作《上尉的女儿》正是取材于 18 世纪的普加乔夫大起义。小说把普加乔夫塑造成一个正义的农民起义者的形象，而不是当时贵族社会所污蔑的杀人放火的强盗，普加乔夫英勇机智、坚定乐观，受到人民的拥戴。这也表现了普希金进步的政治立场，以及他对英雄人物的向往。

普希金纪念碑 1880 年 奥别库申

受俄国传统文化熏陶的普希金同样热衷于决斗。他在一生中经历了多次的决斗，这在一般被认为是比较文弱的作家中堪称异数。在他的《叶甫盖尼·奥涅金》中就有这样的情节，这部诗体小说描写了彼得堡一个贵族青年叶甫盖尼·奥涅金感到贵族社会的空虚无聊，为继承叔父的遗产来到乡村。他与当地一个女地主的女儿达吉亚娜结识并热烈交往，达吉亚娜对他表达了诚挚的爱情，原本就抱着玩玩心理的奥涅金冷酷地拒绝了达吉亚娜。出于邪恶的不负责任的恶作剧，奥涅金又玩弄了达吉亚娜的妹妹奥丽加，导致他与奥丽加的未婚夫连斯基决斗，并杀死了连斯基。惨剧发生后奥涅金回到彼得堡，过了许久，奥涅金偶遇达吉亚娜，她已嫁给一个年老的将军，成了彼得堡社交界的贵妇。他对达吉亚娜的感情再度炽热起来，开始不断地追求，但为难的达吉亚娜当面回绝了他，她虽然爱他，但已不能属于他。奥涅金成为俄国 19 世纪初贵族青年彷徨苦闷和自私自利品性的代表，可以说，他的身上也存在着诗人自身的影子。然而，普希金却并没有奥涅金那般的幸运。

1831 年 2 月 18 日，普希金与莫斯科一位 19 岁的少女娜·尼·冈察洛娃结婚，但家庭生活并不愉快。有一种说法是因为普希金的写作与思想在革命阵营中有很强的鼓舞力，这渐渐导致了贵族阶层对他的恐惧与憎恨，他们利用普希金的弱点设下阴谋并企图害死他。在此之前，彼得堡的上流社会流传着一些流言蜚语，说有一个年轻英俊的近卫军骑兵团军官丹特士正拼命追求普希金的妻子，而且两人似乎已经有了某种暧昧的关系。这时有一些不怀好意的人以劝解为名暗中加深两人之间的误会和矛盾，这直接导致了普希金与丹特士的公开冲突。在第一次决斗被劝解后不久，有人故意举办舞会使冈察洛娃与丹特士不期而遇，从而让普希金难堪，他们的矛盾再次激化。普希金写下一封措辞激烈的挑战信，要求和丹特士决斗。1837 年 2 月 8 日，两人开始了决斗，当高傲而诚实的普希金还在按着约定好的步数前行准备回头射击时，狡猾的丹特士已扣响了扳机。被偷袭的普希金奋力回击，但并没有伤及丹特士的要害。深受重创的普希金虽然剧痛难当，但在医生为他注射了一些鸦片后，弥留之际仍表现得镇定自若，甚至安静地与亲人一一作别。2 月 10 日下午，普希金的意识愈发弥散，不久就悄无声息地闭上了双眼。

诗人用这样一种戏剧化的方式完成了自己生前的最后一件作品。关于普希金的一生与创作，他在逝世前一年写的《纪念碑》一诗也许可以被视作一个合适的总结或是预言：

“我为自己建立了一座非人工的纪念碑／我的名声将传遍整个伟大的俄罗斯／它现存的一切语言／都会讲着我的名字／……在这残酷的世纪／我歌颂过自由／并且还为那些倒下去的人们／祈求过怜悯同情”

俄国革命的镜子：列夫·托尔斯泰

列夫·托尔斯泰是 19 世纪俄国最伟大的作家，出生在图拉省一个古老而有名望的贵族家庭。父母在他很小时便先后去世。青少年时代的托尔斯泰受到了严格的贵族式教育。1840 年托尔斯泰进入喀山大学东方语文系学习，在那里接受了卢梭和孟德斯鸠的启蒙思想。因不满沙皇尼古拉一世的黑暗统治，托尔斯泰于 1847 年退学回到故乡，在自己的庄园里进行农奴制改革，但最终以失败告终。1851 年托尔斯泰到高加索军队中服役，表现英勇，参加过克里米亚战争。从军期间开始小说创作，不久

正在耕地的列夫·托尔斯泰　列宾

列夫·托尔斯泰以自己行动实践着“像农民一样过自食其力的生活”的诺言。

发表自传体中篇小说《童年·少年·青年》。

1869 年托尔斯泰完成了长篇历史小说《战争与和平》，这是他创作历程中的第一个里程碑。他为写作《战争与和平》所读过的历史档案、书籍、文件和信件等足可以构成“整整的一个图书馆”，可见作家所付出的心血。在这样一部蕴涵着大量信息的巨著中，作家提出了自己的观点——人民才是推动历史前进的伟大力量。

《安娜·卡列尼娜》是他的另一部代表作品。这部小说的最初构想是写一个上流社会已婚妇女堕落失足的故事，但随着写作的深入，原来的构想被不断修改，小说的重心也发生了重大转移。安娜从最初卖弄风情、品行不端的“失足者”变成品格高雅、敢于追求真爱与幸福的女人，从而成为世界文学史中最具反抗精神的女性形象。全书由两条主要的平行线索和一条具有连接作用的次要线索组成，通过安娜追求自由爱情这一线索，小说展示了封建制的瓦解和道德的沦丧；通过列文与吉提的爱情及探索农村改革出路的线索，描绘了资本主义入侵农村后地主阶级所面临的危机；而多丽与奥勃朗斯基这一次要线索则将两大主线巧妙地连接在一起，从而完整地描绘了俄国社会的广阔图景，近 150 个人物的出场使本书成为一部百科全书式的巨著。

19 世纪 70 年代末 80 年代初，托尔斯泰完成了世界观的转变。正如他自己所说，“我弃绝了我的那个阶级的生活”，“从内心改变了我的整个的人生观”。然而列宁指出，托尔斯泰转变后的思想仍存在着矛盾：一方面对贵族资产阶级的虚伪、暴虐进行了深刻的揭露，另一方面却又宣传“道德上的自我修养”、“不以暴动抗恶”、基督教的宽恕和博爱等托尔斯泰主义说教。“托尔斯泰主义”的说法由此传开。

托尔斯泰晚年创作的长篇小说《复活》是作家在思想和艺术上的全面总结，被视为批判整个 19 世纪俄国社会最为深刻有力的作品，而对托尔斯泰主义的宣传也变得异常集中，小说由此被读者病诟为说教味太浓。《复活》不仅写出了农民的贫困，而且还指出了土地私有是造成农民贫困的根本原因，这触及到了问题的实质所在。列宁对此赞誉道，“他在自己晚期的作品里，对现代一切国家制度和社会制度作了激烈的批判，撕下了一切假的面具”，达到了“最清醒的现实主义”。

“托尔斯泰主义”的说教并不只是说给别人听的，作家本人同样身体力行。为了了解农民的疾苦，托尔斯泰长期坚持像农民一样生活，他在19世纪80年代写给妻子的信中经常介绍他的生活：“昨天我去耕地，六点钟才回来”，“从一点到七点耕地，很累”，“我希望大家都能够这样”。托尔斯泰认为自己和家人都属于不劳而获的人，因此要改变这种现状。在妻子无法接受他的要求后作家说道：“我要与你分开，我不能再这样生活下去，我不能继续拥有房产和庄园，我现在生活的每一步对我都是难以忍受的折磨。”最后他表明了自己的态度：“要么是我走，要么是我们改变生活方式，把财产分掉，像农民一样过自食其力的生活。”托尔斯泰说到做到了。

1910年10月28日，经过长期激烈的思想斗争，没有惊动任何人，82岁的托尔斯泰离家出走，十几天后不幸病逝于被迫停靠的一个很小的火车站。弥留之际，列夫·托尔斯泰用微弱的声音说出的最后一句话是：“我爱真理……非常地……爱真理。”这恰好是作家一生笔耕不辍、追求信仰的真实写照。

居里夫人和镭

玛丽·居里，即居里夫人，1867年生于波兰。她的最大功绩是发现了放射性物质钋与镭。

1883年，玛丽中学毕业。由于波兰的大学拒招女生，她不得不做家庭教师。过了5年，她去了法国巴黎，考上了巴黎大学。1893年，通过考试，取得硕士学位。1894年，与彼埃尔·居里认识，产生了爱情。1895年，两人举行婚礼。

居里夫妇致力于钋和镭等放射性物质研究。经研究发现，铀盐矿物能放射一种特殊的光线，这种光线能穿透黑纸，使照相底片感光。这种光无法论证，就被命名为 X 射线。居里夫人对此进行认真的探究，发现铀的含量多少与放射强度成正比，不受周围环境的影响。居里夫人认为，沥青矿里富有铀物质。为了发现新的放射性物质，居里也投身到她的工作中来。1897 年，这种新元素被证实。居里夫人为了纪念祖国与故土波兰，就把它命名为钋。这一年年底，居里夫人发现沥青矿还有一种放射性的物质，能在黑夜里发光。这种物质，居里夫妇命名为镭。为了在沥青矿里提取镭，居里夫人在一个矿窝棚里开始工作。他们每天要搬动蒸馏罐，搅拌加热 15 千克 ~ 20 千克的沥青矿渣，然后把沸腾的沥青倒到另一个容器里。苍天不负苦心人，1902 年，他们终于提炼出 1/10 克镭，并测定了镭的原子量。1903 年，居里夫妇和柏克勒尔一起获得了诺贝尔物理学奖，而居里夫人也成为第一位获此殊荣的女科学家。1909 年 4 月 19 日，居里在回家途中，不幸遭遇车祸身亡。居里夫人忍住悲痛，独自承担起他们共同的事业，在 1910 年提炼出了纯镭，并确定了镭的原子量为 235。同年，她出版了自己的名著《论放射性》。1911 年，居里夫人以在镭研究上的重大突破单独获得了诺贝尔化学奖。

镭的发现和应用，使居里夫人成了闻名世界的大科学家。她成了法国科学院的第一位女院士，巴黎大学的第一位女教授。在她一生中，有 7 个国家 24 次授予她奖金和奖章，她还担任了 25 个国家的 100 多个荣誉职位。但居里夫人始终保持着谦虚、高尚的品质。晚年的居里夫人一直孜孜不倦地进行科学研究，但长期暴露于放射性元素之中也使她患上了恶性白血病，1934 年 7 月 4 日，她从实验室回到家后的当天晚上与世长辞，享年 67 岁。

八、现代欧洲文明

诺贝尔与诺贝尔奖金

诺贝尔 1833 年出生在瑞典首都斯德哥尔摩。1841 ~ 1842 年，他在斯德哥尔摩的圣雅可比教会学校学习。10 岁时，诺贝尔全家迁到了俄国的圣彼得堡。那儿没有瑞典语学校，父亲为诺贝尔兄弟三人聘请了瑞典籍的家庭教师。这个家庭教师学识不凡，不但教给他们英、法、俄、德诸国的语言，还经常给他们讲授科学技术方面的知识。

1850 年，诺贝尔先后到欧美诸国广泛游历，学习机械方面的知识。两年后，诺贝尔回到父亲身边。父亲老诺贝尔是位发明家，在俄国有一座大型机械工厂，从事大规模的水雷生产。父亲希望儿子将来做个出色的机械师，但诺贝尔在父亲永不停息的创造精神的影响和引导下，逐步走上了光辉灿烂的科学发明之路。

1847 年，意大利化学家索布雷罗发明了硝化甘油。它除了可用于医疗外，还具有强烈的爆炸性，但性能极其不稳定，难于控制。诺贝尔从研究这种硝化甘油的稳定性入手，进一步发现，把它和中国发明的火药混在一起，就可以制成威力更强大的炸药。不久，他又发现用火药引爆硝化甘油的方式不理想。诺贝尔继续埋头试验，期待找到一种替代火药的引爆物。1864 年 9 月 3 日，一声巨响，他的实验室被炸得支离破碎。他的小弟埃米尔和另外 4 名助手当场被炸死。诺贝尔当时不在现场，才得以幸免。

由于危险太大，瑞典政府禁止重建这座实验室。但被认为是“科学疯子”的诺贝尔丝毫不为所动，他把实验室搬到了斯德哥尔摩郊区马拉伦湖的一艘平底船上继续工作。经过上百次的试验，他发现雷酸汞对震动非常敏感，甚至受到摩擦或轻微撞击，就能立即引起爆炸。不久，他成功研制出理想的引爆装置——雷管。雷管的发明在炸药制造中是一项重大突破，与炸药本身的发明具有同等重要的意义。1865 年，诺贝尔正式建立了第一座硝化甘油工厂，并在德国汉堡等地建立了炸药公司。

当时正处于工业革命上升时期，开山、筑路、开矿等都需要炸药，各地的订单雪花般地向诺贝尔的炸药公司飞来。但是硝化甘油很不稳定，遇到震动极易爆炸，所以发生了多起因运输炸药而起的爆炸事故。一次，满载硝化甘油的“欧罗巴”号轮船在大西洋航行时，途中遭遇大风浪，颠簸得厉害，最后引起硝化甘油爆炸，轮船被炸碎，船员无一生还。鉴于这次严重事故，各国政府严禁运输诺贝尔炸药。

诺贝尔再一次面临严峻考验，但他毫不退缩，决心解决炸药的安全运输问题。经过数不清的挫折和失败，几次险些丧命，他终于发现将硝化甘油融入惰性物质，可以在不影响其威力的情况下增强其稳定性。诺贝尔称这种炸药为达纳炸药，并于 1867 年获得专利。之后，他先后发明了胶质炸药、无烟炸药等。诺贝尔一生共获得 355 项专利，其中的 129 项和炸药有关，诺贝尔在英、美、法、俄、意、德等 20 个国家设立近 100 座工厂，积累了巨额财富。1895 年，他留下遗嘱，把 920 万美元遗产存入银行作为基金，每年将利息奖给世界上对和平、文学、物理、化学、生理或医学做出重大贡献的人。这就是闻名世界的诺贝尔奖（1968 年又增设了诺贝尔经济学奖）。

1896 年 12 月 10 日，诺贝尔在意大利的圣雷莫因突发脑溢血逝世，享年 63 岁。

爱因斯坦和相对论

艾伯特·爱因斯坦是德国物理学家。他出生于 1879 年，在瑞士伯尔尼专利局从事专利工作。

他于 1905 年在德国的《物理年报》发表了三篇论文。其中第一篇论文是对布朗运动即液体中悬浮粒子的运动的理解，认为这种运动是粒子分子与液体的碰撞所产生的。第二篇是对光电效应现象的阐述。他认为“光子”是光的形式，这一学说使量子物理学得以建立。爱因斯坦的第三篇论文是关于相对论的。在 19 世纪之前，人们一直认为“以太”充斥于空气中，但爱因斯坦则重新对宇宙进行建构。他认为物体应该是四维的，如上下（长），左右（宽），前后（厚），当然也包含着时间的延伸。“时空连续统一体”这一概念也随之形成了。爱因斯坦认为，空间的运动是相对的，而不是绝对的。物体的体积与质量的比率在高速运动时与静止时，各不相同。宇宙是有界限的，它以球体形式存在着，无论是星系还是恒星和行星，都取决于向自身折返的弯曲空间。

爱因斯坦也证明，物体运动速度接近光速时，时间会变慢，长度会缩小，质量会增加，但物体无论如何也不能以光速运动。假如以光速运动，物体的长度变成零，时间也停止了。就在 1905 年，爱因斯坦创导了能量守恒定律，即 $E = mc^2$，E 指的是能量，m 为质量，c 代表光速。

就这样，爱因斯坦在不到一年的时间里在物理学的三个不同领域中取得了重大突破，这在科学发展史上是没有先例的，而他当时年仅 26 岁。此后，他先后被聘为苏黎世工业大学副教授、布拉格大学和瑞士联邦高等专科学校的教授。1911 年，他在布鲁塞尔的一次科学大会上与居里夫人相识，得到了居里夫人的极高评价。1913 年，爱因斯坦回到故乡德国，被选为普鲁士科学院院长和柏林大学教授，并担任了恺撒·威廉物理研究所所长。

1915 年，在狭义相对论发表十年后，爱因斯坦终于发表了广义相对论。1916 年，他完成了总结性的论著《广义相对论原理》，这本著作把哲学的深奥、物理学的直观和数学的技艺令人惊叹地结合在一起，被称为是 20 世纪理论物理学的巅峰。1916 年，爱因斯坦又总结了量子论的发展，奠定了现代激光技术的理论基础。今天，相对论和量子论一起成了现代物理学中最主要的理论基础，是宇宙航行和天文学的主要理论依据。20 世纪 20 年代后，爱因斯坦集中力量探索统一场理论，并在 1929 年发表了研究论文《统一场论》。1932 年，中子被一位叫作詹姆斯·查德威克的英国人发现，$E = mc^2$ 这个定律从而得到证明。用中子轰击原子，从而又释放出中子，这样出现连续反应，原子核也就释放出能量。1939 年，德国科学家用中子轰击铀原子，使之裂变成功。从此原子弹被发明，应用于战争中。希特勒上台后，纳粹政权疯狂迫害犹太人，爱因斯坦宣布放弃德国国籍，于 1933 年 11 月移居美国新泽西州的普林斯顿，在那里继续开展科学研究，于 1940 年加入美国国籍。

1945 年 8 月，美国人为了报复日本偷袭珍珠港，在日本广岛和长崎投下两颗原子弹，导致 4 万人丧命。由 $E = mc^2$ 理论发展产生的原子弹，给人类造成如此大的伤害，是爱因斯坦根本没有想到的。这不是他的初衷。但有效地控制原子能，则对能源的利用产生一种革命性的后果。以原子能发电已经是常事，而核危机则是全人类的忧虑。

表现主义

表现主义是产生于 19 世纪末、盛行于 20 世纪前 30 年、涉及文艺各个领域的思潮和派别。它最初是一个美术流派，后来扩展到文学和其他艺术领域。它的主要活动基地在德国。但作为泛表现主义思潮，在欧洲各国均有所反映。

德国表现主义是个复杂的艺术流派，它的成员包括不同政治倾向和思想倾向的青年知识分子。他们对资本主义的都市文明不满，对机械文明压制人性和个性反感，并从东方和非洲艺术中吸收营养。表现主义的艺术家们反对机械地摹仿客观现实，而主张表现“精神的美”和“传达内在的信息”，强调艺术语言的表现力和形式的重要性。其中有些人在社会的不平等和人类灾难面前有一种强烈的改变现实的紧迫感。他们用画笔刻画社会生活的黑暗面，描绘在生命线上挣扎的、渺小的人，也时常在作品中流露出悲观和伤感的情调。

①表现主义文学成就

表现主义文学盛行于西方，在德国和奥地利声势最大。

表现主义作家的作品充满了狂热的激情，惯用极度的夸张和变形来表现主观的意念。另外就是高度的抽象化，他们的作品一般不描写特殊或具体的事件和人物，而用一种普遍的象征手段，来揭示全人类的命运。

表现主义文学先驱、瑞典杰出的文学家斯特林堡从小就没有家庭的温暖，成年后又经历三次失败婚姻的痛苦，一生奔波颠沛，身心的创伤曾使他一度精神失常。他一生创作了 62 部戏剧和 60 部小说。著名小说有《红房子》和《黑旗》等。戏剧代表作是《到大马士革去》和《鬼魂奏鸣曲》。

《鬼魂奏鸣曲》是斯特林堡最有代表性的作品，也是表现主义最主要的戏剧之一。剧中的活人、亡魂、木乃伊等同时登场，组成了一幅荒诞不经、惊心骇目的画面，形成了一个神秘抽象的梦幻般的场景：在这个世界里充满了罪孽和痛苦，人与人之间完全处于敌对的关系之中。这是作者对丧失人性的现实社会的愤懑和深深的悲哀。

1936 年，诺贝尔文学奖被授予了美国著名戏剧大师尤金·奥尼尔，人们认为他和希腊悲剧、莎士比亚、萧伯纳一样具有世界性的地位。

奥尼尔童年曾随剧团到处奔走。上大学时因恶作剧被勒令退学，从此开始了他那充满失望和痛苦的生活，当过水手，甚至成为无业游民，混迹于落魄的江湖人群中。三次不幸的婚姻也将他推上精神崩溃的边缘，险些自杀。他一生写有 47 个剧本，其中最著名的是《琼斯皇帝》和《毛猿》。

《毛猿》主人公杨克是一艘邮船上的司炉工人，穿着粗布裤子，袒胸露臂，满身煤黑和长毛，很像远古的猿人。他头脑简单但精力充沛，充满了盲目的自信，认为自己就是推动这艘船前进的驱动力。他的命运却被钢铁公司老板的女儿米尔德里德的一句话给彻底改变了。杨克发觉自己的安身立命之地原来是虚幻的，而自己无所归依。他在醒悟中不安、愤怒，发誓要报复。他向米尔德里德所代表的上流社会“复仇”，在第五大街向太太和绅士挑衅、辱骂他们，被抓进了监狱。出狱后，他到世界产业工人联合会要求用暴力毁掉资本家的财产，却被当作奸细赶了出来。万念俱灰的杨克来到动物园，试图与猩猩为伴，但却遭到猩猩的攻击，最终死在铁笼子里。

杨克的不幸遭遇，是西方现代人的异化与失落的反映。他是工业机器的奴役者，又是现代社会中只有动物性却没有社会归宿的“毛猿”。他虽然相信自己与机器的力量，但终究是机器的奴隶。杨克成为既与自然失去联系又与机械文明格格不入的现代人的象征。

卡夫卡是表现主义文学成就最大的作家，也是现代主义文学大师之一。他的作品描述了一个到处充满现代人的困惑与危机的世界，深刻地揭示了“现代人的困惑”。整个现代主义文学都受到他的强烈影响。

卡夫卡出生于奥匈帝国的布拉格的一个犹太人家庭。父亲性情暴躁，有如暴君，以致他成年后一想到父亲就感到痛苦和恐惧。他获得法学博士学位后，一直在保险公司任职。39 岁时因病辞职，41 岁患肺结核而病逝，终身未婚。卡夫卡一直生活在孤独、苦闷和抑郁之中，生性柔弱、敏感、胆怯、内向，他的作品也充满了深切的孤独感和荒诞感。

卡夫卡在生前几乎默默无闻，去世前他交代最好的朋友马克斯·布洛德将他的全部手稿烧毁。布洛德违背了朋友的遗愿，将他未发表的作品整理出版。

卡大卡生前曾发表过的短篇小说主要有《判决》(1913 年)、《变形记》(1915 年)、《在流放地》(1919 年)、《饥饿艺术家》(1924 年)等，生前未发表的作品有 3 部未完成的长篇小说《美国》(1912 ~ 1914 年)、《审判》(1914 ~ 1918 年)和《城堡》(1922 年)，以及 34 篇短篇小说。

《变形记》是其代表作：格里高尔·萨姆沙一天早上醒来，发现自己变成了一只大甲虫。他首先担心的是要丢掉工作，他还得去赶 5 点的火车出差，他焦虑万分。这时，母亲来敲门询问，父亲不耐烦地催促，妹妹不安地来敲门安慰，公司的秘书主任也赶来询问事由。当他好不容易用牙齿扭动钥匙把门打开，秘书主任发出惊叫，母亲当场晕倒，父亲露出了恶狠狠的神色。从此，格里高尔厄运降临，他丢失了工作，遭家人厌恶。慢慢地，他有了虫性，喜欢爬行，吃霉变腐烂的食物。最后，他在孤独、寂寞、自惭形秽和饥饿中悄然死去，一家人才因终于卸掉了这个包袱而备感轻松，甚至带着保姆痛痛快快地出去旅游了一番。

格里高尔的变形，正是现代人的自我价值与个性丧失的悲剧。人们掌握不了自己的命运，既被淹没于群体之中，又处于与世界、与社会，甚至与人自己的隔绝状态，听任外在力量的摆布。格里高尔的命运折射出了现代人的触目惊心的生存境况，人与人之间的隔膜以及由这一隔膜造成的孤独与绝望，这是人与人之间相视为异类的异化状态，也是由人走向“非人”的现代人的必然归宿。

②表现主义美术成就

德国表现主义美术继承了中古以来艺术中重个性、重感情色彩、重主观表现的特点。在造型上追求强烈的对比，追求扭曲和变形的美。

1892 年，挪威画家蒙克的作品展在柏林美术家协会举办，推动了德国表现主义的兴起。

1905 年，桥社成立，主要成员有基希纳、黑克尔、米勒等。桥社的不少画家画风景和裸体，表现人和自然的原始性，歌颂性解放，反抗资产阶级虚伪的道德观。1913 年分裂。

1911 年，慕尼黑成立了青骑士社，成员除康定斯基、马尔克和明特尔外，还有马可、彭东克和作曲家勋伯格。他们参加编辑部的论讨会、撰写稿件，参加展览。第一次世界大战爆发后中止了活动，对德国以至欧洲的现代绘画起了推动作用。

瓦里西·康定斯基

1866 年出生于俄国，作为抽象艺术的创始者而广为人知。在那个时代，有许多画家就各种表现形式的抽象化进行了实验，但没有哪一位画家能像康定斯基那样，以众多的著作、随笔，特别是以《艺术的精神》来阐述其理论，探求抽象的形式。康定斯基也是一位卓越的音乐家，他说听到了音乐便看到了色彩。他写道：“色彩就是键盘，眼睛就是和弦，灵魂便是拥有众多琴弦的钢琴；所谓艺术家就是它的演奏者，触碰着琴键，令灵魂在冥冥之中产生震动。”

康定斯基 1896 年从俄国移居德国。1911 年，他和马尔克组织“青骑士编辑部”。十月革命后一段时间，康氏曾任莫斯科人民教育委员，1921 年到德国魏玛包豪斯任教。他的抽象主义理论著作有《论艺术的精神》(1910年)、《论具体艺术》(1926年)。他强调绘画的自律性；强调色彩和形的独立表现价值；主张画家用心灵体验和创造，通过非具象的形式传达世界内在的声音；他试图把勋伯格抛弃了调性原则的音乐转译为绘画。他开辟了西方抽象艺术的先河。

新客观社出现于1923年。提倡用写实的手段揭示客观现实，对失去人性的现实，对市民的庸俗作猛烈的抨击。他们不要求极端地分解和歪曲客体，而是注意细节的真实性；他们让抽象的语言服从于真实地揭示客观现实的要求。代表人物是格罗斯、迪克斯和贝克曼。格罗斯是一位杰出的漫画家，它的作品含有尖锐的政治性和社会性，讽刺艺术语言简洁而犀利。鲁迅评价他的作品是“漫画而又漫画”。

19世纪末20世纪初，北欧许多艺术家都曾受到青年风格的影响。除挪威画家蒙克外，性格忧郁、不为世人所理解的比利时画家恩索尔创造了别具一格的荒诞艺术语言，尔后受到超现实主义艺术家们的推崇。奥地利代表人物克利姆特把写实的古典艺术的造型和构图与工艺美术的装饰性色彩和线条结合起来，在绘画领域内创造了一种含有怪诞和幻想意味的风格。

野兽主义画派

野兽派是1905 ~ 1914年现代派美术史上“前卫运动”时期中最初的一个美术流派。

1905年，在巴黎多丹那画廊的秋季沙龙上，展出了马蒂斯等一批青年画家的油画作品，这些作品画风与众不同，笔触、色彩比较狂野，艺术批评家路易斯·伏塞勒看到一尊多纳太罗式的小雕像，便惊呼：“多纳太罗被野兽包围了。”这就是野兽派名称的由来。

“野兽”一词特指色彩鲜明、随意涂抹。那群画家广泛利用粗犷的题材、强烈的设色，来颂扬气质上的激烈表情，依靠结构上的原则，不顾体积、对象和明暗，用单色代替了透视。野兽派画家最终实现了色彩的解放，高更、凡·高、修拉、纳比派和新印象主义，都曾以不同的方法对此进行过探索。野兽派崇拜伯格森的直觉主义，并受弗洛伊德的心理分析学说的影响，宣称人的特点是生活的意志、人的本能与潜意识之间的斗争，而潜意识将战胜理智。野兽派强调色彩对比，认为色彩是绘画的基本成分。野兽派宣称，绘画首先应该是纯粹的美的经验的表现，其目的在于线条、形态和色彩的欣赏，别无他求。马蒂斯说，艺术的最高目的是给人提供愉快，给人以安宁。野兽派学习非洲雕刻、东方绘画和工艺品的表现方法，多用大块和粗犷的线条和夸张的笔法，追求单纯化的装饰效果。

野兽派的画家们虽然在艺术观点上有其一致性，但他们更加强调的是艺术风格的独创性。他们并未发表共同宣言，只是在一起举办过几次展览会。野兽派卓有成效的艺术活动大概仅仅保持了 3 年时间，由于他们个人风格的逐渐变异，而慢慢偏离野兽派的风范，而探索着各自的道路。只有创始人马蒂斯仍然坚持在既定的道路上奋进着，直到生命的终结。

①野兽派主将马蒂斯

亨利·马蒂斯是野兽派的领袖。他出生在法国北部一个富裕的粮商之家。1887 年，他在巴黎学习法律，然后做了一个律师事务所的职员。1892 年，他放弃了法律的前程，开始学习绘画，并进入朱利安学院，从师于学院院士布格罗。第二年，进了巴黎美术学院，从师于著名象征主义画家莫罗。莫罗鼓励学生实验和探索，他的许多学生后来都成了野兽派的主要画家。莫罗对色彩的装饰美有独到的造诣，马蒂斯在色彩上的创造性不容怀疑有其影响。

对马蒂斯的早期艺术影响很大的另一位画家是塞尚。马蒂斯曾经说过：“当我还在探索自己的道路之际，有时为自己的发现而感到胆怯，在这疑虑的瞬间，我就想：‘如果塞尚是对的，那么我也是对的’；因为我知道，塞尚从来没有犯过错误。”塞尚所给予马蒂斯的更多的是摆脱传统艺术羁绊的勇气和信心。

研究非洲土著雕刻和近东阿拉伯的艺术对他的新画风产生了影响。他常常喜欢用红色、橙色、黄色等暖色作为画面的主调，并利用奔放的笔触表现出色彩的响亮和力量。1905 年，当他和一群年轻画家展出创造性的作品时，遭到不少人的非议，但受到美国收藏家史丁和俄国收藏家舒金、莫罗佐夫的支持，他们购买了马蒂斯的作品。

此时，他开始用对比强烈的纯色作画，效果鲜明，有着装饰趣味。《科柳尔，开着窗》、《生活的快乐》和《淋浴者与海龟》等是此期的艺术精品。《科柳尔，开着窗》是用纯色塑造结构的引人入胜的野兽派代表作品，表现室内明暗的洋红色和蓝绿色与阳台上的朱红和绿色，对比强烈而又和谐，马蒂斯一直偏爱这种主题，它不过是墙面上的一小部分，窗户占据了一大片地方，窗扉对着世界大大敞开——阳台上摆着花盆，还长着藤蔓，然后就是大海、天空和船只。这里的内墙和窗扉，是由一条宽宽的竖条构成，用了鲜明的绿色、蓝色、紫色和橙色；户外世界，则是一片鲜艳的小笔触构成的装饰华丽的图案。

马蒂斯不断地进行田园牧歌式的人物构图探索。他在 1905 年的《田园曲》中，重新使用了印象主义者的突变的色彩图案。接着，他创作了著名的《生活的快乐》，这是马蒂斯最好的人物风景画之一。这幅作品以大片的纯色和平涂配以富于美感而有节奏的轮廓线，效果鲜明。整幅作品组合巧妙，人物和树木的线条蜿蜒起伏，尽管在透视上故意缩小了，但它们仍然作为一种图案存在于画面之中。这是一首地道的田园诗，一切沉浸在一种世俗的倦怠情调和田园牧歌式的快乐之中。这幅作品像毕加索在其后的一年里创作的《亚威农少女》一样，也是现代绘画抽象笔法的始祖，其影响甚至超过了毕加索的那幅伟大的作品，因为后者一直到 1938 年才得以公开展出，而《生活的快乐》却立刻被格特鲁德和斯坦因买去，他们的收藏使这幅画作多年来广为人知。

1906年以后，马蒂斯开始创造出一种较为宁静、庄重的画风。这是一种对野兽主义艺术的更为完美的表现。1908 ~ 1909年期间创作的《红色中的和谐》是体现这种风格变化的代表作品。马蒂斯的画风比较稳定，即使有些变化，也不那么奇突。他在1910年以后创作的《红色的画室》、《粉红色的画室》是前一段画风的继续。

马蒂斯

法国著名艺术家，是野兽派绘画领域内的主将，马蒂斯对绘画有着非常独到的见解和理解，他的画风对欧洲的雕刻艺术产生了很大影响。

马蒂斯爱画人物，《画家与模特儿》、《印度姿势》、《蓝衣妇女》、《戴面纱的妇女》、《舞蹈》等，都是相当出色的人物画作品。这些人物绘画进行了夸张和变形。有一次，一位有身份的妇女看了马蒂斯画的变了形的女像之后，质问："难道我们女人就是像您画的这个样子吗？"马蒂斯回答说："太太，那不是一个女人，那是一张画！"在马蒂斯看来，人与风景或静物没有什么不同之处，仅仅是提供他安排色彩和线条的材料。他有一段著名的话："我所梦想的是平衡、纯洁、宁静，不含有使人不安或令人沮丧的题材的艺术，这种艺术无论对任何人，他是作家也好，办事员也好，都从中得到抚慰。它像安乐椅那样，人们可以坐在它上面休息，可以恢复体力的疲劳。"

20世纪30年代之后，马蒂斯画风的"野"气有所收敛，但并未有彻底的变化。除作油画、壁画外，他还是一位出色的雕塑家、书籍插图家。

晚年患眼疾，创作了不少剪纸，有的剪纸尺幅很大，用来装饰墙面，犹如壁画。他对绘画形式的探索更加执着，更加注重画面的装饰感和单纯化。1935 年，他为创作《粉红色的女人体》，先后拍了 20 多张不同姿态的照片，然后再把这些照片别在纸上进行摆布，并用各种各样的剪纸的方法反复推敲，直到取得完美的效果为止。到 1938 年，马蒂斯开始将剪纸不仅仅当作一种工作方法，而且将其本身视为一种目的，开始创作剪纸艺术作品。

尼古拉斯·瓦特金曾评价马蒂斯的艺术特点："一是表现了艺术家充分的个性；二是饱含了艺术家毕生的辛勤劳动；三是他的作品能使观者心中产生宁静的感觉，从而获得美的感受。"

②其他重要画家

野兽派的重要画家还有马尔凯、凡东根、德朗、鲁奥、杜飞、弗拉芒克等。

马尔凯和马蒂斯比较接近，他在风景画方面有独到的语言，重视物象的质感、色彩的韵律和装饰趣味。凡东根是一位才华横溢的素描大师，也是一位色彩大师，他使野兽派的色彩适用于上流社会的肖像，和对于酒吧社会的讽刺性描写。德朗重视形体的描写，接近立体派绘画。鲁奥的作品中有一种原始、简朴和天真的感觉，和其他野兽派画家相比，他更注重内在情感在绘画上的表现。杜飞常用变形的手法描写复杂的现象，注意装饰性，代表作品有《挂着旗子的街道，勒阿弗尔》。

弗拉芒克则直接把大红大绿的强烈生色从颜料瓶中挤到画布上，笔触强劲有力，色调对比强烈，线条激奋不安，颇有些"野兽"的味道。这个人情绪惶惑，思想苦闷，身强力壮，精力过剩。21 岁时，他获得过自行车比赛的冠军，又是划船运动的能手。从事绘画以后，他说过："如果我不是有点绘画天才，我可能是个笨蛋，也许会因为放炸弹而被判刑。我努力把这种冲动升华为艺术，在绘画中表现出来。这样，我才能用我那种与生俱来的破坏本能，去创造一个属于我自己的感性的世界。"

野兽派的产生，对表现主义艺术产生了最迅速和最持久的影响。野兽派艺术的出现是一场绘画艺术的革命，延续了数千年的传统美术因素几乎被彻底断绝了，它开启了 20 世纪现代美术思潮。

立体主义画派

立体主义美术流派始于 20 世纪最伟大的画家巴勃罗・毕加索在 26 岁那年（1907 年）创作出的不朽杰作《亚威侬少女》(现藏美国纽约现代艺术馆)。之后，毕加索和另一名立体主义先驱人物乔治・布拉克团结了一批艺术主张相同或相近的画家和雕塑家：阿尔贝・格莱兹、让・梅特赞热、胡安・格里斯、费尔南・莱热、路易・马尔库西斯、安德烈・洛特等。

“立体主义”这一名称出自批评家路易・沃克塞尔。1908 年 11 月 14 日，路易・沃克塞尔在《吉尔・布拉斯》上就自己参观了乔治・布拉克在布恩威勒画廊的一次画展之后的感想发表了一篇文章，文章说：“乔治・布拉克先生瞧不起形状的多样性，将一切都化为……立体。”由此引申，就有了“立体主义”的说法。

立体主义主要活跃于 1907 年至第一次世界大战期间。立体主义吸收了伊比利亚半岛、大洋洲和非洲的原始雕塑艺术的美学因素，着重表现人们对事物了解的程度，而不是从一个固定的视觉所见到的情景。立体主义画家推崇保罗・塞尚的绘画，他们建立起了一种形象与画作的平面空间相符合的艺术语言。

立体主义绘画经历了三个发展阶段：第一是 1907 ～ 1912 年的塞尚式的立体主义阶段；第二是 1909 ～ 1912 年的分析性立体主义或称“深奥的立体主义”，这一阶段的绘画强调增加视角，从几何上分解画面背景和作品主题，最后所得画面往往让见惯传统绘画作品的人们觉得“面目全非”；第三是 1912 ～ 1914 年的综合立体主义阶段，这个时期已经开始引入了粘贴艺术的表现因素。

立体主义主要追求一种几何形体的美，追求形式的排列组合所产生的美感。它否定了从一个视点观察事物和表现事物的传统方法，把三度空间的画面归结成平面的、两度空间的画面，明暗、光线、空气、氛围表现的趣味让位于由直线、曲线所构成的轮廓、块面堆积与交错的趣味和情调。不从一个视点看事物，把不同视点所观察和理解的形诸画面，从而表现出时间的持续性。这样做，显然不是依靠视觉经验和感性认识，而主要依靠理性观念和思维。立体主义的活跃期是 1907 ~ 1914 年。但立体主义被人们看作是现代艺术的分水岭。它的出现是因为艺术受到了现代哲学、科学和机械工程学的刺激，也受到塞尚晚期绘画中抽象视觉分析的影响，还受到非洲面具造型的启发。

立体主义绘画的主要特征是：画家抛开画笔和常用的油画颜料，而将装饰性的材料、修补材料和一些废料组合起来，比如画纸、纸牌、报纸、乐谱、木头、锯条、毛线等。画家的创作灵感往往来自咖啡馆中的桌子、瓶子、玻璃杯、报纸、烟斗以及音乐器材吉他、单簧管、小提琴等。他们对题材和背景的几何性缩减造成一种急促的节奏感，画面上，几何小块彼此嵌入，表现出平面在空间中的非延续性。画面上的形状不再接受照明，但散发出不同程度的自足的光线，色彩被大大简化。在分析立体主义阶段，灰色和褐色成了主色调。在综合立体主义阶段，画家喜欢将从商店里买来的画纸直接粘贴在材料表面上，一些印刷图案直接构成了作品的一部分。

①立体主义主将毕加索

巴勃罗·毕加索 1881 年出生在西班牙，长期在法国进行艺术创造活动。青年时期受过学院的写实训练，受到各种思潮如象征主义、批判现实主义、印象主义、自然主义和唯美主义的影响。他还在巴塞罗那广泛接触社会下层，在一群失意潦倒而又极富于思考的人们中，得到生活和艺术的启迪。1900 年他第一次来到巴黎，受到革新艺术浪潮的感染。在他内心世界处于苦闷和忧郁的时期，曾先后用蓝色和粉红色色调描绘贫困的残疾

亚威侬少女 毕加索

这是一幅具有划时代意义的作品，它是立体主义的起点，它是一个事件，一个出发点。这幅作品不仅是毕加索一生的转折点，也是艺术史上的巨大突破，是现代艺术发展的里程碑。

人、病患者、老人、孤独者、演员、江湖艺人、丑角等，被称为“蓝色时期”（1900 ~ 1903 年）和“粉红色时期”（1903 ~ 1905 年）。1904 年，毕加索在巴黎定居和巴黎新艺术思潮保持着密切的联系。1907 年，他在非洲黑人雕刻和古代伊比利亚人艺术的启发下，尝试把塞尚已经开始的对几何形结构美的追求推向极致，创作了颇有争议的、被认为是立体主义开端的《亚威侬少女》。《弹曼陀铃的少女》（1910 年）、《卡恩弗勒像》（1910 年）被认为是他分析立体主义的代表作。1915 年，毕加索的画风转向新古典主义，在严谨的造型中，用夸张的手法表达宏伟磅礴的气氛。毕加索 20 世纪 20 年代受超现实主义思潮影响的作品有《三个舞蹈的人》（1925 年）等。

在西班牙内战和纳粹占领法国期间，毕加索坚定地站在民主和进步势力一边，积极参与反法西斯的斗争。他创作连续性的版画《佛朗哥的梦幻与宣言》，表示对独裁政权的痛恨与谴责。他以德国法西斯空军轰炸西班牙北部重镇格尔尼卡的事件为题材绘制了大型壁画《格尔尼卡》，抗议反动势力洗劫无辜平民的罪行，表现战争带给人类的灾难。这幅用半写实的象征性手法和单纯的黑、白、灰三色组成的画面，给人以深沉的艺术震撼力。20 世纪 50 年代初，毕加索积极参加了保卫世界和平的运动。他为在巴黎召开的保卫世界和平大会创作版画，以鸽子为题材，被人们称为“和平鸽”。他还以朝鲜战争为题材创作了《朝鲜的屠杀》、《战争与和平》等作品。50 年代，他根据普桑、大卫、德拉克洛瓦等人作品的构图，重新加以发挥进行创作，并在版画、书籍插图和陶艺方面，有出色的创造。毕加索还是一位有独创精神的雕塑家。

②其他重要画家

乔治·布拉克在 1905 ～ 1906 年曾经醉心野兽主义；1907 年末他脱离野兽主义成为立体主义运动中与毕加索共执牛耳的人物。不同于毕加索的是，布拉克此后一生忠于立体主义体系，画风稳定。立体主义运动衰退后，他参加了“黄金分割社”的展览。他的立体主义代表作为《莱斯塔克的路》(1908 年，现藏法国巴黎国立现代艺术博物馆)、《埃斯塔克之屋》(1908 年)、《葡萄牙人》(1911 年)、《吉他》(1913 年) 等。不同于其他立体主义画家的是他采用拓印文字、人造木材、贴纸来强调画面的现实感，但始终保持着画面的平面效果。布拉克还是一位雕塑家、插图家和舞台设计家。1952 ～ 1953 年为罗浮宫伊特洛里亚厅设计的天顶画，有浓郁的现代感。毕加索把布拉克和文学家乔伊斯并列，称他们是当代“两个最费人琢磨却又人人都能了解的人”。

深谙立体主义精神的格里斯涉足这一运动较晚，在 1911 年左右才从事立体主义创作。不同的是，格里斯不是着眼将物体解析成为几何或立体形式的单元，而是从物体的元素着手，将它们重新组合成凝练的具韵律感的画面结构。他的作品保持着清晰的实体特点。他在立体主义作品中更广泛地采用拼贴法，也注意色彩的丰富和明亮。他还有文字著作，对立体主义理论做出解释。

莱热是在立体主义运动中有独创精神的画家。1909 年之后与立体主义画家往来密切。1911 ～ 1912 年加入“黄金分割社”。他还与荷兰的抽象画派“风格派”以及“纯粹主义”保持密切联系。他尝试把立体主义和写实手法相结合，表现机械的美和力。他的创作已超越立体主义范围。代表作有《休闲者、向大卫致敬》(1948 ～ 1949 年)、《建筑工人》(1950

年）等。

参与立体主义社团活动的还有洛朗森、阿波利奈尔、萨尔蒙、雷纳尔、格里斯、格列兹、梅金琪等。立体主义思潮促使西方绘画艺术产生了革命性的变革，彻底摒弃了从文艺复兴时期开始西方绘画艺术建立起来的视觉和幻觉体系，影响了 20 世纪绘画的发展，还有力地推动了建筑和设计艺术的革新。

达达主义与超现实主义绘画

1915 ~ 1916 年，一群有反抗情绪的青年从各国移居瑞士苏黎世，常在伏尔泰酒馆聚会，参加者除查拉外，还有作家许尔森贝克、画家和雕塑家杨科、阿尔普、里希特等。这群厌倦战争、怀疑现存社会价值的青年人，在反抗和嘲讽社会的同时，看不到社会的前途，染有浓厚的虚无主义情绪。他们提倡否定一切，否定理性和传统文明，提倡无目的、无理想的生活和文艺。他们在法德字典中偶然翻到"达达"（儿语，玩具小木马的意思）一词，便决定用它来作为社团的名称。他们还常作恶作剧式表演，在群众性的场合相互戏弄和嘲弄观众；把各种嘈杂的声音作为音乐；把相互不连贯的词语偶然地拼凑在一起作为诗。在美术领域，他们提倡自动性和偶然性。

"达达"一词的来源还有两种解释。一，巴黎的布勒东、阿拉贡、阿波里奈尔、艾吕雅等青年诗人和艺术家中，有人提议成立一个小组，以进一步推动他们的活动。于是，他们当即用裁纸刀挑开一本《小拉罗斯字典》，刀挑的那一页的页首字样为"达达"（dada），于是他们一致同意用"dada"来称谓他们的团体。二，早期"达达"成员巴尔和胡森贝克想从德法词典中找出一个适当的词作为他们的团体的"歌唱家"罗瓦夫人的名字，偶然一翻，翻到"达达"二字，他们把这个词作为他们一切活动的名称。

达达主义者用它作为文艺活动的旗号，并无任何意义。达达主义以玩世不恭的态度对抗社会现实和现存的价值观，与其说它是文艺流派，毋宁说它是一种社会思潮。

产生达达主义的社会原因是当时存在于西欧各国的尖锐的社会矛盾，包括第一次世界大战给人们带来的痛苦。达达主义的倡导人查拉在宣言中为达达主义下定义说：“这是忍耐不住的痛苦的嗥叫，这是各种束缚、矛盾、荒诞的东西和不合逻辑的事物的交织，这就是生命。”

①达达主义的发展和代表人物

“达达”运动最初是从绘画领域里开始的，1913 年，法国画家杜尚以实物创作了第一幅新作：一个自行车轮被倒置在一张凳子上。后来，人们称他为达达运动的先驱。1915 年，查拉在瑞士苏黎世组织了一个文学团体。其成员有法国的汉斯·阿尔普、德国导演雨果·巴尔、汉斯·里赫特尔和许尔森贝克等。1916 年，巴尔创办“伏尔泰夜店”，并以庆祝夜店创办为名举行庆祝会，举办画展，朗诵他们自己创作的诗歌，演唱流行歌曲。同年 6 月，《伏尔泰夜店》杂志出版，阿波里奈尔、马里内蒂、毕加索等人的稿件以及和其他不少诗人和画家的作品都在杂志上发表。随后又出版了《达达画廊》、《达达》杂志。后来，《伏尔泰夜店》易名为《达达文集》。

在攻克巴士底狱 127 周年之际，“达达”派举行晚会，查拉乘机发表了达达宣言。他说：“达达是我们的剧烈程度，……达达是无牵连无可比拟的生活，它赞成统一并且明确地反映未来，我们很明智，知道我们的大脑将会变成软垫，我们的反教条的精神和官僚一样专横，我们不自由却呼叫自由，严格要求放弃学说和道德，让我们一道唾弃人类吧。我们在集市上闹嚷，在修道院、妓院、剧场、饭馆之间大喝倒彩：哗哩哗啦，乒乒乓乓。”

1917 年，苏黎世“达达”小组的创始人之一许尔森贝克把达达运动带到柏林。这些青年艺术家的主要表现方法是把零碎照片拼贴在一起，并附以解说词。1919 年，巴黎的年轻诗人布勒东、阿拉贡等创办《文学》杂志。其实，杂志的名称是反语，指与一般文学相反的文学。同年年底，查拉也从苏黎世来到巴黎，《文学》杂志便马上成了“达达”运动的喉舌。与此同时，在德国的柏林和美国的纽约也兴起了“达达”运动。巴黎很快成为世界达达运动的中心。1920 年 1 月 23 日，《文学》杂志举办首次巴黎达达演出晚会。2 月份，他们又组织 30 余人在“独立沙龙”举办报告会。每个人发表宣言，每篇宣言都有 10 余人齐声宣读。阿拉贡的宣言说：“不要画家，不要文学家，不要音乐家，不要雕塑家，不要宗教，……不要帝国主义，不要无政府主义不要军队，不要警察，不要祖国，够了，这一切蠢事，什么都不要，什么都没有，没有、没有、没有。”据说，报告之前，会议组织者还放风说卓别林会到会表演，骗来大批观众。于是，他们引起了公愤，群众纷纷向他们投掷硬币和鸡蛋，表示抗议。

后来，在达达运动内部引起了争论。特别是查拉和布勒东这两位达达领袖之间的矛盾愈来愈尖锐。查拉是一位性情倔强而固执的人，他宣扬虚无主义，坚决主张取缔一切传统文化，取消一切社会秩序，取缔一切新教条。而布勒东虽然也反对传统文化，但他认为波德莱尔等人的现代派诗歌的成就应该获得肯定，并主张继承和发展下去。此外，在行动上也有分歧。布勒东认为光大喊大叫而不采取具体行动，是打不倒传统文化的。于是，他们试图通过对传统文学的代表作家巴莱斯进行公审的形式来象征性地批判整个传统文艺。审判于 1921 年 6 月 13 日在科学会堂举行。布勒东等人乔装法官、陪审员、律师等资产阶级法庭中的人物，抬着巴莱斯的模型来到“审判庭”。经过数小时的审判后，他们判巴莱斯犯有“危害精神安全罪”。一般人认为，这无非是一场闹剧，而达达主义者却认为这是他们行动的高峰。同年，早已厌恶“达达”运动的巴黎大学生抬着象征“达达”的纸人，把它扔进塞纳河“淹死”，达达运动进入尾声。1922 年，布勒东还想在“达达”运动方面做出新的成就，提议召开一次国际性的达达代表会议，由于查拉反对而未开成。到此，“达达”

内部的分裂已成定局。1923 年 7 月，布勒东等人趁查拉的《生瓦斯的心脏》上演之际前去捣乱，双方发生了斗殴。他们终于分道扬镳了。

后来，达达运动的主要人物布勒东、阿拉贡、苏波、艾吕雅、皮卡比亚飞杜尚、德思诺斯等 7 名被当时法国文学界公认的“捣乱分子”转而倡导超现实主义去了。查拉后来也加入到了超现实主义行列。

第二次世界大战后，西方一些艺术家重新探讨达达主义的价值，把达达原来作为破坏和挑战的手段，看作审美对象，利用大众文化传播媒介，生活用品和工业废品组成美术品，掀起称为“新现实主义”或“新达达主义”浪潮。

达达主义中最值得研究的人物是法国艺术家杜桑。杜桑早期迷恋立体主义和未来主义。不久，他改用手指涂画，并采用生活中常见的现成物品如梳子、铲子、线球和自行车轮加以组合（包括偶然性组合），改变其位置和环境，使人产生出其不意的惊愕感。他的作品《巧克力研磨机 1 号》是对工业社会和机械文明的嘲讽。杜桑最典型的达达主义作品是大玻璃画《新娘的衣服被单身汉们剥得精光》（1915 ～ 1923 年）、《泉》（1917 年）和《带胡须的蒙娜丽莎》（1920 年）。

②达达主义的历史影响与超现实主义绘画

达达主义是 20 世纪初欧洲各国出现的现代主义思潮的批判传统道德观念和美学观念精神的最集中体现。

达达主义者主张打倒一切、否定一切，难怪有人说，他们是一群原始法西斯分子。确实，他们是一些无政府主义分子，他们的行动带有很大的破坏性。达达主义思潮反映了第一次世界大战期间和战后欧洲一代青年的空虚的精神状态。他们苦闷彷徨，但又不甘寂寞，希望在追求中获得新生。他们只意识到必须将旧的精神世界彻底破坏，新的精神世界才会产生，却不曾想到如何去建设新的精神世界。达达运动虽然风靡一时，但在文学上并没有什么突出的、能够传世的作品。

达达主义在整个西方现代派艺术里影响是深远的，后来的超现实主义、荒诞派戏剧、垮掉的一代等都多少留有它的痕迹。超现实主义绘画的代表是达利等。

达利，西班牙超现实主义画家和版画家，他的作品以探索人的潜意识著称。他与毕加索、马蒂斯一起被公认为20世纪最有代表性的三个画家。

1904年5月11日，达利在西班牙菲格拉斯出生。年轻时，他在马德里和巴塞罗那学习美术，期间受到基里柯和卡拉的形而上绘画的影响。同时，他也喜欢英国拉斐尔前派精雕细刻的现实主义和向梅索尼埃等19世纪画家。

1927年，达利参加了“伊比利亚艺术家协会”在马德里和达尔玛画廊的展览，这次画展为他赢得了声誉，他被公认为新一代最有前途的画家之一。1928年，他两度访问巴黎，会见了毕加索和米罗，并在戈基斯画廊安排了一次展览。1929年，他开始运用超现实主义手法绘画，他加入了超现实主义运动，并成为这个运动中最有成就和最负盛名的成员之一。在他的自传《神秘的一生》中，达利介绍了成名前后的情景。他童年时不断受猛烈的歇斯底里的痉挛干扰。在马德里，因煽动学生闹事，达利被马德里美术学院停学，因颠覆活动被短期监禁。1926年，达利因为越轨行为被校方开除。从他的自述中可以看出，达利一生都在有意培养怪癖，这是他创造力的源泉。有两件事情促使他的画风日臻成熟。一是他研读了弗洛伊德的关于性爱对于潜意

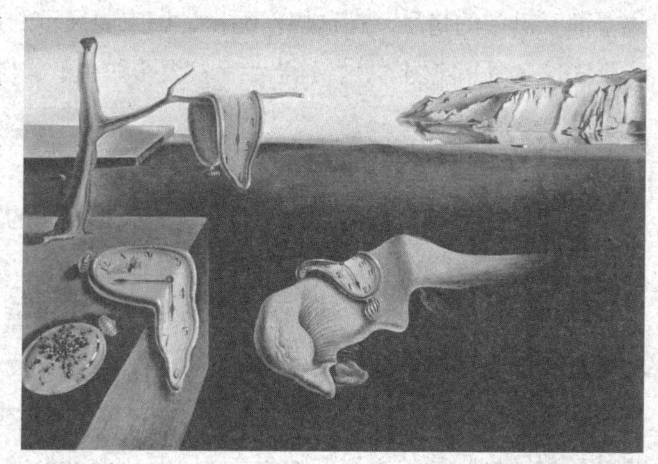

记忆的永恒　1931年　达利

识的重要作用的著作；二是他结交了一群才华横溢的巴黎超现实主义者，这群艺术家和作家努力证明人的潜意识是超乎理性之上的“更为重大的现实”。

1937 年，达利访问了意大利，在那里他观赏到了拉斐尔和意大利巴洛克画家的作品，这给了他新的启示，他的创作转向一种更加学院派的风格。因此，他被布列顿驱逐出超现实主义运动，而在 1929 年，布列顿曾热情地支持他，并为他的展览会目录写过前言。从 1940 年起，达利在美国居住了 15 年。在这 15 年里，他花大部分精力用于自我宣传。1941 年，他在纽约现代艺术博物馆举办了首次个人回顾展。1942 ~ 1944 年出版了他的自传《神秘的一生》。1955 年回到西班牙。1965 年出版了《一个天才的日记》。1950 ~ 1970 年，他的作品集中在宗教题材的绘画上，但仍探索性爱主题，描绘童年记忆，并且让妻子加拉成为这些题材的中心人物。1989 年 1 月 23 日，达利逝世。

达利的作品充满了超现实主义，总是被反复讨论，而备受争议的是他最有名的作品《内战的预感》。在这幅画中，人体经拆散后重新组合起来，内脏堆满了地面，荒诞而又恐怖，所有这一切都是以写实的手法画出来的，具体逼真。这显然不是现实的世界，而是像人做噩梦时出现的离奇而又恐怖的情景。在这幅作品里，画家要展示的是人对现实的敏感与紧张，生命是脆弱的，特别当生命被置于一个不能自主的时代。

量子力学的诞生

19 世纪中后叶，经典物理学日趋完善，但科学的进程是不会就此止步的，在继续前行的路上遇到了黑体辐射，从而引发了“紫外灾难”。

在研究热能辐射时，德国物理学家基尔霍夫提出“黑体”概念。所谓黑体，即为可以全部吸收电磁辐射能量，且毫无反射、透射，看上去全黑的理想物体，如只有一个小孔的空腔物体，可近似地视为理想黑体。黑体辐射区别于其他辐射的特点在于，其辐射能量的分布只取决于黑体自身的温度，而与其成分无关。

1884 年，奥地利人波尔兹曼对黑体辐射作了初步理论解释。1896 年，德国人维恩根据热力学定律，对其实验结果进行归纳，给出一个半经验性质的，用于描述黑体能量分布的理论公式，称为维恩公式。按照公式计算得到的数据在高频部分（即短波区）与实验结果趋于一致，而在低频部分则与之相去甚远。1900 年，英国的瑞利从统计力学和经典电磁学的结合部出发，给出一个新的辐射公式，与维恩公式相反，它在低频部分的计算结果与实验数据较为一致，在高频部分与实验值相差很远。根据瑞利公式，黑体辐射的能量将随着频率的提高接近紫外光区趋于无穷大，而实验测得值趋于零。如此一来，该公式显然是不成立的，但它又是完全符合经典物理学原理的。后来，人们就把这个困难局面称为“紫外灾难。”

紫外灾难的出现，给了普朗克施展才华的机会。马克斯·普朗克是 20 世纪初德国最著名的物理学家之一。他从小就表现出超群的数理才能，19 岁便获得物理学博士学位，1880 ~ 1890 年发表大量论文，精辟地阐述了化学平衡理论。1894 年，年仅 36 岁的普朗克成为柏林物理学界最具影响力的物理学家，同时为了克服“紫外灾难”而转入黑体辐射方面的研究。

对于瑞利公式与维恩公式都不能与实验结果完全相符合的问题，他给出了自己的辐射公式加以解决，他的公式以瑞利公式为基础。普朗克利用了数学内插法将上两个公式中的谬误改正，使之无论在高频部分还是低频部分都与实验值相符。普朗克的这一公式被称为普朗克公式。它虽然与实验结果非常吻合，但仍带有很强的经验性，理论性是不够的。为此，普朗克开始在理论上重新解释自己的公式，可惜经典物理学上通常被奉若神明的原理在此派不上用场。

既然沿着经典物理学的道路走不通，普朗克就提出一个异常大胆的假设：黑体的腔壁由无数能量不连续的带电谐振子组成，其所带电量是

马克斯·普朗克是20世纪初德国最著名的科学家。

一个最小能量单元量子的整倍数。带电谐振子通过吸收和辐射电磁波，与腔内辐射场交换能量。这些谐振子的能量不是连续变化的，而是以某一固定值的整数倍跳跃式变化。这就是著名的普朗克量子假说。他将这一假说整理成《关于正常光谱的能量分布定律的理论》一文，并于1900年12月发表。

普朗克提出量子假说也不是偶然的。从其所运用的术语和主导思想可以看出，该假说明显受到奥地利物理学家波尔茨曼的影响。波尔茨蔓曾于1877年提出把连续可变的能量分立，将其看成是无数带电谐振子的思想。普朗克的量子假说由于突破了经典物理学的成规，很难让人接受，就是普朗克本人，有时也对自己的学说产生怀疑，但无论如何，他的量子假说首次将能量不连续的思想引入物理学，在物理学的发展历史上有着里程式的意义，为后面的量子理论的创立和发展起了引导作用。

普朗克投身这一领域，缘起于“紫外灾难”。他的普朗克公式将这场灾难圆满解决，而他为解释该公式提出的量子假说又为物理学研究开辟了新领域。

法国蓬皮杜文化中心

蓬皮杜艺术和文化中心，简称蓬皮杜中心，设在法国巴黎市中心区，距罗浮宫和巴黎圣母院各约1000米，是国际著名的美术馆，法国乃至西方现代艺术中心的象征。这座著名的建筑是法国总统蓬皮杜为纪念第二次世界大战功臣戴高乐总统而修建的。1977 年该中心落成，适逢蓬皮杜总统逝世，于是德斯坦总统就将其命名为蓬皮杜艺术中心。

初到这里的人根本不会认为这里是文化艺术中心，它不像常见的博物馆，也不像一般的歌剧院、图书馆，倒像是一幢地地道道的化工厂。该中心由高科技派建筑师罗杰斯和皮阿诺共同设计。其建筑形象显得惊世骇俗：主体是 6 层的钢结构建筑，其钢柱、钢梁、桁架、拉杆、电缆、电梯，甚至上下水管等均暴露于外，并且特意涂成色彩鲜艳，对比强烈的红、蓝、绿、黄色，红色的是交通运输设备，蓝色的是空调设备，绿色的是给水、排水管道，黄色的是电气设施和管线。人们从大街上就可以望见复杂的建筑内部设备，五彩缤纷，琳琅满目。在面对广场一侧的建筑立面上悬挂着一条巨大的透明圆管，里面安装有自动扶梯，作为上下楼层的主要工具。设计者把这些布置在建筑外面，目的之一是使楼层内部空间不受阻隔。蓬皮杜艺术中心总面积大约 10 万平方米，地上、地下各 6 层，地上每层高 7 米，宽 48 米，长 168 米，整个建筑物由 28 根圆形钢管柱支承，其中除去一道防火隔墙以外，没有一根内柱，也没有其他固定墙面。使用者可以根据自己的需要任意划分空间。在地下设有一个大型的停车场，可以停放近 700 多部小汽车。现在这里设有现代艺术博物馆、公共情报知识图书馆、音乐和声学研究所、工业设计中心等，以及与它们相应的配套服务设施。

罗杰斯解释他的设计意图时说：“我们把建筑看作同城市一样的灵活的永远变动的框架……建筑物应设计得使人在室内和室外都能自由自在地活动。自由和变动的性能就是房屋的艺术表现。”罗杰斯等人的这种建筑观点代表了一部分建筑师对现代生活急速变化的特点的认识和重视。蓬皮杜中心的修建并不冲撞巴黎人的喜好，因为巴黎人最终还是喜欢上了它。它冲撞的是整个建筑业。在建筑过程中，至少有六七份诉状要求皮阿诺他们停止施工。那种钢铁结构，也被全法国的钢铁公司宣布为无法实现。1977 年大楼完工时，至少有一半的参观者最后突然发现，这个中心原来是这样建的！他们从前还以为那不过是脚手架呢。人们认为那样不能算是完工了。

巴黎的蓬皮杜中心自 1977 年对外开放以来，由于收藏品数量庞大，致使大量作品得不到向公众展示的机会。为了增加作品的展示机会，以及能够满足今后不断增加的收藏品，2003 年 1 月梅斯市与蓬皮杜中心的管理单位决定在梅斯市再建一个名为“蓬皮杜卫星城”的展览空间，计划于 2007 年竣工并举行盛大开幕展览以纪念蓬皮杜中心建成 30 周年。

第二章

亚洲文明

一、印度与东南亚各地文明

吠陀经、雅里安人、婆罗门教

“印度”这个词最早出现于唐玄奘的《大唐西域记》中，在中国古代，印度又称“天竺”。

在古代印度文明史上，自哈拉帕文明后有一个断节，直至公元前1500～公元前600年间，进入吠陀时代。“吠陀”的意思是知识，《吠陀经》即是包含当时各种知识的文字资料。《吠陀经》的编辑者叫作雅里安，意思是高贵者。《吠陀经》的代表作是《梨俱吠陀》、《沙摩吠陀》、《阿闼婆吠陀》和《耶柔吠陀》。这四种《吠陀经》中，《梨俱吠陀》产生时间最早，其他稍后。解释《吠陀经》的著作叫作《奥义书》或《梵书》。《吠陀经》也是一种宗教著作。“吠陀”是雅里安人结合达罗毗荼人文明产生的新的文明。在《梨俱吠陀》中，雅里安人称“达萨”是他们的敌人。“达萨”是低鼻黑皮肤的邪恶之人。雅里安人信奉自己的战神因陀罗，把自然万物都化成神灵，如太阳神、雷雨神、河川神等。天界、地界、空界称为“三界”，各由不同的神灵主管。

吠陀教是婆罗门教的前身。雅里安人认为普鲁沙神是最高的神，千头千眼千足，头生婆罗门、身生刹帝利、脚生首陀罗，月亮、太阳、天空与风都是他的身体派生的。雅里安人四个瓦尔那等级——婆罗门、刹帝利、首陀罗、吠舍也由此找到理论依据。

《吠陀经》中表明，三大神是梵天、毗湿奴和湿婆，分别象征“创造”、“护持”与“毁灭”。梵天又称大梵天，是三位大神中级别最高者。他诞生于一个“梵卵”中，他的出世犹如中国的盘古：劈裂卵壳，上半变成天，下半化成地。他有五个头，被湿婆砍了一个，其他四头面向四方。他的千只手中拿着《吠陀经》和莲花等物。毗湿奴则三步跨过大地，四只手中拿着仙杖、法螺、莲花和轮宝等物。他的妻子是吉祥天女。毗湿奴在婆罗门教中被称为“救世主”，地位次于梵天。湿婆是舞蹈与苦行之神，有三只眼睛，中间一只眼睛喷火，毁灭一切。在吠陀经典中，毁灭意味新生。除了这些神外，受崇拜的还有火神阿耆尼、雨神巴健耶等。

《奥义书》中记述了婆罗门教对宇宙、人生的哲学或宗教上的解释。他们认为世界是一种幻象，梵天女是灵魂的真实存在。肉体是虚的，精神是实在的。人死后灵魂重新归于“梵”。由于人在世时作了许多“孽”，死后就投胎成各种动植物了。梵我合一才能脱离轮回。这实质是为奴隶主的统治找理由。

印度史诗

古代印度著名的文学作品有《摩诃婆罗多》与《罗摩衍那》。它们都是古代印度的史诗。《摩诃婆罗多》的作者是毗耶娑，其实是古印度诗人的集体创作，在公元前5世纪基本形成大致轮廓，4世纪才定稿。除了这两部史诗外，在古印度文学作品中，还有《佛本生故事》和《五卷书》，都是著名的民间故事集，是公元前3世纪编成的。

①《摩诃婆罗多》

《摩诃婆罗多》18篇，长达10万颂，其中每颂两行，约等于《荷马史诗》的8倍。

《摩诃婆罗多》主体故事的流传应当在公元前几个世纪就已有了，而且其中有些神话的来源当更早，但它的成书却是在公元纪元以后。在公元纪年后的几百年间，它被不断地积累、加工并形成定本。然而，这些定本有着不同的传本，其文字与情节的歧义所在多有，直到 20 世纪 60 年代，经过印度许多学者的共同努力，才终于出版了精审的校本。

因为《摩诃婆罗多》翻译成中文应当在 400 万字左右，所以是世界上现已整理的最长的英雄史诗。其内容异常复杂，包罗万象，印度古代史诗和往世书中重要的传说故事几乎都出现或被提到，还有印度教的教规和法典，甚至还有哲学、伦理、政治、法律等多层面的成分，这样一部无所不包的鸿篇巨制似乎不大可能是某一个人的独立创作，而应该被看作是世代印度人民集体智慧的结晶。

这部史诗虽然篇幅巨大、内容庞杂，但其加工者却使用了印度特有的文学智慧，使其大致上仍可以算是一个整体。它是这样来结构的，全诗由一个“歌人”从头唱来，而在歌唱的同时，又有不同的歌者在叙述不同的故事，这样一环套一环，便把整部作品有机地融合在了一起。

“摩诃婆罗多”就是“伟大的婆罗多族故事”的意思，其主体情节正是叙述婆罗多的后代兄弟之间为争夺王位而进行的战争。婆罗多有两个儿子：持国和般度，持国在哥哥般度死后继任国王。持国有一百个儿子，称为俱卢族，长子叫难敌；般度有五个儿子，称为般度族，长子叫坚战。持国指定成年后的坚战为王位继承人，难敌兄弟对此不满，一再设法陷害般度族五兄弟，五人逃往般遮罗国，并合娶国王的女儿黑公主为妻，以此同般遮罗国结盟。这样，婆罗多国便不得不分一半国土给他们，他们五兄弟便在国土上建起了天帝城，而坚战的三弟阿周那又娶了大神黑天之妹为妻。难敌十分嫉妒般度族的日益强大，便使之在他所提出的一场赌博中输掉了一切，五兄弟和黑公主也沦为俱卢族的奴隶。在又一次的赌博中，般度族再次失败并被放逐森林 13 年。13 年后，般度族要求归还国土，难敌背信弃义，于是，一场毁灭性的大战不可避免。双方调兵遣将，并列阵于一望无际的“俱卢之野”。可怕的战争持续了 18 天，双方著名的英雄接连死去，般度五子得胜，而俱卢一方则只剩下包括长子在内的兄弟四人，然而这几个人又夜袭般度族残军，并将其全部消灭，般度五兄弟住在营外而幸免于难。大战过后，双方达成了和解，坚战继承了王位，但最后其五人同登雪山修道并升入天堂。

除了这些主要情节以外，书中还充满了与主要情节有关或无关的大量插话，这些故事都是书中人物在谈话中叙述或在介绍前因后果时提到的。这些插话包括了很多著名的故事，甚至包括了一个极为著名的插话：《罗摩传》。而这，恰是另一部史诗《罗摩衍那》的雏形。

②《罗摩衍那》

“罗摩衍那”的字面意思是“罗摩的游历”，即罗摩传、罗摩的生平。史诗讲述了阿逾陀城的王子、国王罗摩的传奇故事，其中贯穿了宫廷阴谋和罗摩夫妻间的悲欢离合。

它的作者跋弥，或称伐尔弥吉，翻译过来是蚁垤的意思。传说他静坐修行数年而一动不动，无数的蚂蚁在上面筑巢生息，身体成了蚂蚁窝，所以叫作蚁垤。有人说他是古代的仙人，或是金翅鸟的儿子，还有人说他是一个语法学家。当神的使者向他讲述了英雄罗摩的故事后，资质平庸的蚁垤却无法将它记录下来。直到有一天他看到一只雄麻鹬被猎人射死，雌麻鹬因惊恐与悲哀而惨叫不止，面对此情此景，悲愤不已的蚁垤突然脱口而出合辙押韵的话语，一种优美、和谐的诗体就此奇迹般地诞生了，这就是被后人称为输洛迦的短颂体。蚁垤正是用这种诗体创作出了史诗《罗摩衍那》。

史诗《罗摩衍那》成书于公元前三四世纪至公元二世纪之间。由童年篇、阿逾陀篇、森林篇、猴国篇、美妙篇、战斗篇和后篇 7 部分组成，总计 500 余章，24000 颂，译成汉语近 90000 行。事实上如此宏大的作品绝非一人一世所作，而应该是在民间口头创作的基础上，经过数代诗人与歌手的千锤百炼才逐渐完善形成的，它是古代印度人民集体智慧的结晶。史诗完整的故事情节说明有一位诗人曾对史诗进行过全面系统的整理加工，也许他就是蚁垤。

阿逾陀城十车王的三位王后喝下灵验的种粥，分别生下由毗湿奴托生的四个化身：罗摩、婆罗多和双胞兄弟罗什曼那、沙多卢那。长大成人的罗摩到弥提罗城参加国王的祭典，得知湿婆神弓的来历并爱上了美丽的女子悉多。罗摩拉断神弓，赢得悉多，并请十车王主持了婚礼。国王想让罗摩继承王位，却因被迫遵守与二王后立下的诺言而立婆罗多为太子，并将罗摩放逐 14 年。罗摩被放逐到森林里，楞伽城十首罗刹王罗波那因悉多的美貌而劫持了她。悉多抵御住百般引诱，发誓忠于罗摩，因而被无奈的罗刹王囚禁在后宫的无忧园中。罗摩遇到神猴哈奴曼，并在它的帮助下发现了悉多的囚禁处。罗摩率猴军兵临楞伽城下，经过激烈的战斗，终于砍下了罗波那的头颅。罗摩与悉多团圆，然而罗摩却怀疑妻子的贞操。悉多投火自尽，火神将她从火里托出，验明了她的贞洁。

史诗把罗摩作为一个理想的英雄人物来加以歌颂，而悉多则是贞节的化身，是印度妇女的象征。千百年来，印度人对《罗摩衍那》充满了崇敬之情：人们将罗摩看作神灵，每当表示问候与祝福的时候都会连呼“罗摩”！圣雄甘地遇刺身亡前说的最后一句话正是“啊，罗摩”！这几个字也成了他的墓志铭。而最受尊崇的妇女形象则非悉多莫属，她的忠贞和贤良对印度人产生了极为深远的影响。此外，印度广泛流传的猴子崇拜也与神猴哈奴曼有着千丝万缕的关系。

印度教的诞生

印度教是继佛教以后的宗教，产生于 4 世纪。当时佛教衰落了，原因是它的平等虚无观念行不通。印度教像佛教一样，都是由婆罗门教演变过来的；它奉祀神祇也同婆罗门教一样，毗湿奴、湿婆、梵天是三大主神，不过毗湿奴成为主神，梵天地位变得更低。这些主神的配偶也受到崇拜。湿婆神在印度教中成为第一主神，则是湿婆教派。之后湿婆教派中又引起许多互相矛盾的分支教派，如克什米尔派主张再认识，圣典派则认为宇宙的三个基本存在形式是湿婆神、物质和人的灵魂，知识（吠陀）与湿婆神同体。从湿婆派演变出来的性力派，湿婆神配难近母，梵天配辨才天女，毗湿奴配吉祥天女。女神比男神较受尊奉膜拜。性力派分左道、右道两个旁门。左道膜拜仪式有瑜伽、轮座（男女性交）等，祭神品是鱼肉人体等。右道祭品是米粉和花朵。在印度教中，湿婆神的再生神以男性生殖器方式存在，印度人称为林伽。在印度教的毗湿奴教派中，毗湿奴和吉祥天女成为主神。教徒恪守苦行、禁欲、食素等规则，主要传播于印度西海岸与北方。

印度教信仰归根结底在于以下各方面：第一是轮回报应，他们要解脱轮回的法门是通过知识苦修和虔诚的信仰；第二是服从吠陀经典；第三是归众神崇拜于一神崇拜；第四是纵欲主义与苦行主义。毗湿奴教派与性力学派是相反的教派。还有一条便是实行种族分立。

印度教思想是一种对生命和宇宙的新认识，因为它是在婆罗门教基础上发展起来的，所以又被人称为“新婆罗门教”。

印度教的艺术主要体现在神庙与雕刻上。圣所、高塔、柱廊是神庙建构的三要素。圣所是安放主神像的地方，梵语意思是子宫或者胚胎；柱廊是信众主要的聚集之所；宇宙之山的象征是高塔。在笈多时代，印度主神以化身（如动物、人狮）等存在于神庙中，湿婆神的林伽上则浮雕一个人形。到 8 世纪，印度教神庙的代表作是奥里萨式神庙，庙外壁与雕刻交融在一起，生命活力体现得淋漓尽致。这一样式的神庙前期是朴素的，后期则显得富丽堂皇。10 世纪至 13 世纪建筑的卡朱拉侯神庙群有 80 余座，分布在中史邦贾巴尔普尔附近的朱拉侯村。它们的装饰浮雕形式较为繁复，多表现男女的性交姿势。在 8 世纪的中印度，有位于马德里南 50 千米的五战车神庙和海岸神庙。海岸神庙的密室奉祀有一个林伽神像，它直立地面，由巨石雕琢而成。

另外，体现印度教诸神的著名雕像有《舞王湿婆》。这是南印度的石刻，雕于 9 世纪至 13 世纪的朱罗王朝。湿婆的四只手臂挥动着，宇宙生命的节律通过手中的小鼓体现出来。左右下手一垂一抬，与两条腿配合得非常协调。恒河水自他的头发流向人间。

印度教是现代印度人信徒最多的宗教。它的圣地是恒河及其源头。除了《吠陀经》、《奥义书》外，《摩诃婆罗多》、《罗摩衍那》、《往世书》等是印度教的主要经典。

阿旃陀石窟

阿旃陀石窟位于印度德干高原的马哈拉施拉邦西北 106 千米。它是公元前 3 世纪阿育王时期开始开凿的，到 7 世纪笈多王朝时完成，工程花了一千余年。阿旃陀石窟计有 29 个洞窟。这些洞窟，有些是带门庭的佛殿，有的是僧徒的住所。前者称“支提窟”，后者称“毗诃罗”。

阿旃陀石窟雕像代表作是 19 号窟门廊前庭左侧的《蛇王与蛇后》。它是一种高浮雕，是笈多时期的雕塑精品。蛇王在印度被奉为生殖之神。同窟还有一处叫作《降魔》的浮雕。在阿旃陀石窟诸浮雕中，19 号窟的支提窗上的药叉像和 26 号号洞窟的《佛陀涅槃》像，还有第 6 号窟中上层高 2 米的高浮雕佛像，都是当时印度佛雕的精品。

阿旃陀石窟最引人注目的是壁画。它们都富有艳情味，具有佛教慈悲的精神。在印度古代的艺术理论中，“味”和“情”并重。在《舞论》中，“味”总结出 8 种，“情”有 49 种。它们特定为审美情感状态和具体表现手段。在阿旃陀石窟中，艳情味和悲悯味则以绿、灰两色表现，主要代表作品在 16、17 号石窟中。它们都创作于 5 世纪至 6 世纪。16 号洞窟中一幅《难陀皈依》表述释迦劝兄剃度出家的情形。难陀之妻在分别时全身裸体，体现一种艳情。17 号洞窟里则有《须大拿本生》，故事中第一幅《太子与公主》也富有浓郁的艳情味。类似的佛本生故事画在 10 号窟的《白象本生》和 16 号窟的《乌马伽本生》、17 号窟的《金鹅本生》等也有表述。这些都是印度本土化的壁画。1 号窟的《降魔图》的魔女全是裸体的，与之相似的 2 号窟的《献祭图》也是艳情味十足的作品。悲悯味极浓的则是 1 号窟的《持莲花的菩萨》，表述出一种伤感而仁慈的艺术情景。

阿旃陀石窟自存在之日后的一千年中，无人知晓。19 世纪初，被一位英国军官在出猎途中不经意发现。当时许多石刻与建筑物件掩埋于沙土中，经过修整，这座印度艺术宝库焕发出悠久的魅力。

仰光大金塔

缅甸是东南亚地区佛教文化最发达的国家之一，佛教传入已有两千多年的历史，佛教对缅甸文化艺术和人民生活一直产生着深远的影响。精湛的佛塔建筑艺术，充分展现了缅甸佛教文化的灿烂辉煌。

仰光大金塔位于缅甸首都仰光市区北部茵雅湖畔的圣山上，缅甸人将它称作“瑞大光塔”。“瑞”即“金”之意，“大光”是缅甸的古称。仰光大金塔始建于公元前 585 年，已有 2500 多年的历史。相传缅甸人科迦达普陀兄弟从印度带回 8 根释迦牟尼的佛发，献给缅甸王奥加拉巴，于是奥加拉巴修建了一座高 8.3 米的佛塔珍藏佛发。

初建时塔只有 8 米左右高，后来的统治者不断对大金塔进行扩建，使之越来越雄伟。到 11 世纪的蒲甘王朝时期，此塔成为东南亚著名的佛教圣地之一。15 世纪，达摩悉提国王用相当于他和王后体重 4 倍的金子和大量宝石对塔加以装修。到 1775 年，塔身已修成现在的高度，主塔高 112 米，呈钟形，用砖砌成，外贴有金箔，达 7 吨多重。塔顶镶嵌了 7000 颗罕见的巨大钻石和宝石，其中有一块重 76 克拉的金刚钻。金属宝伞位于塔顶风向标下，重 1250 千克，檐上挂有 1065 个金铃和 420 个银铃。在阳光的照射下，大金塔反射出耀眼的光芒，微风袭来时，塔上的银铃叮当作响，清脆悦耳。

在寺院内，许多佛塔众星捧月般矗立在大金塔周围。这些佛塔风格不同，造型各异，有些是舍利塔，有些是佛堂，供奉着许许多多的佛像。置身在大金塔寺院内，仿佛处身于佛教艺术的殿堂。11 世纪中期以来，佛教在缅甸广泛传播，缅甸逐步成为世界上佛教活动中心之一。阿那律伦统一缅甸，建立蒲甘王朝后，为巩固统治，定佛教为国教，并尊上座部佛教高僧阿罗汉为国师，大力兴修佛塔、寺庙、经楼等佛教建筑。13 世纪后期，由于缅甸蒲甘王朝内部争权夺利，同时遭受外族的骚扰打击，导致王朝灭亡，国家陷入四分五裂之中，佛教也因此受到不同程度的破坏。只有南部勃固一带，由于受到王权的保护，佛教仍兴盛不衰。15 世纪中期即位的勃固女王大力护法，退位后专心从事佛教活动。她增修仰光大金塔，并捐献大量的黄金和宝石镶嵌于塔顶。达摩悉提王在位期间（1472 ~ 1492 年），为净化佛教，规定全体僧众均须按锡兰（今斯里兰卡）的巴利文三藏经的戒律修行，消除了多年来僧侣之间的分歧，促进了佛教的发展和繁荣。到 1774 年，阿瑙帕雅王的儿子辛漂信王亲自来到仰光，把大金塔塔身加高到现在的高度，并在塔顶安装了新的金伞。1989 年 9 月，缅甸政府在原有的基础上又一次进行了较大规模的修缮，拓宽了四条走廊式的入口通道，并在东、南、西、北四方均安装了玻璃窗的电梯。

大金塔是缅甸人民心目中的圣地，是东方艺术的瑰宝，每天到这里顶礼膜拜的佛教徒络绎不绝。

吴哥窟：柬埔寨的印度教建筑

柬埔寨的吴哥窟是最美妙、最纯粹的印度教建筑，它建造于 12 世纪，其建造者是苏利耶跋摩二世。他信奉印度教主神毗湿奴，他觉得毗湿奴的化身就是他自己。为了体现他的神性，他建造了吴哥窟，把它装点得犹如天堂。

吴哥窟在柬埔寨西北，离暹罗城仅 6 千米。作为高棉众多宗教建筑的代表，它安静地沉寂在丛林中，许多建筑的隙缝中长有茂盛的草木。围有壕沟的吴哥窟，高塔耸立，隐现于残烟落照里。尽管它建构典雅，宏伟壮丽，但岁月已消磨了它的辉煌，吴哥窟古迹因为经费匮乏和不恰

吴哥窟寺庙中心的圣塔

当的修复使它的损坏更趋严重。

吴哥窟的雕塑装饰极为精美，一些浮雕表现了当时印度的风情，印度史诗《摩诃婆罗多》和《罗摩衍那》中的场面得以形象地重现。高棉百姓的生活场景与文化全凝聚在一条长约数百米的柱廊间。高棉的舞神爱斯帕拉斯的潇洒舞姿也显现其间，她的身边围绕着许多轻歌曼舞的狂欢人群。

吴哥窟是石头建构的古建筑，就像印度教主神毗湿奴代表稳定与持久一样，吴哥窟的建构也显得匀称而稳健，坚固沉着。石头的凝重和拱形的穹顶，则带有庄严和神圣的色彩。

吴哥窟一带在过去的一段时间内曾经战火纷飞。周围埋藏的一些地雷常让人害怕，使人无法与之亲近。在红色高棉活跃之时，吴哥窟也成了他们绝好的堡垒或藏身之地。吴哥窟附近有 200 多个寺庙，分布在近 160 平方千米的土地上。

吴哥窟是柬埔寨的历史文化象征。

婆罗浮屠

婆罗浮屠又名千佛坛、千佛塔，即梵文“山丘上的佛塔”。坐落在爪哇岛中部默拉皮火山之麓，占地 1.23 万平方米，高 42 米，是一座金字塔形的佛塔。这座已有 1000 多年历史的佛塔，与中国的万里长城、埃及的金字塔和柬埔寨的吴哥窟一起，被誉为古代东方的四大奇迹。

婆罗浮屠是在一座小山基础上用 200 万块火山岩包砌修建而成的，上圆下方，共有 10 层，呈阶梯状逐层缩小。婆罗浮屠建筑工整严谨，为实心结构，没有门窗和梁柱，其建筑材料取自附近安山岩和玄武岩，没有任何接合剂，完全由岩石经切割后堆砌而成。佛塔的基座呈四方形，每边长 113 米，从地面至塔顶高 42 米，佛塔四面的中间各有一条从基层直通塔顶的石阶通道。塔的构造是根据佛教的“三界”之说设计的。基层为“欲界”；第一层至第六层为“色界”，呈四方形，各层建有石壁佛龛共 432 个，每个佛龛内有一佛像；第七层以上为“无欲界”，呈圆形，是塔顶的脚座，建有 72 个钟形小塔，塔内也各有一尊佛像。各层佛像按照东、南、西、北不同方向命名，而且佛像的面部神情以及手臂、手掌、手指的姿势也各不相同，形象逼真。佛塔各层的回廊石壁上都刻有各式各样的浮雕，其中有 1460 幅浮雕描述的是《佛本生故事》。每层回廊的浮雕都表现不同的内容，形象生动地展现了人由尘世走向极乐世界的路程，再现了古印尼社会的生活风貌。顶端上有一个高 7 米、直径 10 米的伞形大塔。整个佛塔共有 505 尊真人大小的佛像，遗憾的是，现在有 43 尊不知下落，300 多尊没有头像。

800 年，统治印度尼西亚的夏连特王朝皈依佛教，他们的国王一心向佛，希望能够到达极乐世界。一次，一个臣民向他进献自己苦心求得的一小撮佛祖释迦牟尼的圣骨。为了表示自己对佛祖的尊敬和虔诚，夏连特国王动用了几十万奴隶，历时 15 年修建婆罗浮屠安置圣骨，到 824 年佛塔终于建成。据说在修建的过程中，夏连特王朝耗尽了国力，不仅使用了本国奴隶，而且还聘请了许多国外名工巧匠。

可是，婆罗浮屠的香火只旺盛了 150 年。10 世纪，随着马打兰王朝取代夏连特王朝，印度的婆罗门教传入爪哇，王室开始信奉婆罗门教，婆罗浮屠的香火顿时被冷落下来，人们也渐渐遗忘了它昔日的辉煌。后来默拉皮火山的爆发，使得婆罗浮屠逐渐蒙上了层层火山灰，由于火山灰的肥沃，很多草木沿着石缝生长起来，婆罗浮屠变成了一座“森林”。

婆罗浮屠的再次发现是在 18 世纪。那时印度尼西亚沦为荷兰的殖民地。1814 年，荷兰殖民者找到了佛塔所在地。1835 年，德国建筑学家沙佛尔来到爪哇岛，拍摄了 5000 张佛塔的全景和局部照片，为人类文化的积累留下了珍贵的资料。后来，婆罗浮屠经历了各种灾难性的发掘，大量珍贵的佛像和雕刻品被盗走，再加上当地人疏于对它的保护，这在一定程度上加重了婆罗浮屠文物的流失。

印尼独立后，对婆罗浮屠的修复进入有计划的状态，印尼政府也不断呼吁联合国保护这一濒临消亡的遗迹。1971 年，联合国通过修复方案。从 1973 年到 1983 年，历时 10 年，耗资 2500 万美元的婆罗浮屠的修缮工作基本完成，印尼政府建立起了一个以婆罗浮屠为中心的国家公园，供游人参观。

1991 年，婆罗浮屠被列入《世界遗产名录》，成为世界人民共同的文化财富。

婆罗多舞及其他印度舞蹈

婆罗多舞是古印度最有代表性的舞蹈。它所体现的要旨是“表情、曲调、节奏”。在早期的寺庙里，舞女被称为神的侍者。婆罗多舞在祭神的行列或神像前表演，18 世纪后逐渐由民间进入宫廷。

婆罗多舞是难度最大的印度舞，无论在手、眼、身、法步还是在节奏上，都有严格的要求。例如，在“提拉那”最后一段的婆罗多舞，迅疾、灵动、激烈，在瞬息之间一气呵成。

同样，在向神和观众致意的首段婆罗多舞“阿瑞拉普”中，要求舞蹈者的表情和动作如花朵一样缓缓地舒张开放。

除婆罗多舞外，还有一种意即“讲故事者”的名为“卡塔克”的古印度舞蹈。它源于说书人，逐渐形成歌舞剧，被引入宫廷中。卡塔克各部舞蹈都有特点，舞蹈者脚戴铃铛，踏地为节，一边朗诵诗句一边舞蹈，伴以鼓点节奏。典型的印度和巴基斯坦风格的音乐，是由笛子或小提琴以及塔布拉鼓奏出来的。

与卡塔克一样同属说唱舞蹈的还有“卡塔卡利”。它与卡塔克所不同的是，不必由舞者朗诵，词句是别人伴唱的。它表演的是一种交杂梵文的剧种，主要题材来自于《摩诃婆罗多》与《罗摩衍那》。

在印度的舞蹈中，与婆罗多舞一样起源于神庙文化的还有“奥迪西”、“曼尼普里”等。一些舞蹈实质上与歌舞剧是孪生的，密不可分。

二、美索不达米亚文明

苏美尔人与楔形文字

美索不达米亚文明即古代的两河文明。所谓的两河，即底格里斯河与幼发拉底河。在它们的流域里，公元前 3200 ~公元前 2000 年产生了苏美尔文明。苏美尔属于沼泽地带，苏美尔人在公元前 4300 年就开始农业耕作，建造了较为原始的神庙。公元前 3500 年左右，分化出阶级和国家。公元前 2320 年，萨尔贡创建了一个苏美尔和阿卡德统一的帝国。到公元前 2130 年，苏美尔独立，直至公元前 2000 年，苏美尔由乌尔王朝统治。

苏美尔人的文字是在公元前 3500 年开始形成的。当时，文字是属于象形性质的。到了公元前 2500 年左右，被人们称为楔形文字的这种文字顺理成章地诞生了。

苏美尔人大多采用削成三角形的尖头芦苇秆在泥版上刻制笔画，其笔画是楔形的，所以叫作楔形文字。楔形文字促进了西亚各国文字的形成，推动了整个文明的发展。

苏美尔楔形文字有 500 种符号，遗存至今的泥版除了商务或行政记录外，有十分之一是文学作品，除了一些谚语外，还有一些赞美诗和神话传说。

苏美尔人不但创制了楔形文字，而且利用月亮从这个蛾眉月到下个蛾眉月出现的周期性确定了太阴历。他们计算出 1 年有 12 个月，共 364

天，每月日期平均是 29.5 天，其中 6 个月是 29 天，6 个月是 30 天。同时，他们发明了两轮或四轮的战车和货车，给作战和生产带来了许多便利。

《汉谟拉比法典》

古巴比伦王国是继阿卡德王国之后两河流域出现的又一个强大的奴隶制国家，第六代国王汉谟拉比在位（公元前 1792 ~ 公元前 1750 年）时，古巴比伦王国到达极盛，他自称“宇宙四方之王”。

汉谟拉比每天在宫殿里要处理大量的申诉案件。由于古巴比伦王国地域广大，人口众多，所以案件堆积如山，汉谟拉比焦头烂额也应付不过来。他就把过去苏美尔人和周边其他一些国家、民族的法律收集起来，经过修改，再加上当时古巴比伦人一些约定俗成的习惯，编成了一部法典。汉谟拉比命令石匠把这部法典刻在石柱上，竖在首都巴比伦城的马尔都克大神殿里，让臣民们观看。这个石柱高 2.25 米，上部有一块浮雕，雕着两个人。坐着的是太阳神沙马什，站着的是汉谟拉比。他正在从太阳神手中接过象征着权力的权杖，表示自己的权力是太阳神授予的，人民必须服从他的命令，否则将受到神的惩罚。浮雕下面用巴比伦楔形文字密密麻麻地刻满了法律，一共 282 条，分 51 栏 4000 行，大约有 8000 多字。汉谟拉比在法典的序言中写道：“安努与恩里尔（古巴比伦的神）为人类造福，命令我，荣耀而敬神的国王，汉谟拉比，弘扬正义，

《汉谟拉比法典》上的楔形文字

消灭邪恶不法之人，恃强而不凌弱，使我如同沙马什一样，统治百姓，光耀大地。”

当时古巴比伦的统治阶级是奴隶主，被统治阶级是自由民和奴隶。法典上的法律条文主要就是处理三者之间的关系的，处理的原则是以牙还牙，以眼还眼。比如两个人打架，如果其中的一人被打瞎了一只眼睛，按照法典的规定，对方的一只眼睛应该被弄瞎。但是，法典对奴隶主、自由民、奴隶有着不同的规定：如果奴隶主把自由民的眼睛弄瞎，那么只要赔偿银子 1 迈拉（重量单位）就没事了。如果把奴隶的眼睛弄瞎了，则无须任何赔偿。如果奴隶不承认他的主人，而主人拿出这个奴隶属于自己的证明，那么这个奴隶就要处以被割去双耳的刑罚，如果奴隶打了自由民的嘴巴也要割去双耳。自由民医生给奴隶主治病，如果在开刀的时候奴隶主死了，那么医生就要被砍掉双手。

这部法典还体现了一定的公正精神。比如它规定如果有人“打了居高位的人嘴巴”，那么执法者只能给予犯罪人“鞭笞六十”的处罚，而不能按照“居高位的人”的意愿或执法者自己的意愿去随心所欲地处罚。

法典不鼓励告密，其中的一、三、五条规定：“如果一个自由民控告另一个自由民杀人，但是经查证是诬告，那诬告者处以死刑。”“如果一个法官做出了判决，但后来又更改了判决，那么将被处以原诉讼费 12 倍的罚金，并撤销其法官的职位。”

为了巩固奴隶主的统治，法典还有一些严厉的条款：逃避兵役者一律处死；破坏桥梁水利者将受到严惩甚至处死；帮助奴隶逃跑或藏匿逃亡奴隶，一律处死；如果违法的人在酒店里进行密谋，店主知情不报，那么店主也要处死。

另外法典还很有人情味，例如：“如果某人领养了一个婴儿，并将他抚养成人，孩子的亲生父母不能将他领回。”“如果一位贵族因为妻子不能生养而要离婚，那么要先偿还她出嫁时所付出的全部代价和所有嫁妆。”“如果丈夫出远门，但没有留下足够的养家费用，妻子可以改嫁。”

法典中甚至还有这样在今天看来很荒唐的规定：如果泥瓦匠给人盖房子，房子塌了，压死了这家人的儿子，那么泥瓦匠要用自己的儿子抵命！还有一些法律条文很有趣，比如法典规定："如果没有抓获强盗，遭抢劫者在神灵的面前发誓并说出自己的损失，发生抢劫案的地区的官员需偿还遭抢劫者的损失。""如果死了一个人，地方官员亦须付银子1迈拉给死者亲属。"

《汉谟拉比法典》是世界上第一部成文法典，广泛地调整着当时的古巴比伦社会生活的各个方面，使古巴比伦王国成为古代东方奴隶制国家中统治最严密的国家之一。

赫梯人与赫梯文明

原始时期的赫梯人是小亚细亚文明的创始者。小亚细亚是西亚的小半岛，幼发拉底河和底格里斯河以及其他的河流，都在这里起源。公元前25世纪，赫梯人与胡里特人、亚述人、阿卡德人一样，都是闪米特人的一部分。

公元前20世纪之前，赫梯人的手工艺制造业极为发达，各种金银饰品与转轮陶器出土的也较多。

赫梯王国在公元前8世纪被亚述人消灭。赫梯人曾有一部法典，它表明当时存在奴隶制度，奴隶从事放牧、手工、家务等繁重的劳动。

《吉尔伽美什》

与《汉谟拉比法典》一样在世界文明史上享有盛名的古巴比伦史诗是《吉尔伽美什》。

这是一部具有巨大的文化内涵及文化容量的作品，其所反映的人与自然的关系，体现的人类对生命的自觉探索极其痛苦，也成了其后史诗乃至其他文学样式的永恒主题。有学者认为，征讨芬巴巴是人类征服自然界那强烈愿望的集中反映：史诗把自然界的水、火、气集于芬巴巴一身，使其成为自然威力的象征。而更具有象征意义的是，芬巴巴还是大神恩利儿的属下。而此后吉尔伽美什拒绝了女神伊什塔尔的求爱，并杀死了大神阿努的天牛，这都反映了人的主体性的初步觉醒，以及人力与神力的抗衡。由此，这部史诗也就与神话观念，即无条件地信仰、崇拜和服从神祇的观念，实行了第一次分离，从而也体现了史诗与神话的实质性差异。

而吉尔伽美什对死亡的恐惧与对永生的探求也具有无可置疑的重大意义，它标志着人类对生命的正确认识已经开始确立，而这正是人类正确认知自身、评价自身的一个起点。

现存的《吉尔伽美什》是亚述时期的抄本，它记述了有关大洪水的传说。

腓尼基与腓尼基文明

今天的黎巴嫩在历史上被称为腓尼基。它指的是叙利亚及巴勒斯坦的沿海地带。腓尼基是紫红色的代名词，它的历史可上溯到公元前5000年，当时已形成的居民点属于新石器文明。到公元前3000年，形成城市，建造海港。

腓尼基的字母文字亦是古代文化史上的一个贡献。22个字母都是线形字母，是希腊字母的前身。直至现在，由腓尼基创造的α（阿尔法）、β（贝塔）到ω（俄梅戛）等字母还在世界通用，它是历史最悠久的拼音文字。除了字母外，楔形文字也在同期存在着。

腓尼基的工商业和航海业非常发达。在公元前2000年左右，腓尼基就与埃及和克里特岛进行贸易，后又开辟了通往地中海西部的航路，与北非沿地中海地区、西班牙南部地区，以及地中海的许多岛屿都建立了贸易关系。在航海方面，他们甚至越过直布罗陀海峡，南下非洲西海岸，北上不列颠群岛。在古代世界，腓尼基人是最优秀、最勇敢的航海者。通过航海，先进的文化传入希腊和爱琴海。克里特王宫的风格源于腓尼基人的建筑创造。腓尼基人的雕刻大都是小型雕像。这些动物或人形的雕刻不是用以崇拜的，而是当作手工艺品销售的。腓尼基人最擅长的是象牙雕刻。

巴比伦城与空中花园

巴比伦城是西亚和两河文明的最高成就，无论是建筑还是雕刻，都体现了当时最高的艺术水平。它存在于公元前 7 世纪 ~ 公元前 6 世纪，现在虽成了废墟，但仍能让人领略其宏伟的气魄。

根据考古学家推测，巴比伦城的城墙厚达 7.8 米，最薄处 3.3 米，可以供 6 匹马拉车并行。黄色方形的外墙 13 千米，墙上每隔 40 米设一塔楼，一共有 400 多个塔楼。城中有夏宫、马尔杜克神庙和女战神神庙等建筑。

伊什塔尔门是巴比伦的主门。高 12 米的墙门和塔楼非常精美，镶嵌着琉璃砖，有 575 个独角兽或雄狮的图案，一条通衢笔直地从门下穿过。它是祭神用的，南北向，通向马尔杜克神庙。马尔杜克是巴比伦信奉的级别最高的神，他是宇宙的主宰。马尔杜克神庙是全城最高的建筑，其样式如埃及的金字塔。有人认为它就是西亚神话中的“巴比伦塔”。

巴别塔

《圣经》记载，人类最初使用共同的语言，他们建造这座高塔希望进入天堂。上帝为了阻止这项计划、破坏人类的团结，创造了多种语言，使人类再无法自由交流，于是这座未完成的高塔便成了废墟。

被人认为是世界七大奇迹之一的空中花园，实质上是一座宫殿，兴建于公元前6世纪，是尼布甲尼撒二世建造的。相传，新巴比伦王国国王尼布甲尼撒二世娶了波斯国公主赛米拉米斯为妃。公主日夜思念花木繁茂的故土，郁郁寡欢。为了取悦爱妃，国王下令在都城巴比伦兴建了一座高达25米的花园。此园采用立体叠园手法，在高高的平台上分层重叠，每层都种上奇花异草，还埋设了灌溉设施。花园由镶嵌着彩色狮子的高墙环绕。从远处望去，花园如悬在空中，所以称“空中花园”。这座花园代表了当时巴比伦的最高艺术成就。据残迹考证，空中花园是由土台上建造的14个拱形室结合而成的，底层建筑呈方形，然后层层递减，每层种植的花草均能享受阳光。内部有水管可以直接抽水到最上层，保证浇灌。

古巴比伦城体现着当时民众的奢靡之风。由于国王与祭司的内部冲突日益激烈，城祭司与波斯人里应外合，巴比伦城不攻而破。伴随着巴比伦的沦陷，空中花园荡然无存。

三、中亚文明

巴米扬石窟与中亚佛陀古迹

在中亚，佛陀东迁时，沿途遗留的寺院石窟和佛像，主要分布在阿富汗境内。这些文化遗迹主要以巴米扬、丰杜基斯坦佛寺等为代表。

巴米扬石窟与中国的敦煌莫高窟、印度的阿旃陀石窟呈三足鼎立之势，它位于兴都库什长约3千米的溪谷中。两座高大的佛像成了巴米扬石窟的艺术象征。东边的大佛高37米，西边的大佛高55米。石窟里的佛陀菩萨雕像，既有印度风格，又有波斯的特色。它是中亚雕塑艺术的集中体现，影响波及到中国，云冈、敦煌的石窟寺造像模式，都是一种“巴米扬风格”。

中亚著名的佛寺建筑，还有阿富汗首都喀布尔以东的哈达佛寺。它里面的佛雕艺术风格是犍陀罗风格。而与巴米扬石窟同处于库什山谷的丰杜基斯坦寺，亦是比巴米扬石窟略小的佛寺建筑，一些释迦和诸菩萨的造像，属于犍陀罗与巴米扬风格的混合体。在兴都库什的范围内，以巴米扬为中心，还有许多佛教艺术遗迹。它是印度佛教东行的重要遗迹。

四、日本文明

日本人、大和民族、日本文字

日本在古史中被称为“八大洲”，岛屿众多。中国古称它为倭国，日本人被称为“倭人”。日本民族又被称为大和民族，这源于4世纪神武天皇的说法，当时的建国之地叫作“大和”，即“多山之地”。

至于“日本”的来历，则是在645年，日本孝德天皇统一国家后，将古代的“日之国”和“大和”名称合并，定为“日本”，意即“日出之处”。

日本最早的原住民是今北海道附近的阿伊奴人。早期的日本文化标志是绳纹文化和弥生文化。大和国统一后，大和文化时期成为历史文化上的鼎盛期。

日本《古事记》和《日本书纪》传说，日本岛是天上男女二神合作创造的，日照大神是女性，她的后代是日本天皇。

直至现代，“大和”成了日本文化的象征，日本服饰中有“和服”，音乐中有“和歌”，如此等等，都充分体现了日本民族的文化。

日本民族的语言是混合型的，融合了朝鲜语和中国吴越语，并综合了来自蒙古、土耳其的阿尔泰语系和来自琉球、南洋诸岛的南岛语系，形成了日本语。

日本文字最先使用汉字，在此基础上，9世纪创造了假名。其中，平假名是汉字正体的演变，而片假名则是由汉字草体演变而来的。在日文中，汉字是经过朝鲜化后再传入日本的。

日本的艺道

日本的艺道基本上是在中世纪时发展起来的。它的内容极其丰富，涉及范围也很广，主要包括歌道、茶道、花道、棋道、画道以及柔道、剑道等。在有些时候，武士道也属于艺道的一种。艺道文武兼备，规则也各不相同。

12 世纪，日本的主流文化是由“空寂”、“物哀”为指导思想，体现的是以静寂慈哀为核心的朴实素雅的精神境界。在茶道、能艺道和画道中表现得尤为极致。

世阿弥是 12 世纪日本能艺道大师。能艺道起源于日本平安时期，它综合了歌舞演奏以及服饰的多方面艺术。世阿弥率先在《至花道》中提出与空寂有关的思想，强调一种“心学”。他认为“花”是心，“种”是艺。通过艺道，达到一种“无”的境界。所谓的花道，也就是插花。它与茶道一样体现妇女的性情与修养。

而茶道则主要受中国文化的影响。日本高僧荣西到天台山去“请”茶叶种子，在日本开辟了日吉茶园，写了《吃茶养生记》，促进了日本茶道的发展。日本茶道以“和、敬、清、寂”为指导，融进了佛禅的“空”，使人产生悠然清幽的文化情感。

日本的柔道以及相扑等诸多体艺，已成了当今还很盛行的体育活动。在强调武士道精神的同时，艺道与武士道形成了相互促进的关系。在徘道上，以汉徘为主体的徘句，与歌道融合。松尾芭蕉是日本徘谐与闲寂相结合得极为和谐的代表性人物。“风雅之诚”是他致力推崇的境界。他的《古池》中把这种境界表现得淋漓尽致：“闲寂古池旁，青蛙跃入水中央，水声扑通响”，充分描述出寂的氛围。在日本艺道与汉文化结合的过程中，松尾芭蕉是一个关键性的人物。

日本的舞蹈、音乐、神乐、歌舞伎、净琉璃

日本舞蹈指的是日本本地的风土舞，如古代舞、能、乐、民俗舞和歌舞伎等。日本人称舞为游和踊。神乐是祭神的舞蹈，而外国传入的伎乐和散乐也促进了日本舞蹈的发展，歌舞伎则把日本舞蹈推进到一个新的阶段。

神乐是原始的日本舞，直至现在还在日本的乡村流传，如一些神社中演出的巫女舞。雅乐则是宫廷中用以祭祀宴会时的舞蹈，除了日本本土原有的催马乐等方式外，还有从中国及西域传来的唐乐和高丽乐各部。这些舞蹈逐渐融合于当地的舞蹈中，并被日本化。在奈良时期，宫廷中专门设立了雅乐所等专门舞蹈机构，由伎乐生等负责日常工作，后几经兴起和衰落。以前雅乐秘传，现在则打破了这一惯例。日本还有各类众多的狮子舞，成为民间舞蹈的保留节目，《太神乐》属于祭神的狮子舞，另外还有《枕狮子》、《镜狮子》等，表现狮子的特技动作。

19 世纪中期日本的民间生活画

歌舞伎源于日本游艺人演出的一种歌舞。它的最初目的是神社和寺院向人们宣传，以得到布施。在江户时期也有女能人和女狂言从事这项工作。1603 年有人在京都演出一边念一边跳的舞，受到许多女艺人的模仿。这种带有挑逗性的歌舞，是日本戏剧的雏形，也是歌舞伎的来历。

当初歌舞伎只是纯粹的歌

舞表演，没有情节。后来结合了净琉璃（即木偶）和能乐的技法，演出有故事的时代剧和世态剧。当时的净琉璃和歌舞伎作家有近松门左卫门。他的代表作是《世继曾我》和《情死天网岛》，这都是日本文学史上的名作。从此之后，歌舞伎成为日本戏剧的优秀传统，犹如中国的京剧一样，深受群众的欢迎。

除歌舞伎外，上方舞诞生于京都大阪，原是当地的民间歌舞发展起来的，京舞和地顷则是它的别名，在演出中，结合了歌舞伎与净琉璃的风格。

1904 年，歌舞伎中的一些缺陷被摒弃，一种新的日本舞形成。后来，日本歌舞吸收了西方舞蹈尤其是芭蕾的表演程式，伴奏采用西洋乐器，从而注入了新的生命力。

日本的音乐与歌舞是并生的，日本的古代音乐出现在《日本书纪》和《万叶集》中。绳纹时代，高丽以及西域的音乐传入日本，主要是舞蹈音乐。随着佛教的流播，说唱音乐盛行起来。到 13 世纪至 17 世纪，带有歌舞性质的乐能也出现了，世阿弥和他的父亲观阿弥对能乐进行了改造。日本的乐器在 17 世纪下半叶更加丰富。除尺八、胡弓琴等外，三味线这种乐器也由琉球传入。16 世纪，琵琶被三味线所取代。长呗与净琉璃、歌舞伎相结合。另外，江户时代还有各种小曲、端吹等，它们都带有三味线音乐风格。到 19 世纪，日本音乐渐渐脱离宗教，世俗化成了主流。

明治维新后，日本近代音乐得到了大发展。20 世纪起，音乐教育开始兴盛，著名的学堂作曲家有泷廉太郎，他写了《荒城之月》等；然后《曼陀罗之花》由作曲家山田耕筰创作完成，适宜大型乐队演出。继而，日本 NHK 交响乐团公演。日本军国主义发动侵略战争后，国内音乐凋敝。20 世纪 50 年代后，日本音乐汲取了世界音乐的优秀创作手法，创作了许多深受民众喜爱的作品。

日本园林：池泉庭园、枯山水、茶庭

日本文化属于汉文化圈的范畴，其园林建筑则融合了中国山水审美的精髓。5 世纪，日本统一，大和贵族推古天皇，就在皇庭堆筑“须弥山”，类似的园林是“池泉庭园”的前身，而真正的“池泉庭园”则起于奈良时期。它们基本上是私家园林，一般围绕水池置景，岛屿洲渚，浅濑低回，山、海、石一概齐备，这种园林在《万叶集》中有极为细致的描写。

在日本平安时期，“池泉庭园”的代表作是兴建于 8 世纪末 9 世纪初的神泉苑。东西宽约一百米的水池，“蓬莱”、“乐室”建于岛中。每日夜幕降临之际，庭园丝竹歌舞之声盈耳，尽其奢华。

随后，一种融园林与寝居为一体的寝殿造庭园也应运而生了。建筑、露地、池岛建构谐和，符合中国的风水学说。在日本寺院建筑中，则以净土庭园为主流。净土庭园的代表性作品是平等院。

从寝殿造庭园中脱胎而出的则有“书院造庭园”，日本称之为“枯山水”，是室町时期的民居模式。它完全体现日本特色。它的特点是庭园面积缩小，与建筑关系较为密切。山以石代，水以沙代，故名“枯山水”。代表性建筑是日本大德寺的大仙院。这本来就是个方丈院子，“不动石”、“观音石”、“桥石”构成的“枯泷”，即无水的瀑布成为建筑的主体，富有禅宗的意蕴。除此，还有龙安寺的方丈庭园，是相阿弥的杰作。京都的圆通寺方丈的“枯山水”园林，亦是一个好住处。

茶庭是稍比枯山水迟一些时间出现的日本园林形式。它的功用是“茶道”。在江户时期，茶庭的模式与要求、布局已经形成较固定的模式。它的旨意在于在喧嚣中寻求宁静，并富有幽逸精神。它的建筑材料皆采用芭茅、竹木，力求野趣自然。

日本的池泉庭园发展到江户时期，则以回廊庭园的方式出现了。位于桂川西岸的桂离宫是代表性的建筑。它的面积有 5.6 公顷，可眺望岚山烟云。建筑园林的最高成就者，非它莫属。

大和绘与浮世绘

大和绘是日本障壁画从唐绘逐渐形成本土风格的一种美术形式。所谓唐绘，即是8世纪前模仿唐朝手法的绘画作品。平安时期，障壁画分别与和歌、书法等结合，表述日本的日常生活和四时风光，富有日本民族情趣。因为它们体现大和民族特色，所以称为大和绘。障壁画大部分绘于墙壁与屏风上，成为建筑上必不可少的点缀和装饰。

大和绘的表现形式是绘卷物，它主要描绘人物故事，著名的有《信贵山缘起绘卷》和《源氏物语绘卷》。前者描述室外人物活动，称男绘；后者描述室内活动，称女绘。在描绘室内活动时，往往采取揭开屋顶的自上而下的俯视方式，这种表述形式日本人称之为“吹拔屋”。除上述两幅之外，绘卷物著名作品还有《圣德太子传障子绘》和《伴大纳言绘卷》等。

平安后期，大和绘以绘草纸为体裁。绘草纸是配合小说而画的，有点像连环画。《源氏物语》是平安时期女作家紫式部在1007年创作的长篇小说，她描写了光源氏的一生际遇以及爱情生活，人物众多，细节生动，其影响不亚于中国的《红楼梦》。《源氏物语绘卷》取材于该小说，每回选一到三个情节，原有80～90幅画面，是12世纪的作品，现存世不过18幅，是出于宫廷画家的手笔。

富士三十六景——神奈川海岸的浪涛　葛饰北斋

大和绘和风俗画发展到17世纪至19世纪的江户时代，

形成了浮世绘。“浮世”一词源于佛教，即“现世”、“虚幻世界”的意思，其实它是一种以木版刻印而成的风俗画。

浮世绘是日本的一种民间版画艺术，在日本的德川时代出现，前后经历了 260 年之久。

有关浮世绘的渊源，一般被认为是原有的“大和绘”，但是它和“大和绘”截然不同，是两种完全不同的艺术。在浮世绘出现之前的“大和绘”，是一种装饰性的艺术，专供贵族欣赏，只在上层社会中盛行，与平民没有关系。而浮世绘表现的是民间日常生活和情趣。它诞生在民间，流行在民间，并且滋养了同时代的日本文化人，促进了日本文化的形成。

浮世绘版画最初只是木版插图。木版画虽然在日本流传已久，但是多半用于佛画。17 世纪，中国明朝供平民阅读的木版插图本书籍传入日本，这些书的插图风格迅速在日本产生影响。17 世纪后期，新插图本适应新兴市民阶级的要求陆续刊行。在江户，以 1657 年的大火为契机，市民阶层文化开始上升，各种色情插图本大量刊行，为木版插图向新的方向发展提供了契机。

浮世绘刚刚出现的时候很单纯，只有“美人绘”和“役者绘”两种题材。“役者绘”是一种戏剧人物画，后来逐渐出现了以相扑、风景、花鸟以及历史故事等为题材的作品。画面的着色也从最初的黑白两色，逐步发展为简单彩色，最后形成多色的“锦绘”。

对浮世绘有巨大贡献的艺人中，不能不提元禄时期的菱川师宣，他被称为浮世绘艺术的创始人。他不但创造了这种反映人民生活的版画，并且把印刷版画的技术大大提高了一步，使印出的版画在质量上毫不逊色于绘画，为日本绘画史添了新篇章。

浮世绘的制作工序很复杂，一般要由画师、雕师、拓师按顺序分工合作来完成。首先由画师作画，再由雕师刻版，最后由拓师按照画面不同的色彩分别拓印成画。这要求在木板上刻出复杂而又精致的线条，再彩拓成异彩纷呈的画面。

随着浮世绘艺术的发展，许多有名的画师不断涌现。除了创始人菱川师宣外，还有铃木春信，他揭开了浮世绘黄金时代的序幕；鸟居清长与喜多川歌麿被誉为美人绘大师；此外，戏剧绘巨匠东洲斋写乐、写实派大师葛饰北斋，以及将风景绘技巧推向顶峰的一立斋广重等，也都赫赫有名。后 6 人被称为“浮世绘六大师”。

浮世绘是日本江户时代最有特色的绘画，它对西方现代美术有很大影响，在西方甚至被作为整个日本绘画的代名词。19 世纪后半期，浮世绘被大量介绍到西方。当时西方的前卫画家，如马奈、惠斯勒、德加、莫奈、凡·高、高更、克里木特、毕加索、马蒂斯等人都从浮世绘中获得各种有意义的启迪。遗憾的是，明治维新前后，浮世绘逐渐退出历史舞台；但今天，浮世绘依然在世界美术史上占有它光辉的一页。

融合东西方文化的川端康成

川端康成是世界文学史上知名度最高、影响最广的日本作家，出生于大阪。1 岁丧父，2 岁丧母，由祖父母带大，7 岁祖母离世，11 岁姐姐去世，16 岁祖父去世，亲人相继离去让敏感的作家从小就沉浸在悲伤与哀怨当中，性格中留下孤僻和神经质的一面。

川端康成从小广泛吸收日本和世界文学的营养，尤其对《源氏物语》极为着迷。1920 年川端康成进入东京大学英文系，次年转入国文系，大学期间他热心文学事业，习作经常受到称颂。大学毕业后的川端康成随即开始了自己文学创作的生涯。

川端康成 20 岁时独自一人去伊豆旅行，这次适时的伊豆温泉之行改变了作家的人生。途中川端康成遇见了一位美丽的舞女，看上去有十六七岁，头上盘着很大的旧式发髻，使她显得非常娇小美艳，就像《源氏物语》中完美的女子。川端康成被舞女深深地迷住了，他一路追随，讨好舞女的哥哥和艺伎太婆，自幼紧闭的心透进美好的光芒。他第一次得到舞女的真心相待，并说他是一个好人；而受人凌辱的舞女在他的友善中也感受到真情，两颗真挚的心灵交会在一起，流露出淡淡的爱。舞女只有 14 岁，那是一个女孩儿一生最美的时光。川端康成听着她在远处敲响的咚咚鼓声，满心欢喜。作家用意识流的手法完美地展现了人物的内心世界，使小说《伊豆舞女》一经发表便风靡日本，成为所有人心中的美好梦想，因为这个刻下美好记忆的少女就是美的化身。《伊豆舞女》在日本影响极大，曾多次被改编成电影，并编进日本的国民教材。许多地方都能看到伊豆舞女的纪念碑，上面雕刻着舞女的独身像，或是她与“我”在一起的情景。

川端康成是一位高产作家，在半个世纪的创作生涯中，共写出超过 500 篇小说，其中以中短篇小说为主。代表作品除了《伊豆舞女》外，还有《禽兽》、《花的圆舞曲》、《名人》、《重逢》、《舞姬》等。他的创作可分为二战前和二战后两个阶级。前期主要描写社会底层人物的悲惨生活，反映人的孤独、人与人之间关系的非现实性。进入 20 世纪 30 年代后，日本军国主义势力猖獗，而川端康成却过着半隐居的生活，专心创作与战争无干的作品。后期除了表现战争给人带来的创伤和痛苦外，还有不少作品用暧昧的笔调描写病态的性爱，颓废色彩浓厚。

日本于 2000 年发行的带有大江健三郎（左）与川端康成的邮票

川端康成最重要的三部代表作《雪国》、《千只鹤》和《古都》一同为他赢得了 1968 年的诺贝尔文学奖，成为亚洲第二位获此殊荣的作家，其中《雪国》被誉为日本“近代文学史上抒情文学的顶峰”。得知获奖消息后的川端康成第一个反应竟是对妻子说："不得了啦，到什么地方藏起来吧！"害怕受到干扰的作家为了世间的礼貌和日本的光荣只好承受了接下来的一切，尽管他对获奖所带来的荣誉和蜂拥而来的慕名者心存厌倦。这也直接导致了随后几年川端康成在盛名之下不胜其烦的绝然之举。

川端康成一生笔耕不辍，致使晚年身体越来越差，多年不间断地服用安眠药，甚至到了滥用的地步。一直想摆脱安眠药困扰的作家在某天突然停止服药，却发生了戒药后的不良反应，曾被送进医院，神志昏迷不清。1972 年 4 月 16 日下午两点四十五分，73 岁高龄的川端康成对家人说："我散步去了。"这是他留在人间的最后一句话。作家一个人离家，晚上也没有回来，最后家人在工作室里找到了他。川端康成躺在盥洗室的棉被上，口含煤气管自杀身亡。枕边放着打开瓶盖的威士忌酒和酒杯，没有留下遗书。作为一名真正的艺术家，他实现了自己的话，"自杀是最高的艺术，死就是生"。

纯真年代的爱情物语：村上春树

在古往今来的日本作家中，有一个名字显得特殊而重要。他的作品有着畅销书般的惊人销量，但严肃的文学性又使他与那些畅销小说家有着判若云泥的区别；他还没有在文学史上留下自己的名字，然而他的作品却已经为整个世界的读者所接受、喜爱；他生活在大江健三郎和川端康成之后，却没有为他们的光芒所笼罩，而是走出了一条迥异于以前任何一位日本作家的道路。这就是村上春树，一个世界性的日本作家。他的作品写的是日本人，却传达出了全人类对于现实的那种不确定的感觉。

1949 年 1 月 12 日，村上春树诞生于日本京都市伏见区，在他 12 岁的时候，就随家搬到兵库县西宫市夙川定居。他的父亲是京都和尚的儿子，母亲则是船场商家的女儿。由于父亲是国语老师，而且很喜欢看书，因此除了漫画书和周刊志外，村上春树从小时候起就可以买自己爱看的书来读。在读中学的时候，他家每月订一册《世界文学全集》和《世界文学》，村上春树就在这些书的陪伴下度过了中学时代。这给村上日后从事文学创作打下了坚实的基础。

高中毕业之后，村上春树当了一年浪人——重考生。第二年他考上了早稻田大学第一文学部的演剧科。但他几乎不到学校去上课，他在新宿打工，空闲时就到歌舞伎町的爵士咖啡厅去。22 岁时，当时还是大学生的村上春树就和夫人阳子结婚了。3 年后，夫妻两人以日币 500 万元的资金，开了一家以村上的猫的名字命名的“PETER CAT”爵士咖啡厅，之后他们将店面迁移到千驮谷去。

大学毕业后的村上白天经营爵士咖啡厅，晚上则在厨房的桌上点着蜡烛写作，准备参加由《群像》杂志所举办的群像新人文学大赛。结果村上初试啼声的《听风的歌》一举摘下桂冠，村上春树从此登上日本文坛，一举成为当今日本文坛最耀眼的星辰。为了能更专心于写作，他卖掉了苦心经营 7 年之久的爵士咖啡厅，并搬到千叶去住。《挪威的森林》是村上春树最负有盛名的作品，仅在日本就销出了 450 万册。书名“挪威的森林”是 60 年代风靡全球的甲壳虫乐队的一支“静谧、忧伤，而又令人莫名地沉醉”的乐曲名称。小说以主人公渡边同两个女孩间的爱情纠葛为线索，把一段伤感的青春往事呈现在读者面前。渡边的第一个恋人直子原是他高中好同学木月的女友，然而木月却令人意外地自杀了，这给了渡边很大的打击。一年后，渡边同直子不期而遇并开始交往。直子 20 岁生日的晚上两人发生了性关系，不料第二天直子便不知去向。几个月后渡边才知道，直子患有严重的抑郁症，住进了一家远在深山里的精神疗养院。处于苦闷和彷徨中的渡边，对直子缠绵的病情与柔情念念不忘。而此时他却偶遇了活泼开朗的绿子，对她大胆的表白和迷人的活力难以抗拒。在煎熬与挣扎中，传来了直子自杀的消息。渡边失魂落魄地四处徒步旅行。最后，在直子同房病友玲子的鼓励下，开始摸索新的人生。

小说情节很简单，只是对往昔岁月的安抚和生命的咏叹；笔调很缓慢，仿佛一泓泉水在山间轻轻地流淌；语气也很平淡，就像一杯已经冲过多次的茶，只是在唇齿间留着淡淡的香气。然而透过这些宁静的现象，我们却能捕捉到字里行间鼓涌着的一股无可抑制的冲击波，激起我们强烈的心灵震颤与共鸣。

《挪威的森林》似乎有一种神奇的破译功能，它解开了我们心灵的密码，撬开了我们心头厚厚的硬壳，唤醒了我们深层意识那部分沉睡未醒的憧憬，使我们沉重的灵魂获得释放，获得在长久的黑暗中突然进入光明天地的惊喜。

这种纯而又纯的唯美境界，是《挪威的森林》令人着迷的原因所在，也是村上春树的典型风格。

第三章

非洲文明

一、非洲黑人文明

撒哈拉以南的非洲与黑人文明

非洲的黑人，分布于撒哈拉沙漠以南。1300 万 ~ 1400 万年前，腊玛古猿就已经存在了，南方古猿则存在于 100 万 ~ 400 万年前，在东非大裂谷时就出现了，他们都是地球上最早的人类。

能人和智人以直立为标志，存在于距今 200 万 ~ 20 万年这段时间内，而现代智人存在于 12 万年前。由此可见，一万年前，智人在非洲各地就存在了。人们认为，非洲的人类发展史较连贯，非洲因此成了人类文明真正的起源地。

非洲的得名源于公元前 2 世纪的罗马人。当时，他们把阿非利加作为其行省之一，所谓的“阿非利加”，即是“阳光灼热地带”的意思。在非洲，由赤道以北或赤道附近生存的尼格罗人、东非丛林和沼泽地生活的布须曼人以及刚果和赤道热带雨林出没的浑米格人形成的非洲黑色人群，占到了非洲居民的三分之二左右。阳光烤黑了他们的皮肤，于是他们又称赤道人种。德国境内的尼安德特人迁徙到非洲，则成了非洲的白人。这主要是殖民统治造成的后果。在殖民时代，非洲黑人被抢掠并当做奴隶贩至美洲，在那里服劳役，也把非洲的文化传播到那里。

黑人居住的非洲地域，人们称为撒哈拉以南的非洲。直至现在，那里的文明依然停留在较落后的阶段，其主要原因是地理、自然环境所致。诸多的病菌和虫类以及高热高湿的环境对黑人的健康造成严重的威胁；同时，各种农产品储藏也极为困难；居高不下的出生率，导致有限的资源更趋紧张。缺少文明教化的非洲，一时间无法与发达地区同步。直至现在，非洲也是艾滋病等人类致命疾病的高发地区。尽管如此，撒哈拉以南的非洲的悠久历史文化，对全球的文明发展仍有至关重要的作用。

非洲黑人的岩画

非洲是人类文明的发源地，原始时期非洲人创造的各种古老的艺术文化，经历了岁月的沧桑和尘世的风雨，依然充满生命活力。

非洲的岩壁画与欧洲同期，分布却比欧洲广。最早发现非洲史前壁画的地方是在莫桑比克，那时有一个来自葡萄牙的旅游团独具慧眼，使沉寂了上万年的艺术珍品展现在现代人的面前。

非洲岩画大多在高地边缘的悬崖峭壁上，也有一些绘于洞穴。它们是一万年前人类文明的遗迹，起源与巫术、娱乐有关。原始非洲的岩画，采取刻画与绘画的方式。较松软的砂岩非常适合刻画。刻画的工具是尖状的石器。绘画则用白色、红色、黑色等颜料涂抹在事先描好的轮廓底线上，这些颜料基本是有色土、石、烟墨等。尽管年代久远，它们依然色彩如新。

狩猎、放牧、马匹、骆驼这四个时期是撒哈拉古代岩画的重要阶段。它们大多是以动物为主题，其中骆驼所占的比重最大。还有一些鸟类，如鸵鸟，以及大象、犀牛等。撒哈拉岩画出现于人类从原始时期进入文明时期的阶段，有许多巨幅的岩画，如一头 7.5 米长的犀牛。同时，一些岩画也生动地描绘了人类活动，如歌舞、射猎、列队行进等。这些撒哈拉岩画绘制的年代不同，所体现的人物形象也各不相同。起先纯粹是黑人，后来有埃及人和白人。这些人物形象富有动感，不画五官，但形态动作生动而逼真。在这些岩画中，原始非洲黑人的生存状态和礼仪方式被表现得淋漓尽致。

非洲雕刻艺术

非洲大陆是人类的发源地之一。但是，在过去的很长一段时间里，他们的艺术总是被忽略，特别是那些古老的部落和王国，似乎早已不在人类艺术的视野之内了。

伊费古国在非洲古国中文明最为成熟，是热带非洲雕刻艺术的发祥地之一。它位于今天的尼日利亚西南部。13 世纪左右，伊费艺术繁盛，留存下来的作品以赤陶头像、青铜头像和青铜器皿为主，其中最著名的雕刻作品是《伊费国王头像》。这件作品被看成 13 世纪尼日利亚艺术鼎盛时期的代表作，制作方法是一种被称为“失蜡法”的浇铸工艺。雕像的面部和装饰着珍珠的王冠十分精美，面部比例十分准确，耳朵、眼睛和嘴唇造型优美协调，非常富有个性，神态端庄、安详。引人注目的是雕塑面部覆盖着的纤细的刺花纵纹，这种花纹为非洲黑人雕刻所独有。丰厚的嘴唇周围有很多小孔，后人推测是用来垂挂装饰品的。

非洲木雕母后头像 16 世纪

贝宁王国是西非最古老的国家之一，15 世纪时国力强盛，这使它成为非洲青铜雕刻的中心。这个古老的王国位于现在的尼日利亚西南部。贝宁的雕塑技艺在 13 世纪末由伊费王国传入，但是，这个王国的艺术家并不满足于伊费的艺术，他们自己的探索，最终形成了自己的艺术特色。19 世纪，英国军队焚毁了贝宁古城，掠夺了数千件雕刻艺术珍品，包括《公主头像》。《公主头像》又称《母后头像》，创作时间大概是 16 世纪初，据说是贝宁母后祭坛上的青铜纪念头像。令人奇怪的是，母后被刻画成了一个年轻貌美的公主。她的头上戴着典型的网纹尖顶帽，修长的脖子上戴着精美的项链。面部非常光洁、细腻、柔和，光影变化丰富。眼神威严，双唇紧闭，显示出了尊贵的身份。总之，整件作品体现了当时贝宁艺术写实主义的特色。

非洲大陆的艺术盛极一时，但是，它伴随着欧洲强国的入侵以及殖民地时代的开始而被中断，一直到 20 世纪中叶。

已有上万年历史的古代非洲黑人的雕塑艺术，其中最主要的是木雕。但目前存世的古代木雕作品不是很多，主要是非洲高湿高热和虫害太盛的缘故。

在古代非洲，常用来雕刻的原材料都是质地较为硬实的木材，制作木雕的工具也无非是刀、凿等。制作完成后，予以精心打磨，再敷上各种染料进行涂抹。在制作木雕时，工匠往往去一个隐秘场所偷偷工作，不让外人知道。据说，这样做出的木雕具有一种神秘的力量。

非洲木雕主要有两种：一种是朴实的，具有较强的写实色彩，它们主要用来表现国王、祖先及历史人物，形象生动，栩栩如生；另一种则是一些与巫术有关的法器和神像，在表现形式上无限地夸张，甚至于荒诞不经。

在黑人木雕像中，最有代表性的是 17 世纪巴库巴族的雕像，它们都以国王为主要表现对象，现存的有 19 座。这些国王木雕皆有王权形象的表征。这些雕像高约 50 厘米，把国王的个人特征抓得很准，并富有缅怀、纪念的意义。

一些以几何形体作躯体的人物木雕，往往是用于祭礼的。这一类的代表性作品，在非洲塞拉利昂和多贡的黑人土著民族中，都具有法器的性质。

在非洲黑人的木雕中，有相当一部分以雕花门窗和生活用品上的装饰形式存在。特别是一些勺、杯、灯具、桌椅、梳子之类，为数更多。

非洲的面具实质上是一种木雕。面具具有浓郁的巫术气息，它们往往雕刻成兽形，这些兽形所代表的精神凝聚在面具上，并赋予无限的神奇力量。这些面具往往在祭礼、丧葬、祈雨等宗教活动中得以运用。随着时代的变迁，这些面具更富有娱乐性，而原有的神秘色彩已经淡化了。

非洲的面具雕刻方法基本上等同于木雕人像。这些面具，有些用包头布连着，戴在面上，有些像盔形的，套在头上即可。这些面具用于傩戏和神话戏剧的表演中，它的风格也丰富多彩，充满无限的想象，构思奇特怪异。除了动物外，还有一些抽象的东西融合进去，非常奇诡。

非洲的黑人音乐

撒哈拉以南的非洲的音乐，有史料记载的最早出现在库什时期，即8世纪。而公元前6000～公元前4000年，撒哈拉壁画中就出现了兽角号的形象。一些史前音乐、舞蹈表演也在南非的岩画中得以体现。到7世纪，非洲的音乐受到阿拉伯音乐的不同程度的影响，并相互融合。一些乐器如锣、葫芦、象牙号等在16世纪就较为盛行了。同时，撒哈拉以南的非洲也流行一种叫作落片琴的拨弦乐器。欧洲殖民扩张的深入和加强，也使黑人能熟练地弹奏西班牙吉他。

多贡人制作的演奏巴拉方琴的乐师

在历史的发展进程中，音乐与舞蹈促进了整个非洲文明的发展，也丰富了黑人的精神和社会生活。非洲鼓成了威权和神圣的象征。与舞蹈孪生的礼仪音乐，则吸引更多的土著人载歌载舞，寻求灵魂的快乐。在非洲的乐器中，拨弦乐器是说唱音乐中最合适的“合作伙伴”。而拉琴、竖琴等被民间那些叫作“格里奥”的说唱艺人所采用。他们的技艺是祖辈教给的，因为音乐，他们对古往今来的大事了如指掌。他们凭着记忆演唱，或即兴编词编曲，流浪街头，可以说，他们是音乐的传播者。

非洲音乐发展到现代，与西方音乐并驾齐驱，爵士乐器也被运用到乡土音乐的演奏中。美国黑人音乐与西非的“高尚生活”相互和谐，同样，美洲的伦巴节奏体现在刚果的乐曲之中。

非洲的黑人音乐以浓郁的乡土特色和时代精神赢得了国际上的美誉，也出现了一些著名的乐队与歌手，如阿贝蒂是 20 世纪 70 年代的扎伊尔女歌星。除此以外，较著名的还有东非的“切塔”音乐、南非的“克维拉”等。

撒哈拉以南的非洲的舞蹈

在非洲，民间舞蹈以黑人舞蹈最为普遍，并且最为悠久。

非洲黑人舞蹈早在 6000 多年前就已经存在了。随着殖民主义者的压迫，非洲黑人舞蹈受到了严重的制约，它的重兴是在非洲各国独立后的 20 世纪 50 年代。

仪礼式舞蹈和娱乐性舞蹈是非洲黑人舞蹈的两种表现方式。前者在程式和音乐中必须遵循严格的规定，主要方式有割礼舞（这是对小孩成年的庆礼）、敬神舞、葬礼舞等，类似于傩文化。它直接影响到黑人民俗的传播，弘扬着独具一格的黑人民族精神。而自娱性舞蹈热情、奔放、自由，如加纳人的驱兽舞蹈，跺脚并挥动棍棒，可即兴发挥，或通宵达旦，或踏歌而行，极能陶冶性情。

非洲黑人舞蹈富有生命的韵律，把人性的美表现到极致。它的和谐的动作和统一的节奏，使全身都在激烈地运动，是极有宣泄力的。黑人舞蹈主要以鼓伴奏，还有的由一名歌手演唱，众人和声，与鼓声交融，和着喊叫，更富有情感氛围。

在非洲黑人舞蹈中，舞者往往化妆或戴上一些面具。但溯其源头，原始的舞蹈是全身裸露的，后来则饰以兽皮及各种编织品，或戴贝壳、珠子穿成的链子，戴上脚铃和其他会发出响声的小饰品，以增强舞蹈的节奏感和音乐性。

非洲黑人舞蹈可以说是世界现代舞蹈的源泉。它的艺术表现形式，无论是音乐还是动作方面，都影响了现代迪斯科、摇滚乐和爵士乐的发展。现代西方舞蹈是对非洲黑人舞蹈的一种有益的学习、借鉴与吸收。

努比亚文明

努比亚是历史上对尼罗河中上游一带地域的总称。它地处南非洲与埃及、甚至北非与东、西非文化的交叉口，无论在文明传播还是战略位置上，都有非常重要的价值。

黑人文明自撒哈拉沙漠四处流徙，努比亚则是文明流徙的第一站，它的历史要比埃及久远。历史学家所称的“A 族群文化”存在于公元前 4000 年末。努比亚人处于游牧状态，饲养的牲畜主要是牛与山羊，其文化的象征是精美而奇巧的小型陶器。它们尖底、涂有黑釉，并饰以红色的花纹，手感非常细腻。这一时期，有一幅岩画表达了努比亚受埃及侵略的情形，它位于苏来曼的山顶上。A 族群文明发展到公元前 3000 年后被 B 族群文明代替了。B 族群文明存在之时，努比亚已经被埃及占领、奴役，成为埃及的附属国。埃及人常用努比亚的木材结成木筏，运送黄金及其他物品，沿尼罗河而归。C 族群文明是在公元前 2200 年发展起来的，当时，埃及已经发生内乱，内外无法兼顾，古王国解体。努比亚的牛饲养已经达到了极盛，一些古岩和墓葬中，牛的形象和遗物随处可见。在建筑中，民居从小帐篷形式过渡到圆形的石屋和方形的石屋。在这一时期，一些首饰品也出现并流通了，如手镯、贝壳串做的耳环等。

可惜努比亚稳定发展的 C 族群文明持续时间很短暂。埃及重整雄风，中王国建立，努比亚不堪侵略，只好率众南迁，至凯尔迈城，另建库什王国。因而努比亚的 C 族群文明只延续到公元前 16 世纪。

诺克文明与西非文明

诺克文明存在于公元前 5 ~公元前 3 世纪。它是西非铁器文明的代表，因其文化遗址位于尼日利亚境内的一个小村庄而得名，类似于中国的河姆渡文化。在这里，有 13 座炼铁炉的旧迹，一些铁器也是公元前 500 ~公元前 300 年这段时间制作的。公元前 3 ~公元前 2 世纪，诺克文明一派繁荣景象，发展稳定。

诺克文明除了铁器以外，一些人物陶像和动物雕塑也是其文化的主要表征。这些人物雕像具有非洲黑人的特色，并配有各种饰品，虽然粗拙，但颇具神采。它们都是用泥土制作、焙烧而成，而且恰到好处。

如果说马格里布文明与努比亚、库什文明因埃及与罗马文明的影响显得不纯粹的话，那么尼日利亚境内尼日尔河畔的西非文明，则是地道而本色的。这里是黑人活动的最早地带，黑人文明因此显得最为悠久。与上述的诺克文明一样，这里也孕育了 11 世纪至 14 世纪的伊费文明，它因伊费这个尼日利亚的文化古城而闻名。它的主要特色表现在雕刻上，雕像主要以国王、贵族为主，皆富有强烈的写实风格。到了 15 世纪至 16 世纪，伊费文明被贝宁文明所继承和发展。贝宁也是尼日利亚的海滨城市。15 世纪以后，源于伊费的雕刻工艺得到进一步的改进和完善。作为宫廷艺术的贝宁雕刻，作品更显洗练，具有更高的艺术概括性和装饰性，在表现形式上更富有感染力。

在西非，1936 年由法国人发现的萨奥文化遗址，确定是公元前 425 至 1700 年这段时间的遗存。与伊费、诺克文明不同，萨奥文明以陶土制品为主。萨奥的人像雕刻，虚化了额部，对嘴、眼等处予以极大的夸张，同时，把动物与人结合起来，统一和谐，使之融为一体。

无论是诺克文明、贝宁文明还是萨奥文明，都体现了古代撒哈拉以南的非洲艺术的真正特色，它们蕴含了非洲黑人传统文化的精髓。

拉利贝拉独石教堂

拉利贝拉独石教堂位于埃塞俄比亚首都亚的斯亚贝巴以北约 350 千米处一座山麓上。远望整个山麓，树木葱葱，根本看不到任何建筑物，当走近时，却豁然开朗，11 座教堂与地面齐平，这是 12 ~ 13 世纪初拉利贝拉国王统治时期由 5000 名能工巧匠花了 30 年时间凿成的。

拉利贝拉教堂城的每座教堂占地 50 到几百平方米不等，大约有三四层楼那么高。它们大小不同，颜色各异，造型也各有特色，但也有许多共同特征，如都有古老的阿克苏姆式的石碑尖顶，内部结构和装饰都是凿空雕成的，都有包括石柱形走廊、镂空透雕的门窗以及纹饰、塑像、浮雕和祭坛等。在这些教堂中，规模最大的是梅法哈尼 · 阿莱姆教堂。梅法哈尼 · 阿莱姆是救世主的意思，因此这座教堂又称为救世主教堂，它是由红色岩石凿刻而成，显得神圣而又庄严。最为精美的是玛利亚教堂，在它的天花板和拱门上，用红、黄、绿等颜料绘成一幅幅精美的几何图形和动物画像，色彩绚丽，惟妙惟肖。造型最奇特的是圣乔治教堂，整个教堂被凿刻成十字架的形状，从空中俯视，就好像是一个平放在地上的巨大十字架。埃曼纽尔教堂为两层建筑，红墙上镶嵌着几何图形，窗口有阿克苏姆石碑式雕刻棂格。所有教堂之间有壕沟、桥梁和岩洞互相接通，构成了一个巨石上的石头都城。

10 世纪，扎格维王朝取代了阿克苏姆王国。1181 年，扎格维王朝的王公拉利贝拉当上了国王。他把埃塞俄比亚北部山区的罗哈选定为都城，并用自己的名字来命名罗哈城。拉利贝拉是个十分虔诚的教徒，为了显示对上帝的一片赤诚之心，他决定修建一个教堂般的都城。他从全国各地招募了 5000 名能工巧匠，在建筑大师锡迪 · 梅斯奎尔的带领下，不用任何灰浆或黏合剂，在坚硬的岩层中凿刻出一座又一座独石教堂，把它作为自己的都城。

后来，由于扎格维王朝的败落，独石教堂也败落了。1974 年，这颗

在独石教堂附近进行的宗教仪式

被历史的尘土和沧桑岁月掩埋达 5 个世纪之久的璀璨明珠，再度放出瑰丽光芒。至今，人们仍在使用独石教堂，有一千多名教士住在里面，每天都有很多朝圣者前来参加宗教活动。

独石教堂石刻艺术精美绝伦，有“非洲奇迹”之称，1978 年被联合国教科文组织认定为世界文化遗产。

二、埃及文明

尼罗河与埃及人

埃及处于东北非洲，尼罗河是埃及文明的摇篮。它两岸土地膏腴肥沃，古代人称之为“凯麦特”，意即黑土地。历史上，尼罗河河谷地区为上埃及，下游地区三角洲则为下埃及。与中国、印度、巴比伦一样，埃及是世界四大文明古国之一。

埃及的古代文明是北非土著民与西非人共同创造的。公元前 6000 年起，埃及人开始制作铜器，农业生产也较发达。埃及前王朝即涅伽达文化时期的墓葬陶片上体现了一种王权的存在；在墓壁画上，则表现战争和奴隶的情形。文字虽然原始，国家却已经存在。

古埃及的文字是象形文字。它产生于公元前 4000 年末期。象形文字计有 24 个符号，但它们不是字母。象形文字源于图画文字，如表现日月山川及一些具象事物和动作时，就比较方便了。古埃及人书写自右向左、自上而下，与中国人差不多，也有些与此相反。第一期埃及文字是祭司体，到公元前 1000 年初期又出现世俗体。它后来很少被人使用，是因为太复杂了，但它促进了腓尼基字母的形成。

埃及人的特征是身体高、头发黑、额头低、眼珠黑、睫毛密、鼻子直、脸型宽、肩膀阔、体格剽悍强壮。这主要体现在古代埃及遗存下来的雕刻与岩画中。

埃及金字塔

神秘的埃及金字塔是古埃及法老和王后的陵墓，因为它的形状酷似汉字“金”字，故译作“金字塔”。在茫茫大漠之上，金字塔显示出一种永恒、稳定、简洁、庄严之美，它稳固地矗立在沙漠上达五千年之久，所以有句话说，时间是无敌的，但时间惧怕金字塔。

位于埃及首都开罗西南 10 千米的吉萨郊外的三大金字塔是埃及金字塔中最著名的，它们分别是胡夫金字塔、哈夫拉金字塔和孟卡乌拉金字塔。

胡夫金字塔是埃及现存规模最大的金字塔，建于第四王朝第二位法老胡夫统治时期。金字塔的四个斜面，面向东南西北四个方向，塔基呈正方形。整个塔身由 230 万块巨石组成，原来高 146.59 米，在历经几千年的风化剥蚀之后，现在只有 138 米高。

哈夫拉金字塔是胡夫孙子的陵墓，是埃及第二大金字塔，高 143.5 米。举世闻名的狮身人面像便紧挨着哈夫拉金字塔。1992 年，哈夫拉金字塔经历了一次强度为5.4级的地震，部分受到损坏。

哈夫拉金字塔及狮身人面像

孟卡乌拉金字塔是三大金字塔中最小的一个，是胡夫的曾孙迈塞里努斯的陵墓，它底边边长108.5米，塔高66.5米。

那么古埃及法老为什么要建造金字塔呢？相传，在古埃及第三王朝之前，也就是胡夫统治以前，无论王公大臣还是普通老百姓死后，都葬在一种用泥砖建成的长方形的坟墓里，古代埃及人称它为“马斯塔巴”。后来，有个叫伊姆荷太普的年轻人，在给埃及法老设计坟墓时，发明了一种新的建筑方法，他除了在法老的墓地上建起天梯，还将陵墓内部设计得极端复杂，以保证法老归天之后，安享死后的安宁。外人如果想到法老的墓室一探究竟，必须先找到金字塔的入口，再深入地底，冲破种种机关，走过层层迷宫才能到达。在外部，他则利用山上开采下来的呈方形的石块来代替泥砖，最终建成一个六级的梯形金字塔，这就是金字塔的雏形。

但是，考古学家、心灵学家和秘传研究的学者等并不同意这种见解。一些研究秘传的学者认为，坐落在埃及等地的每一座金字塔都是一个巨大的文化、祭祖和能量聚集的中心：塔里面存放着许多经书，待在里面可以使人接受宗教的洗礼；集聚在金字塔里的能量强大无比，它可以影响到四周地域的气候变化。

还有一种说法，古埃及的圣人贤士为防范后人破坏他们的创造物，就利用金字塔的能量摧毁了胡夫金字塔周围的一切，使之成为一片茫茫沙漠……

金字塔内部充满神秘。外表却异乎寻常地简单。这种形式与内容上的矛盾，让金字塔更具精神上的魅力。单纯而有力的外形在白云、蓝天、黄沙之间展开，气势壮阔，具有惊心动魄的艺术感染力。

古埃及的墓壁画

古埃及的壁画主要存在于某些法老的墓室中，它往往是陵墓中不可或缺的点缀品。画于陵墓入口处的壁画受日晒雨淋，剥蚀严重；而画于墓室的壁画，得以完整地保存下来。它们富有浓郁的生活情趣，一些动物的刻画描绘也具有人性化特征。这是中王国时期墓壁画的最大特点。

古埃及壁画发展到新王国时期，在题材和表现手法上有了许多拓展。它与浮雕携手并进，在艺术格调和氛围上有了更多的新意。画家的运笔日渐纯熟，造型也日臻完美。著名的有纳赫特墓中的《女乐师》，它表现了当时宫廷音乐、舞蹈的情形，体现了贵族穷奢极欲的浮华生活。除了乐舞题材外，以打猎、沐浴和其他娱乐活动为题材的也为数甚多。另外，它们也描绘了一些外族朝贡的场面。当时，努比亚及附近的小国常携奴隶、牲畜向埃及法老纳贡，以求安宁。壁画中，较真实地体现了当时的社会、民俗、文化特征，这可在服饰和人物形象上得以证明。

在此时期，壁画中也反映了百姓的日常生活，如养牛、种植、收割以及诸多手工作坊场面。

与雕刻一样，埃及的壁画到后期也一蹶不振了。神庙和陵墓的建造不及以前那样热火朝天，但还有一些墓室壁画存在。有一幅壁画表现了阿蒙拉神诞生的场面，它歌颂了埃及人生生不息、繁衍苍生的精神境界。

阿蒙拉神和他的神庙

阿蒙拉神是埃及新王国时期人们所崇拜的级别最高的神灵。他是太阳神。在此之前，埃及人信奉的是荷鲁斯，即鹰神。然后是拉，据说拉坐着天牛拽拉的神车在宇宙中穿行。由于天牛乏力了，拉神就让他的父亲扛天牛肚腹，帮助天牛行进。拉头戴太阳圆盘状的头饰。到后来，他的天牛车成了船。拉每天驾着他的太阳舟，从东向西，到达地下，然后同恶魔决斗，通过十二道关隘。

赫里奥坡里斯作为古埃及的第三大城市，是太阳神崇拜的中心地区，人称太阳城。那里也盛行一种“太阳祭”。太阳神崇拜在结合了孟菲斯和摩罗里斯诸神信仰的同时，在太阳神拉的基础上形成太阳神阿蒙拉。阿蒙拉神形成的时间是在埃及中王国时期，在新王国时最为鼎盛。赫尔摩坡里斯的太阳学说，认为海洋是努恩神，是诸神的创造者，他创造了永生黑暗之神，最后才创造了阿蒙拉神。古埃及人崇拜水和太阳，它体现了富庶的尼罗河谷地和温煦的阳光都是埃及人的生命源泉。阿蒙拉神又称为阿蒙神。

太阳神阿蒙崇拜发展到公元前 1735 年的法老阿蒙霍捷普四世，经历了一次重大的变革。他摒除祭司，以阿吞（即有形的太阳）代替阿蒙拉神，并为自己改名为埃赫那吞，意即“我是阿吞满意的”。但他这种改革还是失败了，古埃及人信仰的还是阿蒙拉神。

埃及著名的阿蒙拉神神庙是公元前 16 世纪建造的，位于底比斯北郊的卡纳克。它由阿蒙拉神庙、阿蒙拉神的妻子穆脱女神庙以及女儿孔司月神庙组成，三足鼎立，成为一个规模可与金字塔相媲美的建筑群落。这里有雕满象形文字和饰有莲花柱头的共计 134 根圆柱擎起的大厅，还有方尖碑、祭坛、工艺作坊、图书馆等配套设施，珍藏着 1700 件青铜像和 800 件石雕像，诸多文物汇集于此，成为埃及文化的宝库。

与卡纳克神庙相距不到 1 千米的卢克索神庙，历史比卡纳克神庙更久。它于公元前 1392 年动工，整个工程用了 140 年，但目前存留的只是残迹。

卢克索神庙位于尼罗河东岸的底比斯古城中。底比斯是古埃及帝国中王朝和新王朝的都城，至今已有 4000 多年的历史，历代法老在这里兴建了无数的神庙、宫殿和陵墓。经过几千年的岁月，昔日宏伟的殿堂庙宇都变成了残缺不全的废墟，但人们依然还是能够从中想见它们当年的雄姿。

卢克索神庙是埃及新王国第 18 朝国王阿梅诺菲斯三世为供奉埃及的太阳神阿蒙所建，后来的国王拉美西斯二世、图坦卡蒙等都曾对神庙进行过修复，并在神庙内题写碑铭。神庙共有 10 座巍峨的门楼、3 座雄伟的大殿，神庙正面的大门是拉美西斯二世所建，原来有 6 尊拉美西斯二世的巨像，现在只剩下 2 尊。阿蒙拉神庙的石柱大厅内有 134 根巨柱，每根要 6 个人才能抱住，这些石柱历经 3000 多年无一倾倒。庙内的柱壁和墙垣上都刻有精美的浮雕，记载着古埃及的神话传说和当时人们的日常生活。庙前原来有两座尖方碑，东边一座尚在，西边的一座送给了法国，现在立在巴黎协和广场上。

在埃及新王国时期，埃及的皇帝们经常把大量财富和奴隶送给神庙，于是祭司们就成了最富有、最有势力的奴隶主贵族，对国王的统治形成了威胁。为了削夺阿蒙祭司们的权力和地位，一场由上而下的改革从王宫里发起了。

故事主人公是古埃及国王埃赫那吞，在他成为法老之前，他就对阿蒙拉神庙僧侣们的做法不满，对僧侣们在地方上的骄横也早有所闻，因此便决心削减阿蒙拉神庙僧侣的势力。他即位后，起用了一批新的大臣，又从下层官吏中提拔了一些新官吏，使他们成为自己政权的支柱。埃赫那吞偏爱希利奥波里城的地方神阿吞神（太阳神），因此，在他即位之后，便下令以阿吞神取代阿蒙拉神为全国最高神，命令全体子民一律供奉新神。为此，他将自己的名字阿蒙霍特普（阿蒙的钟爱者的意思）改成埃赫那吞，意即阿吞的光辉。但是，由于没有给老百姓任何好处，再加上僧侣集团的势力强大，改革最终还是失败了。埃及对阿蒙的崇拜不仅没有缩减，而且更甚。

卢克索阿蒙拉神庙经过历代法老的修整，具有令人惊叹的雄伟气势，每一根柱子都代表了法老的威严，置身于其中会使人暂时忘却时间的流逝。

古埃及的文字

古埃及的象形文字最早出现在公元前 4000 年左右。埃及象形文字有 22 个符号，这些符号中，有表形符号、表意符号和部首符号，但是没有演变成字母，它如同中国的象形文字。

古埃及文字的书写方式与中国文字差不多，也是自上到下、自左到右。后来，埃及象形文字也演变成祭习体、世俗体以及科普体形式。象形文字基本上以铭文、碑刻的形式存在。由于它过于复杂、烦琐，书写的速度提高不了，后来被希腊文和阿拉伯文所替代。

古埃及在古代没有比较突出的文学巨著，但至今保留下来的一些文字如金字塔文、棺文，都记载了一些关于宇宙人类起源以及埃及人对自然物崇拜的内容。

尼罗河流域盛产的纸莎草也成了埃及人取之不尽、用之不竭的廉价材料。在古埃及文字中，常用纸莎草图形表示“下埃及”这个特殊的地理概念。纸莎草被压平，然后晒干，写上象形文字，再把它卷筒存放，或传阅。这些纸莎草也记录了一些格言、寓言及小说，故事等，较著名的有一篇写于公元前 2050 年的《农民请求》。

古埃及没有文学巨著传世，但古埃及文字是世界上最早的文字体系，反映了埃及悠久的文明与历史。千百年来，它是一种死文字，但 1822 年法国学者对此作了明确的解读。

苏伊士运河

苏伊士运河是一条海平面的水道，在埃及贯通苏伊士地峡，连接地中海与红海，提供从欧洲至印度洋和西太平洋附近土地的最近的航线。它是世界使用最频繁的航线之一。是亚洲与非洲的交界线，是亚洲与非洲人民来往的主要通道。运河北起塞得港南至苏伊士城，长 195 千米，在塞得港北面掘道入地中海至苏伊士的南面。苏伊士运河处于埃及西奈半岛西侧，横跨苏伊士地峡，处于地中海侧的塞德港和红海苏伊士湾侧的苏伊士两座城市之间，全长约 163 千米。

建于 1869 年的苏伊士运河，连接起地中海与红海的广大区域。乘船而行，沿途景色令人心旷神怡。运河穿过沙漠和城市，给交通与商贸带来了极大的便利。同年 11 月 17 日，苏伊士运河通航。

早在 7 世纪，一个奇特的念头在埃及国王头脑中形成。埃及国王尼奇早就想修这条运河。当他估计将有 2 万人丧命后，就未立即动工。苏伊士运河未建成之际，如果坐船从非洲东岸出发，必须南行至非洲的好望角，再北上才能进入地中海，多行驶上万千米的水路，从而兜了一个大圈子，浪费许多宝贵的时间，而且丧失极好的商机。

苏伊士运河是 1859 年 4 月 25 日开始动工的。当时，埃及是法国殖民地，开凿运河是由法国决定的。由于地理环境和气候条件的恶劣，有 12 万名埃及工人丧生。工程一直延续了 10 年。运河建成后，由法国人经营，英国人也在这里分享一杯羹。埃及独立后，收回了苏伊士运河的主权。这是 1956 年 7 月的事。

苏伊士运河穿越北非，从而使天堑变坦途。运河长 172.5 千米，其宽度为 365 米，可以通过 15 万吨级的轮船，堪称人类文明史上的一项伟大的工程。

苏伊士运河是埃及仅次于侨汇和旅游的第三大外汇收入来源。运河管理局统计报告显示，苏伊士运河自 1975 年 6 月重新启用到 2000 年 6 月的 25 年里，共为埃及征收的船只过境税达 300 亿美元，是苏伊士运河自 1869 年 11 月正式建成启用到 1969 年的 100 年间过境费收入总和的 6 倍。据运河管理局公布的年度报告，2001 年共有 13986 艘各类船只通过苏伊士运河，这些船只的总载重量达4.56亿吨，收取的船只过境费达19亿美元。2002年7月1日至2003年6月60日的财政年度里，苏伊士运河收入达到23.08亿美元，创运河自1869年开通以来新高。

第四章

美洲文明

一、美洲印第安土著文明

美洲与印第安人

美洲的“发现者”是哥伦布。1492年，哥伦布率船自西班牙的巴洛斯港出发，同年10月12日，他们在巴拿马的圣萨尔瓦多群岛登陆。当时，他们并没有意识到是到了美洲，而是把它当成印度，当地的土著人就被命名为印度人。后来，意大利人阿美利加到了美洲，他觉得这里绝对不是印度，而是新大陆。后来这块土地就以“阿美利加”命名了，简称美洲。

被哥伦布当作印度人的美洲土著人也就是印第安人。早在二万五千年前至一万年前，他们就生息在这片土地上，无论北美还是南美，都有他们出没的足迹。哥伦布曾经把从美洲带来的两名印第安人呈献给国王。

印第安人被人称为“牛角红蕃”，即红种人。阳光的长年照射与涂抹红染料的风俗使他们的肤色特征更加明显。另外，也有一批印第安人是从太平洋诸岛屿漂洋过海进入美洲的，故他们与大洋洲的文明也有密切的渊源关系。

现在我们所说的印第安人，也是美洲大陆土著民的总称。加拿大的易洛魁人、中美洲的玛雅人、秘鲁和玻利维亚的印加人、墨西哥的阿兹特克人、加勒比诸岛的加勒比人，都是印第安人的分支。玉米的种植与野牛的驯养，为印第安人的生活提供了可靠的保障。印第安作家危地马拉的阿斯图里亚斯在小说《玉米人》中，叙述了印第安人的历史、文化、生活与斗争的情形。

印第安人的悠久文化是独立的，有遗迹可查的是公元前 9000 年。到公元前 5000 年，玉米被大量种植。经过对安第斯山西流入海的诸多河谷考古表明，美洲的印第安文化完全与美索不达米亚文化同期存在，皆距今有四五千前的历史。丰富多彩的印第安历史文明中，最有代表性的是阿兹特克文明、玛雅文明与印加文明。

由于欧洲殖民主义推进，印第安文明受到严重的戕害。欧洲人不仅毁坏了他们的家园，而且大肆屠杀他们，传播瘟疫驱逐他们离开赖以生存的故土。自 16 世纪开始，许多印第安人部落被消灭，侥幸生存下来的土著常被贩卖为奴。因此，印第安人文化发展在近代出现断层。直至现在，印第安人的文明程度也处于较为原始落后的状态。

太阳石与玉米神

现在的墨西哥盆地的历史是在 13 世纪初由北方的阿兹特克人开创的。当时在迁徙的途中，他们看见在一处空地上，红蓝两股泉水交汇，在两泉合流的岩石上的一棵仙人掌树上，有一只鹰正在悠闲地吞食一条蛇。这群阿兹特克人在崖石上建了一座庙宇，称为“特诺奇蒂诺兰”，意即“石上生仙人掌的地方”。因为他们定居这里是战神墨西特利指引的，于是，这里又名“墨西哥”，即是“墨西特利所在的地方”。

这里是继特奥蒂瓦坎后的又一个印第安重要文化遗存。其代表是一块圆形的太阳石。它位于特诺奇蒂特兰城的中心广场，其中心雕有太阳神像，周围五圈雕有表示年月日时的图案，中间有一立竿，日光将立竿的影子投向所指的时间上。这种太阳石的作用有点像中国的日晷。与太阳石相媲美的，是特诺奇蒂特兰城中的四十余座太阳神庙和羽蛇神庙，可惜被西班牙殖民主义者毁于一旦。这是16世纪的事。

与太阳石一样，图腾浮雕石板与石柱作为一种崇拜形式，也有着悠久的历史。印第安人敬畏自然万物，信服动植物和其他自然现象，他们以图腾雕刻的形式表现出崇拜之情。在印第安人心中，玉米神与大地之神、丰收女神一样，都是女性化的神灵。在印第安古代神话中，一对神灵生育了智慧神、记忆神、丰收神与行动神，这四位神都是世界的创造者。属于后期的托尔特克文明，则主要存在于霍奇卡尔城、蒙特阿尔班城和埃尔塔欣这三个城市。它们与特奥蒂瓦坎城有着明显的传承关系。这里的居民基本都种植玉米，所以玉米神形象在当时的农业神庙中体现得非常丰富。在特奥蒂瓦坎神庙中，就有一幅壁画描述当地居民向农业神献祭的场面，许多玉米粒都被当作点缀物画于壁画之中。在埃尔塔欣城，则建了一座6级神龛式的金字塔，它底座周长35米，高25米，设有365个神龛与一年365天对应。玉米神也有着十分重要的地位。在当时，人们甚至用活人献祭诸位神灵。玉米神信仰延续至7世纪的玛雅时期。在洪都拉斯的科潘城，人们发现一尊保存最完整的、艺术上最精致的玉米神雕像。托尔特克文明产生于950年，兴盛于墨西哥城西北的图拉城。当时图拉城可供6万人居住与生活，直到1150年，图拉城内部争斗日盛，外邦入侵，托尔特克文明消亡。

易洛魁人与休伦人

易洛魁人与休伦人是在加拿大东部生活的两支印第安人。以农业生产为主，有好几千人一起聚居的易洛魁人，种植玉米、向日葵等作物，以木构屋，形成村落。他们采用烧荒方式来开垦土地，在挖掉树根和草皮的疏松土壤中播种，除了满足生活需要外，多余的则向各村落交换与兜售。

狩猎对于易洛魁人来说，是一种副业，主要是猎获鹿。他们往往穷追不舍，把慌不择路的鹿群赶进事先用树木围起的6米高的栅栏中，然后一举捕获。鹿肉往往被当成食物，剩余的则经过加工处理储存起来。

易洛魁人的若干村落互相结合成部落或联盟。各联盟之间各自为政，甚至互相敌视。在易洛魁人聚居的大村落中，常有一种议事会统理全村大事。它的决策作用类似于村委会。

休伦人同易洛魁人一样，是生活在加拿大东部的另一支印第安人。休伦人以树木构屋，许多树干斜插成人字形屋架，然后在人字交叉处用绳子扎紧。这些民居形成许多村落，村落外则用木桩围成围墙。休伦人大多是商人，其余从事渔业。在休伦人的生活中，家族制观念十分明显，村庄也带有明显的家族特性。他们常以一些被崇拜的动物，如鹰、熊等作为自己村落和部落的名字。但是，他们也严格限制部落内尤其是近亲结婚。这合乎现代的科学优生规则。

休伦人常以独木舟作交通工具。在加拿大或北美诸多印第安人部落中，他们的独木舟是最先进的。死人节是休伦人最重要的民俗性节日。在村落迁移到新的地方时，他们必须把祖先的遗骸带去，在新的村址旁重新营造墓地。这种死人节是休伦人缅怀祖辈的极好形式，既是祭祀活动，又是娱乐活动。死人节一般要持续十来天。在休伦人的信仰中，天神最值得尊崇。他们与易洛魁人一样，对神的威力顶礼膜拜、五体投

休伦人的生活场景，其中独木舟是休伦人最方便的交通工具。

地。由此一些巫术也诞生了，还有歌舞及诸多的祭祀活动也得以流传下来。

因纽特人

在北美，靠近北极地带生活着因纽特人，他们又被称为爱斯基摩人。他们从事的是较为艰难的捕猎活动。生存在冰天雪地中，温饱问题已成为生活的首要问题，因此残酷性体现于他们的民俗中。在早期，一些老人及体弱多病的婴儿常被杀掉。

生活在北极地带的因纽特人的狩猎情景

因纽特人常用狗拉雪橇，捕捉一些驯鹿、海豹和海象。弓箭与鱼叉是他们赖以生存的工具。在建筑方面，因纽特人常搭建冰屋。他们把冰削成砖形，底层砌成圆形，然后逐层缩小，顶上则以一块可活动的雪砖用来换气。走廊设计的以不直接通风为准。

在海上，因纽特人伐木做架，包以兽皮。小船单人行驶，大船可装载 4 吨重的物件或十余个人。

因纽特人是以男性为中心的社会群落，具有较强的合作性。女孩子出生后就有人来订亲，女孩长大了，就直接去男家生活。共妻制也存在。在因纽特人的娱乐活动中，常以成年男性边敲手鼓边舞蹈为主。摔跤、拳击是常见的体育比赛方式。

因纽特人的信仰不像印加、玛雅人那样复杂，但在狩猎之前也举行简单的祭祀仪式。

二、阿兹特克文明与玛雅文明

奥尔梅克文明

墨西哥文明发展到公元前 2000 年左右，形成了阿兹特克文明。作为印第安人的分支，阿兹特克人建成了奴隶制城邦。在前阿兹特克文明中，奥尔梅克、特奥蒂瓦坎和托尔特克为其代表。

奥尔梅克文明所存在的地域在墨西哥的维拉克鲁斯州和塔巴斯科州之间。在这里生活的土著人被人称为“奥尔梅克”人。“奥尔梅克”在土著语中意即“橡胶之乡”。它的文明表征主要是在玉米种植和建筑雕刻上。

在建筑上，奥尔梅克人针对地势低洼容易受涝的现实，筑土为基。这种地基或方或圆，连成一片，然后在地基上建筑房屋。

在雕刻上，奥尔梅克人用整块巨石制作头像，这些头像最高的 3 米，最重 25 吨。现在有 16 尊类似的头像被发现。一些体型较小的雕像，则是人身豹头的，因为在当时，豹子（尤其是美洲豹）是奥尔梅克人的图腾，它代表着人们所渴望拥有的智慧与力量。

在奥尔梅克人另外的一些雕刻中，常有一些手拿权杖、穿着华贵服装的人物。据考证，这些人都是国王或是祭司。他们在土著部落中占据至高无上的地位。而一些巨石头像，都是匠人们制作的，用作雕刻头像的巨石的运输也是十分困难的事情。

特奥蒂瓦坎城

特奥蒂瓦坎古城遗址坐落在墨西哥波波卡特佩尔火山和依斯塔西瓦特尔火山山坡谷底之间，距墨西哥城约 40 千米，是印第安文明的重要遗址，也是早期墨西哥最大的城市。12 世纪时，阿兹特克人来到这里时，它已是一座空城。他们把这片广阔的废墟叫作特奥蒂瓦坎，即印第安语“众神居住之地”的意思。在阿兹特克人的神话故事中，是神建造了如此雄伟的城市，并且诸神在这里升起了第五个太阳，世界也是在这里被创造出来的。

古城遗址面积 20.7 平方千米，始建于公元前 4 世纪，全盛时相当于同时期罗马城的规模。全城的建筑主要是沿着一条南北向的中轴线布局，这条中轴线全长 3000 米，宽 45 米，被称为“黄泉大道”或“死亡大道”。现在遗址中除了残留的一堆堆高台之外，只能见到部分的墙基和断壁。

黄泉大道东侧，屹立着修复了的太阳金字塔。此塔为四方锥体，分为 5 层，逐层向上缩减，总高 64.5 米，占地 5 万平方米，足有 6 个足球场那么大。太阳金字塔以磨光的火山岩砌成，正面有数百级石阶通往塔顶。塔顶是平台，曾经建有一个金碧辉煌的神庙，里面祭祀有黄金装饰的太阳神像。距离太阳塔不远处还有一座略小的月亮金字塔，占地 1.8 万平方米，高 46 米，其建筑年代晚于太阳塔 100 ~ 200 年，是祭祀月亮神的宗教建筑。两塔均为实心，外包巨石，内填沙土，与埃及金字塔的建筑结构有所不同。黄泉大道南端，有可以容纳数万人的广场，可以想见当时祭祀的规模之大。

一千多年前，特奥蒂瓦坎曾是一个奴隶制国家的首都，是当时西半球最大的城市，全盛时期人口有 25 万。可是，不知什么原因，在 10 世纪时古城被废弃。说到城市荒废的原因，很多人估计是因为残酷的祭祀仪式所造成的。当时，广大奴隶除了为建造金字塔无偿劳役外，还要忍受在金字塔顶用活人祭祀的可怕牺牲。太阳金字塔是当时宰杀活人祭祀太阳神的场所，奴隶被架到塔顶庙前，祭司将他摔昏，仰放在“牺牲石”上，面向太阳，开膛取出跳动的心脏，供于祭台上。心脏被取出后，尸体就被推到斜坡上溜到地面，堆成小山。奴隶主不断剖取奴隶的心脏献给太阳，乞求太阳运转不停，保佑领地风调雨顺。如此狂热的祭祀，造成了人口的大量损失。因此有人推测，古印第安灿烂文明的消亡，可能就与这种牺牲祭祀大有关系。

到了现代，人们对特奥蒂瓦坎进行了大规模的发掘，并于1910年前后修复了金字塔，使这里成为墨西哥的第一名胜古迹，该遗址于1987年被列入《世界遗产名录》。

后阿兹特克文明

阿兹特克人也是导致图拉城托尔特克文明衰落的民族，即奇奇梅卡民族中的一个分支。他们因故乡阿兹特兰而命名，在1324年定居特诺奇蒂诺兰城。

在后阿兹特克文明盛行之际，除了崇拜自然万物的神灵外，各行各业都有主宰之神，如女神威斯托西瓦特尔是制盐业的保护神，制羽业的保护神则是科约特纳瓦尔，等等。在这些神灵信仰中，阿兹特克人也逐渐融合外来的信仰。各个神的阶层也有高低的不同。

为了向诸神献祭，阿兹特克人经常抓俘虏，以活人供奉，因此战事频繁。阿兹特克人在当时已经采用太阳历，每一年分18个月，一个月20天，剩下的5天加在每四年一度的闰月中。月亮历则规定一年为13个月，每月20天。影响太阳历、月亮历的原因，是阿兹特克人采用的是二十进位制。

后阿兹特克的文明表现在建筑上仍是大金字塔。在墨西哥城，阿兹特克大金字塔神庙和殖民主义者在16世纪建造的教堂以及现代建筑同处一处，奥尔梅克文明和特奥蒂瓦坎文明是阿兹托克的早期文明，而后期的阿兹特克文明一起步，就被西班牙人扼杀了。

玛雅人与金字塔

玛雅人有史记载是从1世纪开始的，我们可以用玛雅文字作为考据。印第安人的古代奴隶制国家也就是玛雅，主要分布于墨西哥、洪都拉斯和伯利兹等地。在当时的美洲，玛雅是文化最为发达的地方，人们把它誉为“美洲的希腊”。

玛雅人的代表性城市建筑有蒂卡尔、奇琴伊察、乌斯马尔等。位于危地马拉东北的蒂卡尔是最早的玛雅文明遗迹。它建造于公元前 6 世纪，其文明持续了 1500 余年。中心广场诸多的金字塔表现了玛雅奴隶制统治的严厉与庄严。其中，有一座 75 米高的金字塔，是美洲印第安人古代最高的建筑。

玛雅文明的表征是金字塔建筑。位于墨西哥城东南的帕伦克的金字塔，是神庙与陵墓合一的，与附近的王宫和神庙体现着一种庄重而威严的神采。有趣的是，金字塔顶的神庙有点像中国的宫殿。

在尤卡坦半岛有一座玛雅古城叫奇琴伊察。它是 432 年兴建的，它作为后期玛雅的文化代表，汇集了当时的一流建筑。其中有 9 世纪托尔特克人迁徙到这里后建造的“羽蛇金字塔”，融合了玛雅和托尔特克的建筑艺术特色。这座金字塔边长 55.5 米，高 30 米，共有九层，台上建有神庙。每边正中各有梯道通往神庙。据考证，每边梯级 91 级，再加上神庙一级合计 365 级，对应一年 365 天。在北面的梯道两边墙的最下面，雕有狰狞的蛇头，在阳光的照射下，边墙的影子扭曲着，真的如羽蛇从天上游来，富有神秘感与震慑力。类似的金字塔神庙在奇琴伊察城还有武士金字塔。它地处“羽蛇金字塔”之北，主要的特点体现在它以千根柱子擎起屋顶的廊式建筑和雕以羽蛇形象的柱子。它也是奇琴伊察城的标志性建筑之一。

三、印加文明

蒂亚瓦纳科与库斯科城

印加帝国是前哥伦比亚时期美洲最大的帝国，势力达到今智利、阿根廷、哥斯达黎加。印加人每征服一地，便把当地的圣物移到首都库斯科去，他们还在库斯科创造了以巨石为主的纪念碑性建筑。殖民时代，由于西班牙人和葡萄牙人对拉丁美洲进行大量的宗教渗透，大量的传教士团体到达美洲，在殖民地教会拥有了最大的势力，随之出现了大量礼拜堂和修道院，教堂的建筑、雕刻、装饰在艺术中渐占主要地位。

传说印加人自称是“太阳的子孙”，称自己的国家是“世界的四方”。他们于 10 世纪来到库斯科，认定这是“离太阳最近的地方”，于是他们于 11 世纪创建了库斯科城，12 世纪定都于此。在此之前，位于玻利维亚首府拉巴斯西 60 千米的蒂亚瓦纳科遗址是印加文明的代表。

蒂亚瓦纳科是 5 ~ 10 世纪的建筑遗迹，巨大的石头建筑是其表征。巨石雕就的太阳门是举世闻名的，太阳神头戴美洲狮的面具，双手拿着权杖，被雕刻在太阳门楣的正中。每年夏至，太阳的光线正照于门楣正中，体现了印加人天文数学计算的水准。

在蒂亚瓦纳科，巨石砌成的神坛，几十吨乃至几百吨的巨石被砌得工工整整、方方正正。它与太阳门同样是印加文明的代表作。

印加人于 15 世纪达到鼎盛，建立了强大的帝国。不幸的是在 16 世纪初，西班牙殖民者来到印加。该城于 1533 年被西班牙殖民者攻破，遭到毁灭性的破坏。后来，殖民者又重建了库斯科，但重建后的城市又毁于 1650 年的大地震，西班牙人在废墟的基础上，按巴洛克风格建立了欧化的库斯科新城，并逐渐把这里作为艺术中心。后来，库斯科因首都利马的兴起而渐渐衰落下去。

这座城市尽管被西班牙人统治了 400 年之久，建筑风格也发生了很多变化，但还是保留着相当多的印加风格。在城内，至今还保存着印加帝国时代的街道、宫殿、庙宇和房屋建筑，城中心的广场正中，耸立着一位印第安人的全身雕像，而西班牙式的拱廊和四座天主教堂则环绕在广场四周。广场东北是建有高耸的金字塔的太阳庙，此外，还有月亮神庙和星神庙。广场东南是左右对峙的羽蛇神殿和太阳女神大厦的墙壁遗迹。广场西南方的欢庆广场，是欢庆帝国军队凯旋归来的场所，当地人称之为“库西帕塔”。在两个广场附近，是陈列着印加帝国时期的陶器、纺织品、金银器皿和雕刻碎片等的考古博物馆。城中还有1692年建立的大学。而举行“太阳祭”的萨克萨瓦曼圆形古堡，则位于距这个城市1500米处的300米高处。以古堡为起点，印加人修筑了一条长两三千千米的古道，是秘鲁古代一条主要的交通干线。至于库斯科古城到底是什么样的，只有在史籍中才有记载。

书中记载最多的是印加帝国的太阳神庙和皇帝的黄金花园。据说，太阳神庙的殿堂从里到外全用金板覆盖，金光灿烂。而黄金花园中的草木、花卉、禽兽，都是用金银制作的，十分逼真。尽管现在城内少见印加的建筑，城外却保持着雄伟的卫城建筑，其中以西北郊的萨克萨瓦曼卫城最为完整，其城名的意思是“山鹰”。整座城池都用深褐色的巨石构成，严密坚固。库斯科城的周围缺少石料，造城用的巨石都是从远处运过来的，然而，在当时没有任何现代机械的条件下，这些石料如何运来，实在是令人费解。

纳斯卡巨画

纳斯卡地处南美洲的利马，距利马南450千米。这里有被人称为奇迹的纳斯卡巨画，它必须在几百米以上的空中才能看得清楚。原来，构成这些蜥蜴、蜘蛛、海鸥等图形的线条，就是一米深、数米宽的渠道，这些画非常巨大。如一条蜥蜴有180米，一只秃鹰的双翼展开就有120米。这些图案共占了500平方千米的地面。

这些灌溉渠有点像印加帝国修筑的道路，两者有异曲同工之妙，它们都被称为“神圣的道路”。在夏至这一天，有人发现这些线条的一端，通向地平线上刚升起或落下的太阳。也有人认为，纳斯卡巨画表现的是星座图。它同样与印加的巨石建筑一样，是迄今难解的千古之谜。

古印加文化在手绘作品方面存世极少，但纳斯卡的彩陶则有一些精品存世。一些碗、壶和陶罐都很有趣味。其中有一个陶罐设计得非常巧妙，宛如妇人戴帽抱子，憨态可掬。

复活节岛上的巨石像

浩瀚的太平洋中的复活节岛，现在已属于智利管辖了。这里的居民是多氏族聚居的。其中有白种人、黑种人、红种人，他们中有耳朵长短不同的区别。有人说耳朵较长者是从南美洲迁徙过来的。他们是为了逃避西班牙人的攻击自海上漂流而来的印加人，大约在 16 世纪。

印加文化遗存主要是复活节岛上的石雕。就如库斯科被印加人称为“世界中心”一样，在复活节岛土著中，此岛又命名为“世界之脐”或“地球中心”，即“拉帕努伊岛”。这个方圆 220 平方千米的狭长形小岛，也是“石像的故乡”。岛上的石像自然带有南美印第安人巨形头像的特

复活节岛上的石像

复活节岛是太平洋上的火山岛。1722 年 4 月 6 日，探险航海家雅各布·洛吉文发现了长耳族土著居住的这座岛屿。

征。这些石像有些整齐地排列在海滨，有些散落在长满荒草的山坡上。排列于海滨口的石像下面有被命名为“阿胡”的平台，最多的平台上有 15 尊雕像。戴帽或光头的石像全岛存世的有 600 多尊，大都是半身胸像，大多数有 6 米高，最大的一尊有 21.5 米高，却是半成品，小的仅 1 米半。

这些巨形石雕像是用来祭祀的，但它们的制作技术怎样，又是怎样竖立起来的，这一切同印加人的巨石建筑和纳斯卡巨画一样，让人费解。无独有偶，至今复活节岛中有许多刻在木板上的象形文字，也是无法解读的。

复活节岛是 1722 年由荷兰人发现的，当时正是复活节前后，于是他们把这座岛屿命名为“复活节岛”。

四、近现代拉美文明

驼背山上的耶稣像

里约热内卢是巴西的首都。这里最著名的人文景观是一座矗立在山顶上的耶稣基督雕像。这座雕像高 37 米，立于 740 米高的山顶上，因其形状得名为“驼背山”。

驼背山上的耶稣基督像，是 1921 年巴西人庆祝独立 100 周年时修建的。设计这座雕像的是一位叫作海克多·达西尔法·科斯塔的人。张开双臂自天堂降临的基督，把博爱与祝福留给了这座城市。这座雕像是在法国制作的，由法国雕塑家保尔·兰多斯负责头部和双手等主要部位的制作，其他部位如手臂、躯干等，则由另外一些专家负责。然后雕像被运到里约热内卢城，组装安放在山顶之上，完成于 1931 年 10 月 12 日。之后又由葛里莫·马考尼设计了与雕像有关的环境灯光。每到夜幕降临，变幻的灯光赋予雕像一种庄严而神秘的氛围。

在里约热内卢市民中间，有这样一种说法，上帝创造世界用了6天的时间。第7天的时候，他将所有的仁慈与爱心，都赐予了这个城市。站在耶稣基督的巨像下，可以俯瞰全城景色，尤其在云蒸霞蔚之时，耶稣凭虚凌风，更显神圣肃穆。巨像之左手直指伊帕内马海滩和科帕卡巴那海滩，右手揽世界最大的马拉凯纳露天体育馆，正前方则是圆锥形的甜面包山。1913年，甜面包山顶建设了缆车，一头连接到高1012米的蒂卡如风，游人们乘缆车上下，亦有云中飞翔的感觉，一种神圣感也随之而生。

耶稣雕像所在的驼背山又名科尔科瓦杜山。1885年，一条铁路竣工，它可以直抵雕像下40米处，它是由特格斯拉·苏里斯和弗朗西斯科·帕索斯负责施工的。人们从那里走下火车，爬上220级石阶后，就可以到雕像之下。在那里，凭栏远眺，里约热内卢全景一览无余，恍然有耶稣君临天下的感受。

巴拿马运河通航

巴拿马运河是1914年建成通航的，通过这一航道，人们可以乘船从太平洋到达大西洋。巴拿马运河总长64.8千米，与人们习惯性思维不同，巴拿马运河是东南走向，而不是东西走向。从巴拿马市的海滨出发，通过运河，就可以到达大西洋畔的科隆市。

早在1501年，西班牙人罗德到巴拿马探险，成为第一个踏上美洲土地的欧洲人。1550年，葡萄牙人安东尼奥·加尔瓦认为，在达连海峡开凿一条运河是完全可行的，但是当时的西班牙殖民政府没有把它提到议事日程上，因为如果开凿运河成功，它的垄断地位也就岌岌可危。直至18世纪70年代，西班牙人才开始运河的勘察工作，但无甚进展。

率先开凿巴拿马运河的是一位叫费迪南德·迪·莱塞浦斯的实业家，1880年开始动工，但遇到不少困难。工人们因患疟疾和黄热病丧命，他

运河最初于1880年开工，此图摄于当时工程建设时期。

机械挖掘加快了工程的进度。

1915年拖轮卡顿号和货轮通过巴拿马运河。

自己成了众矢之的。不仅他的公司破产，而且有两万多名工人丧生，工程被迫于1889年停工。

巴拿马运河的再度开凿是在1903年，当时美国与巴拿马签订协议，由美国人开凿。在美国医生劳福德·戈加斯的努力下，最让人费神且有强大杀伤力的黄热病和疟疾得到了救治。人们没有了后顾之忧，一切难题迎刃而解。1907年，由G.W. 戈瑟尔陆军上校任总指挥，工程又重新上马。经过7年的努力拼搏，巴拿马运河终于竣工，它联系了太平洋和大西洋，交通和商贸也飞速发展起来了。

巴拿马运河最引人注目的是大西洋一端的防波堤，在利蒙湾，自南而行，经过一道船闸，水位升高26米，进入人工湖中。船驶出人工湖后，到巴拿马附近，又下降至与海平面相平。自巴拿马北行，则是以相反的方式经过船闸。

百年孤独：马尔克斯

马尔克斯于1928年3月6日生于哥伦比亚马格达莱省的阿拉卡塔卡镇。1966年，他为之奋斗了18年的长篇巨作问世，那就是《百年孤独》。这部作品一经出版，世界文坛为之侧目，多年以来，它一直畅行不衰，发行量已超过了1000万册，并日益成为文学世界的圣典。

小说以他所虚构的小镇马贡多为背景，全面地描述了布恩地亚家族七代人一百多年的兴亡史，并因此而折射出哥伦比亚甚至整个拉丁美洲这一百年来的风雨历程，从多个方面和多个层次上对拉丁美洲地区积贫积弱的现实进行了描绘与反思。作者用他那八面玲珑的如椽大笔举重若轻地勾勒了拉丁美洲这片神奇而原始的大陆上奇异的面貌与风情，并反映了复杂而多变的社会与文化生活，更进一步触摸到了这个伟大的大陆与其伟大的人们的精神气质和内核，因而，它可以说是一部充沛丰盈的宏大史诗。

这个家族的第一代霍塞·阿卡迪奥·布恩地亚与他的表妹乌苏拉结为夫妻，但乌苏拉怕他们会和他们以前的叔叔一样，近亲结婚而生下了一个长了猪尾巴的小孩，所以拒不与他同房。他受人嘲笑，一气之下，用长矛刺死了对方，从此，那个死者阿基拉尔的鬼魂就一直在其家出没，他们只有远走高飞，正是这样，才如创世者一样开拓出了马贡多。后来马贡多也逐渐地繁荣了起来，成了一个小镇。

这时，吉普赛人每年来一次，其中的墨尔基阿德斯是一个极为重要的角色，他为马贡多带来了磁铁、望远镜和放大镜等科学仪器，但布恩地亚就沉溺于所谓的炼金之中而逐渐老去。这时，他们的第二代已经长大了，老大阿卡迪奥是个放荡粗疏且为情欲所控的人，他早年就跟吉普赛人跑了。而老二奥雷良诺是本书的主人公，他又是一个忧郁而深思的人，后来，他对政治有了认识，并组织起了自己的军队，他的一生经历了 32 次起义，17 次谋杀，73 次埋伏，还有 1 次枪决，1 次自杀，然而他都没有死。但是，在胜利的果实被别人窃取之后，他拒绝了总统颁发的勋章而又一次南北征战。最后，他终于在放弃革命的纸上签字。他带着厚厚的诗稿回来了，开始每天制作小金鱼，白天做，晚上再化掉，就这样，把剩下的生命都如此消磨掉。

接下来，他们的第三代两弟兄也在孤独之中死去。第四代阿卡迪奥第二与奥雷良诺第二从小就长得一模一样，就连他们的母亲也无法区分他们，为了区分，便给他们挂了小名牌，但他们却喜欢换着玩，最后，他们自己也弄不清楚到底是谁了。在这个家族中，凡叫阿卡迪奥的与叫奥雷良诺的个性均极为不同，而这两个长大后才发现，他们的个性与他们的名字并不相合，可见，他们小时候的确是换错了。后来，二人在入葬时，又被喝醉的人们放错了棺材。所以，最后，他们依然是各得其所了。第五代是霍塞·阿卡迪奥与其妹妹雷纳塔·雷梅苔丝。前者总是对其姑妈阿玛兰塔有着一种刻骨铭心的思念，后来，他被人溺死了；而后者与一工匠私通，后被送到修道院了此残生，而她所生下的孩子就是第六代人小奥雷良诺。

早在其第一代人时，那个神秘的吉普赛人墨尔基阿德斯便留下了一个羊皮书，说其中有着这个家族的所有未来，但没有人能看懂。那个神秘的吉普赛人墨尔基阿德斯曾经死了，又活了过来，反复好多次。这次，他又来教小奥雷良诺学习那些神秘的文字。然而，小奥雷良诺没有逃过布恩地亚家族的人的痛苦，他还是爱上了姑妈阿玛兰塔，他经过努力，最终竟然得到了她。然而，他们最终生下了一个长着猪尾巴的小孩，而且，全世界的蚂蚁都爬了出来，把这个孩子吃掉了，阿玛兰塔也因产后血崩而死。这时的小奥雷良诺突然对那个羊皮书有了透彻而清晰的认识，他忙回去看这本书。果然，他们家族的所有一切都记在上面，巨细无遗，这是早在100年前就已写好了的百年预言，而他已来不及详细地看他们父祖辈的往事了。他翻到有关自己的一页，这时他知道了这个阿玛兰塔果然就是自己的姑妈，再翻到最后时，他才发现，就在布恩地亚家族的最后一个人被蚂蚁拖走时，就在自己坐在阁楼里翻书时，整个马贡多却已被一阵飓风卷走，“命中注定孤独百年的家庭，永远不可能有在地球上出现的第二次机会了”！

全书气势恢宏，意蕴丰富。它建立了一个把过去、现在和未来扭结在一起并重复循环的象征性框架，这已俨然一个现代神话了，而时间的轮回重复，又使小说隐含了无数大大小小的怪圈，所有的人与事就镶嵌于这些怪圈中，组成了如此光怪陆离的魔幻世界。

《百年孤独》的魔幻色彩应该说代表了人类想象力所能达到的最高境界，在没有看到这部作品之前，没人知道小说还可以这样写。伟大的马尔克斯以他短短 30 万字的《百年孤独》完整而丰富地表达了一个大陆的生活与斗争、梦想与追求！

五、美国文明

美利坚合众国的由来

美利坚合众国的简称是美国，它的位置居于北纬 25° 到北纬 49° ，领土横贯整个美洲，东接大西洋，西邻太平洋，北面是加拿大，南边是墨西哥。美国的国民基本上是移民、印第安人、墨西哥人、黑人、亚洲人，这是殖民时期所形成的民族结构。

美国现在的国土是从建国时的 13 个州发展而成的。在美国星条旗上，这 13 个州用 13 条红白条纹表示，用五角星来象征独立后的 50 个州。美国独立时的 13 个州包括新泽西州、宾夕法尼亚州等，中部的几个州原是法国拿破仑的属地，那时叫作“路易斯安那”，拿破仑在 1803 年以每亩 3 美分的价格卖给美国。美国收回国土后，在 1806 年，建设了通往西部的道路。这条被人称为“坎伯兰大道”的国道线，为美国的西部殖民大开绿灯。为了更有力地统辖西部这片土地，美国与英国展开决战，英国败北，节节后退；接着，西班牙也放弃了佛罗里达州。

1845 年，被墨西哥统治的得克萨斯被美国吞并，美国又逼迫墨西哥出让了现在的加利福尼亚等州。

美国通过与英国的交涉，把它与加拿大的边境线延伸到太平洋的沿岸，是在 1846 年。美国的爱达荷州、俄勒冈州也相继在此时形成。

在美国不断扩张殖民地的同时，美国北方与南方出现了严重的分歧，引发了一场战争。美国北方实行废奴制，而南方则蓄奴制日盛。南北战争后，美国领土发展到 48 个州。1900 年，夏威夷和阿拉斯加州成了第 49 个州和第 50 个州。

美国历史上第一次制宪会议是 1787 年 5 月在费城召开的。华盛顿、富兰克林、麦迪逊与汉密尔顿全力以赴，起草了美国的第一个联邦宪法。宪法规定，众议院和参议院组成国会，参议院每州议员人数相同，众议院议员按人口比例选举产生。经过各州踊跃讨论，直至 1790 年，美国 13 个州都通过了宪法。1789 年 1 月，美国举行大选，华盛顿当选第一任总统。

美国独立日与独立宣言

美国在 1689 年之前，受法国殖民统治。在 7 年的英法战争后，英国占了上风。而后英国出兵北美，在 1757 年打败了法军，夺取了密西西比河的殖民地统治权。英国人制定了许多新的法律，榨取殖民地的经济利益，结果遭到殖民地人民的反抗。于是英国人采取更加严厉的措施对殖民地实施遏制与打击。

1776 年 7 月 4 日，影响美国历史进程的最伟大的事件发生了。由托马斯·杰弗逊等人起草的《独立宣言》在第二届大陆会议中被通过。宣言对英国的殖民统治进行了严厉的谴责，确定了“人生平等，享受生命自由和幸福的权利”的主题，然后宣告美国独立。

起草《独立宣言》的委员会成员们站在主席约翰·汉考克面前，站立者中左数第四人为杰弗逊。

英国殖民统治者对此极为恼火，派兵进行武力镇压。当时，乔治·华盛顿任美国大陆军的司令，统率兵士一万多，与有强大实力的英国正规军相抗衡。虽然大陆军兵力薄弱，但士气高昂，促使他们与英殖民者决一死战的是炽烈的民族激情。

美国独立战争爆发不久，大陆军在纽约被英军打败，他们从新泽西州退却，驻守于宾夕法尼亚。1776 年，大陆军在纽约俘虏了英军首领，扭转了战机。法国审时度势，宣布承认美国独立，然后又支持大陆军。两股兵力合攻一处，在约克镇展开了决战，英军大败。在万不得已的情况下，英军投降了。1783 年，英军宣布承认美国独立。

为了纪念美国的独立，每年的 7 月 4 日被定为“独立日”，全国举行声势浩大的群众性狂欢活动。美国独立宣言的问世与独立战争的胜利，为拉美各殖民地国家乃至世界各殖民地国家的独立提供了一个成功的范例。

现在，当年宣布《独立宣言》的所在地——费城独立厅和它楼上的“自由钟”，成为美国最有历史意义的纪念物。

美国的精神象征：自由女神像

纽约港的自由女神像是美国的象征。它从 1886 年 10 月 28 日起就屹立在那里了。当人们坐船进入港口，一眼就能看见神圣的女神高举着自由的火炬。自由是美国人乃至全世界所有人的追求目标。因为只有自由，人们才能坚守自己生命的尊严。

自由女神像其实不是美国人的作品，它是法国人建造的。它的赠予仪式，是在 1884 年 7 月 4 日，即美国神圣的独立日时举行的。美国大使接到这庞大的雕像后，只好先拆散，按各部位编号封存好，再装船运送回美国，到达目的地后，再按次序逐一安装。自由女神像所屹立的岛屿原来叫贝德娄岛，现在则改为自由岛了。

自由女神像的基座是由理查德 · 莫里斯 · 亨利设计的，他是美国的建筑师。高 47 米的基座再加上 46 米高的女神像，合起来有 93 米。因而当人们仰视她的时候，显得她更加庄严神圣，仿佛顶天立地。女神的冠饰上有七条光芒，意寓将自由的希望照亮七大洲。女神左手托着一本《独立宣言》，右手高举熊熊燃烧的火炬，指引着民族自由解放的道路。那些暴政的脚镣终于被挣脱了，人性中最伟大的精神却永恒矗立在文明发展的道路上。

自由女神像的设计者是来自阿尔萨斯的弗雷德里克·奥古斯梯·巴陶第。他是一位年轻的雕塑家，他酝酿已久的愿望就是在苏伊士运河建造一座女神灯塔。他接到设计自由女神像的任务后，从法国画家德罗克洛瓦的名作《自由引导着人民》中得到灵感，而女神的脸庞则以巴陶第的母亲为原型。

自由女神像的工程师是负责埃菲尔铁塔工程的亚历山大·古斯埃沃·埃菲尔，他为这个女神像的总体框架建构煞费苦心。他设计了由中心支架支撑的铁制框架，经过几次摸索与试验后，终于取得了成功。

白宫

白宫坐落在美国首都华盛顿宾夕法尼亚大街 1600 号，南邻爱丽普斯公园，北接拉斐特广场，与巍然屹立的华盛顿纪念碑东西相望。白宫的基址是由第一届总统乔治·华盛顿选定的，由爱尔兰后裔建筑师詹姆士·霍本设计。但华盛顿总统未能目睹其完成即逝世，因此，最先使用此官邸的乃是美国第二任总统约翰·亚当斯。1800 年春，在白宫接近完工之时，当时的美国总统亚当斯迁入白宫，白宫从此成为历届美国总统的官邸。

整个白宫建筑物的南北两面各有一条壮观的爱奥尼亚式的门廊，而其四周则绕以花园和草坪。庄重而美丽的白宫既雍容华贵又落落大方，是近代建筑的杰作。白宫的正门位于一层的北面，一进门，即可见大理石结构的门厅、内厅以及蓝厅、红厅和绿厅。其命名源于各自装修的主色调，绿厅是一个小型的画室，蓝厅和红厅则是休息室。东大厅是白宫中最大、装饰最为豪华、气派的厅堂，是美国总统举行宣誓就职仪式、记者招待会、酒会、圣诞舞会的场所。国宴厅是白宫第二大厅，里面有华丽的装饰和精致的餐具，厅中的壁炉上方刻有美国第二任总统约翰·亚当斯一句名言："我祈祷上苍赐福于这座宅邸以及所有来日居于此间的人，愿白宫主宰者皆为诚实、明智之人。"主楼二层，为总统全家居住的地方。白宫的西翼被一片绿树掩映，内侧的椭圆形大厅是总统办公室，据说总统的办公室是用一艘失事海船的木料做的，是 1880 年维多利亚女王送给海斯总统的礼物，一直沿用至今。桌上有一句座右铭："这里要负最后责任。"白宫还有"肯尼迪夫人花园"和"玫瑰园"两个庭园。

白宫有很多收藏品，像金银器皿、瓷器等。一层的国会图书馆有两幅 1821 年绘制的印第安首领的画像，描述了当时的美国总统为了开发西部，邀请印第安首领到东部大城市访问、谈判的场面。

关于"白宫"这一名称的由来有很多种说法。据说，英美战争的第二年，即 1814 年，英军攻陷华盛顿城后，想要放火烧掉联邦议会、国会图书馆以及总统府邸等。就在英军放火的当天晚上，华盛顿下了一场大雨，这样，部分建筑物逃过一劫。后来，美国人把被大火烧毁的墙壁涂成白色，这以后"白宫"的称呼就一直沿用下来。

也有人认为当年的总统府是用弗吉尼亚盛产的白色砂岩建成的，所以建筑物显得异常洁白秀丽，而且当时的新闻界也喜欢称总统府为白宫，因此这一名称就被沿用到今天。

其实，真正正式采用"白宫"这一名称的是美国第 26 任总统罗斯福，他就职时总统府的信纸以及信封上都印有"白宫"字样，后来这种使用方法得到了国会的批准，一直沿用至今。

白宫是个很容易发生火灾的地方，历史上至少发生过 4 次火灾。为了使白宫不再次被烧，不论谁当总统，对白宫的消防工作都十分重视。距白宫不远，有一座比白宫还高的塔楼，它就是白宫的消防队，队员近百名，昼夜值班。白宫消防队既要服从华盛顿市消防局的指挥，又要听从白宫警卫局的调遣，但它的主要任务还是负责白宫的消防安全。

美国西部、西部牛仔、西部片

美国西部所指的区域因历史年代的不同而不同。1790 年，杰弗逊认为是路易斯安那一带；1840 年，西部指的是密西西比河；过了 20 年后，西部地域又成了落基山和密苏里河之间的平畴沃野。美国人把西部称为边疆，在独立后，注重西部的大开发。

要开发西部，首先遇到的阻力是印第安人。到 1890 年，印第安人不得不屈服于白人的淫威。1848 年起，美国掀起一股西部淘金热。当时，大量的金矿在加利福尼亚被勘探出来，于是，来自全国各地的淘金者聚集于蒙大拿到内华达的广大地区。这些淘金者的劳动方式非常原始，只在地表上取金沙，放入河水中逐一淘洗，逐一分离，然后提取金质。这种淘金热持续了二三十年。但淘金文化更有某些戏剧色彩。西部牛仔也是当时美国西部的文化行为，它也像淘金那么短暂。西部牛仔出现于得克萨斯州，他们受雇于当地的牧场主。一种雄壮剽悍的西班牙牛，出现于西部的平野中，如鱼得水，但这种牛却是北方诸州所缺少的。如果把它运到北方，获利可达十余倍，于是牛仔受命转运这种西班牙牛，他们穿着厚重的牛仔衣裤，逐水草而上。1866 ~ 1885 年，西部牛仔的活动达到鼎盛期，后来，市场饱和，价格下跌，而铁路的兴盛则给牛仔敲响了丧钟。因此，牛仔这个特定的文化现象消失，但他们的功绩是把剽悍的西班牙牛转送到北方各州。

所谓的西部片与美国的西部大开发也是紧密相连的。它又称“牛仔片”，主要反映的是西部大开发的历史进程，特别是白人与印第安人的斗争，以及养牛与斗牛等活动。西部独特的蛮荒风景加上骏马与骑手矫健的身影，富有极大的传奇色彩。美国西部片的著名导演是约翰 · 福特，他的杰作是 1938 年拍摄的《关山飞渡》。另外，《愤怒的葡萄》也是西部片的典范。

福特与汽车制造业

福特于1863年出生在美国密歇根州的一个农场主家庭。福特的母亲无论做什么事，都有始有终。她经常说，一旦决定要做的事，千万不可以放弃。这对幼年的福特产生了很大的影响。福特5岁半就开始上学了，他读书并不勤奋，很贪玩，却对钟表修理产生了浓厚兴趣，而且还经常免费为同学们修表。小学毕业后，福特回家帮父亲干农活，但对钟表修理的热情不减，常常是白天干农活，晚上修表。后来，钟表已经不能满足他的好奇心了，他决定到工厂做工，成为一个出色的机械工程师。

1880年，福特为了实现自己的人生理想，在给父母留下一张表明自己决心的便条之后，离家出走，独自一人来到底特律市闯天下。几经周折，他在密歇根汽车制造公司找到一份修理工的差事。由于他头脑灵活而且肯上进，很快成为技术骨干。不久，福特在报纸上了解到卡尔·本茨发明汽车的情况，这引起他强烈的兴趣。卡尔·本茨汽车用的是气体燃料，但福特认为液体燃料比气体燃料更容易贮存和运输，因而更适合作为汽车的燃料。于是他开始着手改进汽车的引擎。时隔不久，他造出了一部汽油引擎的汽车。但这部汽车在发动的时候频繁熄火。他几经分析，发现问题出在点火系统上，认为只要采用电打火问题就会迎刃而解。可自己对电气知识缺乏最基本的了解。为此，他加入底特律的爱迪生电气公司，边工作边学习电气知识。1893年春天，福特成功研制出第一辆性能稳定的汽油引擎汽车。

1899年，底特律汽车公司宣布成立。福特以专利权入股，担任了该公司的经理兼首席技师。但由于股东之间的意见分歧严重，他不久就退出这个公司。福特自己制造的汽车参加赛车比赛屡屡夺冠，吸引了投资人的注意。1903年6月，福特创办了以自己的姓氏命名的汽车公司。该公司是在一家小型机器厂的基础上改建的，他除了制造汽车以外还进行赛车的改进和汽车的维修。不久，该公司制造出被命名为A型车的新产品，销路很好。之后，公司又推出 N 型、K 型和 S 型车。

福特公司的目标从一开始就非常远大：“生产大量的汽车，足供每个家庭使用，人人都能驾驶和修理……而且价格要低得凡是中等收入的人都能买一辆……” 1908 年，福特公司成功制造出世界上第一辆家庭型汽车——T 型车，使汽车普及到普通家庭成为可能，引起了世界汽车工业史上的划时代革命。1913 年，福特开发出世界上第一条总装流水线，93 分钟就可组装一辆汽车。福特公司到 1925 年 10 月的时候，平均每 10 秒就造出一辆车，每天能生产出 9109 辆汽车，创下了历史纪录。

福特在不断改进汽车制造技术的同时，还特别注重企业经营策略的进步和完善，如提高工人福利、大力提拔有贡献的技术工人、给予工人发言权、出奇制胜的营销措施等。这些措施不但激发了员工的生产潜能，还大幅降低了生产成本，提高了利润率。1914 年 1 月，福特宣布实行 5 美元工作制，这是当时美国平均工资的两倍，而福特公司以不足 1.3 万名职工生产了 73 万辆汽车，获利 3000 万美元。福特公司成为世界上最大的汽车公司，人们把福特誉为“给世界装上轮子的人”。

1947 年 4 月，福特在迪尔伯恩去世，享年 84 岁。由于他对汽车工业发展所作出的杰出贡献，半个世纪后被《财富》杂志评为“20 世纪商业巨人”。福特将人类社会带入汽车时代，是名副其实的“汽车大王”。

莱特兄弟圆飞翔之梦

1903 年 12 月 17 日，莱特兄弟制造的第三架飞机开始了划时代试飞。自此之前，人们只能坐热气球或滑翔机来圆自己的飞翔之梦。德国科学家奥托·利林塔尔操纵自己的滑翔机坠毁身亡的消息，更坚定了莱特兄弟的试飞意志。在北卡罗来纳州的一处沙丘上，奥维尔·莱特把自己紧束在操纵机器的位置上。这天上午，他们飞了两次，均未成功。终于，奥维尔操纵着他的飞机，在 4.6 米的高度上飞了 160 米，飞行了将近 1 分钟。这短暂的飞行，揭开了人类飞行的序幕，是人类文明史上的一大壮举。

威尔伯·莱特和奥维尔·莱特兄弟是从1896年开始致力于他们的事业的。飞机的制作和试飞的经费，全靠他们在俄亥俄州休顿市开设的自行车制造铺的收入来解决。为此他们不但阅读了有关空气力学的论著，还请教了一些对飞行有研究的专家，并对鸟类的飞翔原理作了深层的探究。从无动力的滑翔机制作，到安装发动机的飞机制作，他们都付出了高昂的代价。自1900年开始，他们在美国气象部门推荐的地点开始了飞行，屡败屡战，终于冲天而起，翱翔于蓝天白云之间。

1908年，威尔伯·莱特驾驶的飞机在法国进行飞行表演，获得空前的成功。

当莱特兄弟初次飞翔上天时，没有引起人们的关注，能把他们的业绩公之于世的只有寥寥的几家新闻媒体。当他们再次飞行空中时，世界的目光全凝聚在他们身上了。理所当然的，莱特兄弟是飞机的发明者。他们名声远扬，不少国家和政府部门、厂商都向他们购买专利权。自此之后，飞机被广泛应用在各个领域。第一次世界大战中，飞机用于战场上；1939年开始，飞机用于运送旅客。自飞机问世后，几十年的时间，人类的航天技术飞速发展，不但登上了月球，而且飞向了外层空间。

由于莱特兄弟制造飞机和试飞，花了毕生的精力，他们无暇顾及成家，二人皆终生未婚。

好莱坞与奥斯卡金像奖

大发明家爱迪生在组建发明公司的同时，又成立了世界上第一家电影制片公司。1893 年，他与拥有许多股份的传记电影公司联合，成立了一个托拉斯企业，垄断电影行业，后来遭到了绝大部分人的抵制。其中 20 世纪福克斯公司的创始人威廉・福克斯，向法院控告了爱迪生的公司，虽然败诉了，但爱迪生公司的短片电影也失去了市场。1915 年，爱迪生电影公司停止制片，他的托拉斯电影企业成了好莱坞的前身。

好莱坞位于美国东海岸，原来是个种植园，出产柠檬，非常荒寂。但它的绮丽景色为拍摄电影提供了绝好的外景地。好莱坞也代表了美国电影的最高水平。

首先拍摄较长故事片的是戴维・沃克・格里菲斯。他的《一个国家的诞生》，以三 K 党的发迹为题材，可以连续放映 3 个小时，引起轰动。后来，他又拍摄了《党同伐异》。有人把他誉为“电影之父”。

在 1921 ~ 1931 年的默片时期，好莱坞涌现出一大批著名人物，如卓别林、嘉宝等。卓别林主演了《一个国家的诞生》，还出演过《大独裁者》、《摩登时代》、《城市之光》等名作，在幽默之中，又赋予电影深层的社会文化批判性。《一个国家的诞生》和卓别林《淘金记》是好莱坞上座率最高的默片。

好莱坞有声电影是在 1927 年开始的。拍摄于同年 10 月的《爵士歌手》是一部音乐歌舞片，是华纳公司拍摄的。当时，华纳与 20 世纪福克斯公司、米高梅公司以及哥伦比亚公司、环球公司等成为好莱坞的主力。当时，好莱坞每年可以拍摄出 450 部左右的电影。到 30 年代，好莱坞电影形成了系列，有喜剧片、恐怖片、侦破片。这一时期的代表作有奥逊・威尔斯的《公民凯恩》，它打破了好莱坞旧有的叙事结构和表现模式，进行了全面的探索与创新。

20 世纪中叶，好莱坞因电视的冲击，曾处于低潮期，于是电影与时俱进，进行革命。70 年代和 80 年代，“新好莱坞”的形象又使人们耳目一新。《星球大战》的执导者乔治·卢卡斯，《现代启示录》、《教父》的执导者弗朗西斯·科波拉以及《辛德勒的名单》、《侏罗纪公园》的执导者斯蒂芬·斯皮尔伯格成为好莱坞新潮电影的“鼎立三足”。当电影走向新世纪后，好莱坞电影不惜巨资，大制作、大场景，让人惊心动魄。如《珍珠港》、《真实的谎言》、《泰坦尼克号》等，颇有威慑力和震撼力。

美国很早就设立电影奖项。1927 年，伴随着洛杉矶电影业的成熟，“电影艺术与科学学院奖”设立，并每年在洛杉矶举行一次评奖活动。

1931 年，“电影艺术与科学学院奖”颁发之前，图书馆女管理员玛格丽特·赫里奇在仔细端详了奖座之后，惊呼道：“啊！他看上去真像我的叔叔奥斯卡！”许多人听了她的话非常高兴，隔壁的新闻记者听后写道：“艺术与科学学院的工作人员深情地称呼他们的金塑像为奥斯卡。”这时候起，奖项的名称就被称为奥斯卡，而它最初的名称却被遗忘了。

奥斯卡金像奖从 1927 年开始，每年评选、颁发一次，从未间断过。参加评选的影片为从上一年 1 月 1 日至 12 月 31 日上演的影片。金像奖的评选要经过两轮投票，第一轮是提名投票，先由学院下属各部门负责人提名，获得提名的影片将在学院本部轮流放映，观后学院的所有会员再进行第二轮投票，最后以得票的多少决定哪一部影片获奖。奥斯卡奖可分成就奖、特别奖及科学技术奖三大类。成就奖主要包括最佳影片、最佳剧本、最佳导演、最佳表演（男女主、配角）、最佳摄影、最佳美工、最佳音乐、最佳剪辑、最佳服装设计、最佳化妆、最佳短片、最佳纪录片、最佳外国语影片等。特别奖则有荣誉奖、欧文·撒尔伯格纪念奖、琼·赫肖尔特人道主义奖、科技成果奖和特别成就奖。而这些奖励中，最具影响的是最佳影片奖和最佳男女主角奖，获最佳男女主角的演员分别被称为“影帝”、“影后”。

后来，奥斯卡奖又增加了最佳外语片奖，用来奖励美国以外的电影参展，不过，这个奖项只授给作品而不授给个人。奥斯卡奖沿续至今，已经颁发了一百多届，可以说，它代表了世界最高的电影艺术发展水平。获奖作品及演职人员因此举世闻名，并在电影史上占有重要地位，如《乱世佳人》、《卡萨布兰卡》、《辛德勒的名单》等影片，以及斯蒂芬·斯皮尔伯格和英格丽·褒曼、马龙·白兰度等大师级导演和演员。无疑，奥斯卡奖与诺贝尔奖一样是权威性的。

动画大师迪士尼与迪士尼乐园

华特·迪士尼是动画形象米老鼠和唐老鸭的设计人。他 1901 年出生于美国芝加哥的一个建筑承包商家里。他是当代美国最优秀的动画大师，开创了动画电影的新时代。

迪士尼 9 岁时，父亲生意亏空，只好卖掉田产和庄园，迁居他乡，以送报纸谋生。虽然，迪士尼失学了，但他喜爱绘画，一有灵感冲动，就在报纸上作画。14 岁时，他到一个美术学校听课，每星期天上一上午的课。

1919 年，参军归来的迪士尼在一家电影广告公司上班，创作了兔子奥斯瓦尔德，结果被老板强占为己有，迪士尼怒不可遏，愤而辞职，到加利福尼亚生活，创作了米老鼠的形象。这个米老鼠的原型是他驯养过的一只小老鼠。在电影造型中，则用几个圆圈来表现，大圆圈画身子，小圆圈代表头部，头部上再画两个小圆圈代表耳朵。米老鼠有一个女朋友，叫“米妮”。1934 年，“唐老鸭”也被创作出来了。

20 世纪 30 年代开始，迪士尼创作了动画片《木偶奇遇记》中的匹诺曹、《白雪公主》中的白雪公主和七个小矮人，还有《亚瑟王与圆桌骑士》中的亚瑟王等动画形象，还拍摄了《爱丽丝漫游奇境》和《彼得·潘》等系列动画片，终于奠定了他的大师地位。迪士尼于 1966 年去世。

以迪士尼名字命名的公园是 1952 年开始筹建的。当时，迪士尼把他的公园选定在洛杉矶南边的一处桔林，占地面积 160 英亩。当时，投资兴建的有 30 多家企业。1955 年，公园建成并对公众开放。

迪士尼建造公园的目的是为了给儿童一个游乐去处，增添他们的欢乐。公园主要有由迪士尼卡通人物唱主角的“神奇王国”，它们结合现代电声光技术，让人乘船穿过幽灵出没的河道，或乘潜艇游行海底，让人亲临童话意境。除儿童外，许多大人也乐意到迪士尼乐园“享受童年乐趣”。

除了洛杉矶外，佛罗里达州也建了一处迪士尼乐园，1971 年 10 月 1 日开始对公众开放。这个乐园投资 4 亿多，是世界上最大的游乐园，面积有 11300 公顷，公园由四部分组成：“拓荒世界”、“神奇世界”、“冒险世界”、“未来世界”，每一处都充满着刺激和愉悦。在迪士尼乐园的影响下，1989 年佛罗里达州又建成世界最大的海洋主题公园“海洋世界”，游客纷至沓来。

联合国纽约总部

1945 年，历时七年的第二次世界大战以原子弹的爆炸宣告结束。在罗斯福和丘吉尔的提议下，一个以维护世界和平，调解国际纷争，以强大政治、经济威力为后盾的组织机构——联合国成立了，它的目的在于努力阻止世界大战的再次爆发。

联合国的动议早在 1941 年就开始付诸行动。1942 年，反法西斯同盟国批准了《联合国宣言》。中国、美国、英国、苏联四个国家经过讨论后，决定以联合国取代原来的国际联盟。联合国的机构组织草案是在 1944 年起草的。由 50 个国家派出代表，于 1945 年 6 月在旧金山召开会议，通过联合国的宪章。同年下半年，这个宪章正式生效。在联合国设立的各种机构中，起重要作用的是联合国大会和安理会。形成决议或立法由联合国大会完成，而安理会是执行决议和有关法规的机关。安理会包括 5 个常任理事国：中国、美国、法国、苏联、英国，还有 11 个非常任理事国。它们都有干预世界纠纷争端的权力，对立法和决议亦有否决权。有关的决议和法规必须经过全体常任理事国的同意后方可实施。

1946 年 1 月 10 日，第一届联合国大会在英国伦敦举行，参加会议的有 51 个国家的代表。会议决定，由秘书长领导的秘书处处理联合国日常事务，由挪威的吕格弗·赖伊担任第一任秘书长。

联合国的总部设在美国纽约的曼哈顿街区，那里有 1952 年开始施工的联合国总部办公大楼。这座大楼的地产是由小约翰·洛克菲勒捐赠的。联合国是应美国国会的要求决定将总部设在纽约的。

肯尼迪航天中心

美国肯尼迪航天中心是 1962 年美国国家宇航局出于探索月球登陆的需要而开始兴建的。它位于佛罗里达州的卡纳维拉尔角，原来是美国空军的军事基地，占地面积 55080 公顷。

这个航天中心之所以要以肯尼迪的名字命名，主要是因为肯尼迪曾经向世人宣告，美国要在 20 世纪 60 年代中期进行月球探索计划。他讲这番话的时间是在 1961 年 5 月 25 日。当时，苏联宇航员加加林刚完成环绕地球飞行一个月，因此，这里也开始成为美国登月活动的焦点。肯尼迪遇刺后，这里被命名为肯尼迪航天中心，以纪念肯尼迪总统。

经过许多科学家的共同努力，肯尼迪总统的遗愿终于被付诸实施。阿波罗登月计划自 1961 年起开始紧锣密鼓地进行，到 1972 年为止，共进行了 6 次成功的发射。1969 年 7 月 20 日，阿波罗 11 号成功地降落到月球上。阿波罗计划花费 255 亿美元，动用人数 30 万，历时 11 年。随后，航天飞机也成了美国人探索外太空的强有力的武器。1981 年 4 月，美国航天飞机发射升空后又成功地返回地面，这标志着美国在航天事业方面新的突破。1986 年 1 月，美国航天飞机升空后不幸发生爆炸，7 名乘员全部遇难。当然，失败与成功是并存的。现在美国发射的宇宙飞船曾飞抵太阳系其他一些星球，并飞离了太阳系，向银河系或更辽远的星际进发。肯尼迪航空中心除执行发射任务时外，一般情况下都向公众开放。

布鲁斯、爵士乐、乡村歌曲与摇滚乐

在美国的音乐发展史上，最具代表性的是布鲁斯、爵士乐、乡村歌曲与摇滚乐。它们充分体现了美国文化的特色。布鲁斯是由非洲黑人带来的，又称蓝调音乐，具有鲜明的忧郁哀伤色彩，极具个性化的特征。布鲁斯演唱时随意性极强，可自由发挥。"布鲁斯之父"为汗迪，代表作为《圣路易斯的布鲁斯》和《孟菲斯的布鲁斯》，布鲁斯的代表女歌手是贝西·史密斯。

布鲁斯一般是 2/4 拍子，带有切分音。布鲁斯与拉格泰姆一样是爵士乐的前身。拉格泰姆是切分节奏的钢琴曲样式。爵士乐最早出现在 1890 年，是由查尔斯·博尔登的乐队首演的。1915 年，爵士乐在芝加哥盛行起来。最著名的爵士乐歌手是路易·阿姆斯特朗，他擅长小号，是爵士乐中兴时期的代表人物，具有世界性影响。在 20 世纪初，美国作曲家格什温创作了一首《蓝色狂想曲》，融合了爵士乐的风格。

爵士乐的节拍多以 6/8 拍和 2/4 拍为主。其代表作有《拉格泰姆舞曲》和《所有的黑人都一样》，它是乔普林等人的作品。爵士乐在 20 世纪 30 年代又在纽约流行起来，40 年代又有人把它与摇摆舞相结合，盛行一时。到了 60 年代，爵士乐逐渐演变成摇滚乐。

20 世纪 60 年代，摇滚乐歌手坎尔维斯·普雷斯利以一曲《伤心旅店》迅速走红，被人称为"摇滚之王"（猫王）。约翰·列农作为"披头士"乐队的主唱却因歌手枪击而丧生。他死后，有千余名歌迷集体为他守灵。另外，著名的摇滚乐手还有卡伦·卡朋特、麦当娜及迈克尔·杰克逊，迈克尔·杰克逊的《真棒》、《四海一家》倾倒了全球的歌迷。

乡村音乐是从美国南方起源的，后来在美国东南部的乡村盛行，带有浓郁的北欧风格。著名的歌手有约翰·丹佛，他的《乡村路带我回家》等让人钟爱不已。丹佛是 20 世纪 70 年代的乡村歌手，在此之前，鲍勃・迪伦曾把乡村音乐与现代歌曲融合起来，极为和谐。

与美国乡村歌曲风格相接近的是福斯特创作的作品，在他一生创作的 200 多首作品中，有相当一部分带有浓郁的种植园风格，如《苏姗娜》、《我的肯塔基故乡》，在优雅的旋律中又带有丝丝缕缕的感伤。

美国高科技的象征：计算机、硅谷

现代文明的标志是高科技的发展。计算机的发明与应用使人类文明的进程大大地加快。美国宾夕法尼亚大学的莫尔学院于 1946 年 2 月 15 日发明了第一台数字计算机，并把它应用于火炮弹迹的计算。这台电子计算机占据了整整一个房间。在此之前，一些机械式计算器是从中国的算盘发展而来的。法国数学家 B. 帕斯卡于 1642 年发明的计算机是齿轮传动的机械式装置，类似于钟表。在此以后，一位叫 G. 斯蒂比斯的美国人与他的同行 H. 艾肯发明了自动计算器，也是一种机械式与电器式的装置。这就是现代电子计算机的雏形。

电子计算机在 1946 年到 50 年代末是用磁性材料进行数据记录的，而且都是用电子管装配，较为笨重，且不可靠。50 年代，一种自动计算机即 SFAC 在美国研制成功，它率先利用程序运行。计算机部件采用电子管是从 60 年代开始的，同时一些操作程序也被应用。使用集成电路的计算机是在 70 年代开始出现的。至 80 年代则用光盘、磁盘记录数据，以超大规模的集成电路当作存储器和中央处理器的元件。美国人率先夺得计算机运用和市场发展的先声。

位于美国圣弗朗西斯科以南以及圣克拉县南部的硅谷，是美国电子科技行业的大本营。它是在 1950 年随着电子计算机的问世应运而生的。硅谷是由斯坦福大学实验室演进而来的电子高科技园区，在 20 世纪 70 年代发展成为美国 9 个制造业中心地带之一。此后，硅谷声名远扬，目前已成为全世界发展速度最快、规模最大的高科技和微电子科研和产业区。

与硅谷同列美国现代文明史册的比尔·盖茨，是世界最大的电子计算机软件产业——美国微软公司的“领头羊”。

盖茨从小精力旺盛，喜欢思考，酷爱读书。他喜欢读《世界图书百科全书》，后来又喜欢名人传记和文学作品。广泛的阅读为他积累了丰富的知识营养，再加上良好的家庭教育，他从小就表现出了超越同龄人的非凡智慧。他幼时的同学曾经回忆说，盖茨绝不是那种在同学中无足轻重的角色，而他的超常聪明也是大家公认的。11 岁时，盖茨的父母送他上西雅图的湖滨中学，这是一所以严格的课程要求而著称的学校，专门招收超常男生。在那里，盖茨进入了计算机软件世界。

盖茨和他的一个好朋友保罗·艾伦疯狂地迷上了计算机，他们热衷于解决难题，获得了越来越多的计算机知识。13 岁时，盖茨就会自编软件程序，只不过当时是为了游戏。1972 年，盖茨和保罗弄到了英特尔的 8008 微处理器芯片，摆弄出了一台机器，成立了交通数据公司。1973 年，盖茨中学毕业后，进入哈佛大学。在哈佛上学的两年时间里，盖茨的大部分时间都用在编程序和打扑克上面，他还在那里结识了同样爱好计算机的史蒂夫·鲍尔默，后者以后成为微软公司的总裁。1974 年，世界上第一台微型计算机阿尔塔诞生，这给盖茨和艾伦的交通数据公司提供了编写 BASIC 的机会，经过两个多月的艰苦奋战，他们编写的 BASIC 语言在阿尔塔计算机上运行成功。1975 年，盖茨最终说服了父母，他从哈佛大学退学，和艾伦在新墨西哥州的阿尔伯克基建立了微软（Microsoft）公司。这时，盖茨刚刚 20 岁，艾伦 22 岁。微软是微型计算机（Microcomputer）和软件（Soft）的缩写，它明确地指明了公司的发展方向就是专门为微型计算机编写软件。如今，微软是世界软件业的霸主。微软公司的第一次重大发展机遇出现在 1980 年，当时盖茨与 IBM 公司签订协议，为 IBM 公司新生产的个人电脑编写操作系统软件，即后来举世闻名的 MS-DOS。1982 年，盖茨 27 岁，他在软件开发方面取得的成就已经为世人所瞩目，这一年，美国著名的《金钱》杂志用他的照片作了封面。1986 年 3 月，微软公司的股票上市发行，一年后，微软股价急剧飙升至每股 90.75 美元，而且还有继续向上攀升的趋势。当年，美国《福布斯》杂志将盖茨列入美国 400 名富翁中的第 29 位，当时，年仅 31 岁的盖茨拥有的股票价值超过 10 亿美元。1990 年，微软推出了视窗 3.0。1992 年，盖茨成为美国最富有的人，拥有 60 亿美元的股票价值。

2000 年，盖茨任命鲍尔默为微软首席执行官，而自己则为“首席软件设计师”。他在 1994 年 1 月 1 日与琳达·法兰奇结婚，生育了 3 个孩子。盖茨与夫人一起创办了慈善组织比尔与琳达·盖茨基金会，在为贫穷学生提供奖学金和艾滋病防治方面做出了很大贡献。2004 年，盖茨被英国女王授予英帝国爵级司令勋章（KBE），这是女皇可以授予外国公民的最高荣誉。